权威·前沿·原创

皮书系列为

"十二五""十三五""十四五"时期国家重点出版物出版专项规划项目

BLUE BOOK

智库成果出版与传播平台

上海与"一带一路"蓝皮书
BLUE BOOK OF SHANGHAI AND BRI

上海服务"一带一路"建设
发展报告（2023）

ANNUAL REPORT ON SHANGHAI'S ROLE IN BRI IMPLEMENTATION（2023）

研　创／上海研究院项目组
主　编／张中元　赵克斌

社会科学文献出版社
SOCIAL SCIENCES ACADEMIC PRESS（CHINA）

图书在版编目（CIP）数据

上海服务"一带一路"建设发展报告. 2023 / 张中元，赵克斌主编. --北京：社会科学文献出版社，2024.6
（上海与"一带一路"蓝皮书）
ISBN 978-7-5228-3665-2

Ⅰ.①上… Ⅱ.①张… ②赵… Ⅲ.①"一带一路"-国际合作-研究报告-上海-2023 Ⅳ.①F125

中国国家版本馆 CIP 数据核字（2024）第 101484 号

上海与"一带一路"蓝皮书

上海服务"一带一路"建设发展报告（2023）

研　　创 / 上海研究院项目组
主　　编 / 张中元　赵克斌

出 版 人 / 冀祥德
责任编辑 / 杨桂凤
责任印制 / 王京美

出　　版 / 社会科学文献出版社·群学分社（010）59367002
　　　　　 地址：北京市北三环中路甲 29 号院华龙大厦　邮编：100029
　　　　　 网址：www.ssap.com.cn
发　　行 / 社会科学文献出版社（010）59367028
印　　装 / 天津千鹤文化传播有限公司

规　　格 / 开　本：787mm×1092mm　1/16
　　　　　 印　张：20.5　字　数：304 千字
版　　次 / 2024 年 6 月第 1 版　2024 年 6 月第 1 次印刷
书　　号 / ISBN 978-7-5228-3665-2
定　　价 / 168.00 元

读者服务电话：4008918866

"上海与'一带一路'蓝皮书"编委会

主编简介

张中元　经济学博士，中国社会科学院亚太与全球战略研究院《当代亚太》编辑部主任、研究员；主要研究方向为全球价值链、数字经济、"一带一路"、区域合作。近期主要从产业价值链角度研究中国与"一带一路"共建国家产能合作、数字经济与数字贸易，以及区域贸易协定的条款分析和评估；在《世界经济与政治》《数量经济技术经济研究》《中国工业经济》《国际贸易问题》等学术期刊上发表论文五十余篇。

赵克斌　中国社会科学院科研局原副局长，中国社会科学院–上海市人民政府 上海研究院原常务副院长。毕业于武汉大学图书情报学院，获文学学士学位。曾参与中国社会科学院"百县市经济社会调查""当代中国城市家庭""企业保障社会化""中俄社会变迁比较研究""中国与中东欧国家的社会变迁比较研究"等重点课题研究。兼任社会变迁研究会秘书长、北京市陆学艺社会学发展基金会常务理事、中国社会科学院国情调查与大数据研究中心秘书长等职务。

摘　要

自 2013 年以来，"一带一路"倡议逐渐成为全球关注的热点之一，中国政府积极推进与"一带一路"共建国家（以下简称"共建国家"）的经济合作和文化交流，以促进共同发展和繁荣，为上海服务"一带一路"建设提供了更广阔的发展空间。十年来，上海市在"五通"建设方面硕果累累、成绩斐然，积累了丰富的经验。上海市自积极参与共建"一带一路"以来，积极同国内相关部门、共建国家、国际组织加强战略对接、深化政策沟通，加强机制协同协作，发挥政策沟通的引领和催化作用，形成了共建"一带一路"的广泛合作共识，为上海与共建国家的合作奠定了坚实的基础。上海在设施联通方面成果显著，在交通、能源、电信等领域出台了一系列重要的互联互通规划，积极对接"一带一路"基础设施建设，为共建国家的经济发展提供了强有力的支持。在贸易畅通方面，在过去十年中，上海通过多元化的贸易方式和合作模式，成功地扩大了与共建国家的贸易规模，为双方的经济合作增添了新的动力。在资金融通方面，上海通过与共建国家的金融机构建立广泛的合作关系，成功推动了金融市场的互联互通，为双方的经济合作提供了强有力的金融支持，不仅促进了双方的业务往来，也为上海和共建国家的经济发展提供了更多的机遇。上海与共建国家人文交流更加密切，沟通模式更加多元化，交流领域更加广泛，民心相通显著增强。

当前，上海服务"一带一路"建设面临新的机遇，加快构建新发展格局与推进中国式现代化建设增强了"一带一路"推进动力。在新发展格局

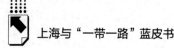

下，上海市通过进一步扩大开放，加强与共建国家的合作，加快构建开放型经济新体制，创新国际合作模式，推动开放型经济发展；增强与共建国家主要节点城市的经贸合作关系，提升自身的国际影响力和地位，更好地发挥国际化城市的作用，不断提升与共建国家的务实合作水平。在全球产业转型升级的背景下，以数字、绿色、健康为重点的经贸合作需求增加，为上海参与共建"一带一路"释放出更多的合作空间。在新兴领域，如健康、低碳、数字等领域，上海与共建国家的合作有巨大的潜力和机遇。在新发展理念引领下，健康、低碳、数字等领域的国际合作空间广阔，"绿色丝绸之路""健康丝绸之路""数字丝绸之路"有更加广阔的发展前景。共建"一带一路"需要更加注重产业协调和发展，以促进共建国家的经济发展和产业升级。上海拥有先进的制造业、服务业和科技创新资源，通过服务"一带一路"建设，加强与共建国家的产业合作、促进协调发展，带动商品、技术、服务和标准输出，打通国际供应链，加快配置全球资源，促进双方的产业对接和协同发展，实现互利共赢的目标。

"硬联通""软联通""心联通"是推动上海服务"一带一路"高质量发展的重要途径。在"硬联通"方面，上海通过巩固和优化基础设施布局，以及加强与共建国家在新型基础设施领域的合作，促进了与共建国家的互联互通，为双方的产业转型升级提供更多的机遇。在"软联通"方面，上海通过积极参与国际标准的制定/修订，加强与共建国家的规则/标准对接，促进上海与共建国家的制度对接和协同发展，也为双方的经济发展提供更多的制度保障和支持。在"心联通"方面，上海通过教育交流、科技交流、卫生健康合作、举办文化活动等推动与共建国家的民间友好合作关系健康发展，为双方的深入合作提供了坚实的民意基础和社会支持。展望未来，上海应继续发挥自身优势，加强与共建国家的合作与交流，特别是在新发展格局构建与推进中国式现代化目标的背景下进一步深化"硬联通""软联通""心联通"。加强基础设施建设合作，推动新型基础设施的发展，进一步优化共建国家间的互联互通；加强贸易投资便利化合作，推动贸易自由化和便利化，促进双边或多边贸易协定的签署和实施，为企业提供更多的贸易和投资机会；加强人文交流合作，推动教育、文化、旅游等领域的交流活动，增进相互理解和友谊，培养具备国际视野的高素质人才，把上海建设为全球人才集聚中心。

关键词："一带一路"倡议　高质量发展　"硬联通"　"软联通""心联通"

目 录 ⏎

Ⅳ 地区和国别报告

Ⅴ 实践报告

皮书数据库阅读**使用指南**
👆

总 报 告

B.1

服务"一带一路"建设十周年：
重大成就、新的机遇与未来推进路径

张中元*

摘 要： 十年来，上海市在"五通"建设方面硕果累累、成绩斐然，积累了丰富的经验。当前，上海服务"一带一路"建设面临新的机遇，加快构建新发展格局与推进中国式现代化建设增强了"一带一路"推进动力，为上海服务"一带一路"建设提供了更广阔的发展空间。在新发展理念引领下，健康、低碳、数字等领域的国际合作空间广阔；全球价值链重构趋势倒逼共建"一带一路"着力于产业协调发展，有助于促进双方的产业对接和协同发展，实现互利共赢的目标。"硬联通""软联通""心联通"是推动上海服务"一带一路"高质量发展的重要途径，在"硬联通"方面，上海通过巩固和优化基础设施布局，

---

* 张中元，经济学博士，中国社会科学院亚太与全球战略研究院《当代亚太》编辑部主任、研究员；主要研究方向为全球价值链、数字经济、"一带一路"、区域合作。

以及加强与共建国家在新型基础设施领域的合作，促进与共建国家的互联互通，为双方的产业转型升级提供更多的机遇。在"软联通"方面，上海通过积极参与国际标准的制定/修订，加强与共建国家的规则/标准对接，促进与共建国家的制度对接和协同发展，为双方的经济发展提供更多的制度保障和支持。在"心联通"方面，完善交流机制，拓展交流手段，优化"一带一路"建设的外部环境，为双方的深入合作提供了坚实的民意基础和社会支持。

关键词： 高质量发展　新发展格局　"硬联通"　"软联通"　"心联通"

　　自 2013 年以来，"一带一路"倡议逐渐成为全球关注的热点之一，中国政府积极推进与"一带一路"共建国家（以下简称"共建国家"）的经济合作和文化交流，以促进共同发展和繁荣。上海作为中国的中心城市之一，也积极参与其中，在服务国家战略、推动全球互联互通方面发挥了重要作用，为推动全球互联互通做出了重要贡献。上海在政策环境、经济发展和人文交流方面都有独特的优势，这些优势为上海服务"一带一路"建设提供了有力的支撑和保障。十年来，上海服务"一带一路"建设成效卓著。未来，顺应全球发展新趋势、新要求，上海进一步对外开放，深度参与"一带一路"建设，助力共建国家提升生产能力、增强发展能力、提高创新能力，为上海实体企业在共建国家的发展打开新市场的同时，也为上海"五个中心"建设创造了新机遇。为了进一步推进上海服务"一带一路"建设的发展，为全国探索出可借鉴、可复制的制度设计和治理经验，需要更好地总结过去十年上海取得的重大成就，分析上海发展面临的新机遇，在此基础上提出未来推进路径。

一 上海服务"一带一路"建设十周年取得的重大成就

"五通"是共建"一带一路"的合作重点。十年来，上海市在"五通"建设方面硕果累累、成绩斐然，积累了丰富的经验。在政策沟通方面，上海与共建国家建立了多层次、全方位的合作机制。这些机制为双方在各领域的合作提供了指导和保障，促进了政策沟通的落实和具体合作的开展。在设施联通方面，上海通过投资和合作，成功打造了一个基础设施合作网络，为共建国家的经济发展提供了有力支持。在贸易畅通方面，通过多元化的贸易方式和合作模式、建立贸易便利化机制，推动跨境电商平台发展。在资金融通方面，通过与共建国家的金融机构建立合作关系、设立专项基金和发行债券等多元化的融资渠道，上海成功地为"一带一路"建设提供了强有力的金融支持。在民心相通方面，上海与共建国家人文交流更加密切，沟通模式更加多元化，交流领域更加广泛，民心相通显著增强。

（一）政策沟通：政策对接持续深化

政策沟通是共建"一带一路"的行动先导与重要保障，只有深化政策沟通，各方才能形成共同行动的实践依托。上海市自积极参与共建"一带一路"以来，积极同国内相关部门、共建国家、国际组织加强战略对接、深化政策沟通，加强机制协同协作，发挥政策沟通的引领和催化作用。上海与共建国家的政策沟通不断深化，上海市领导与共建国家进行了广泛的交流和互访，就经济发展、文化交流、基础设施建设等重要议题进行了深入探讨，达成共建"一带一路"的广泛合作共识，合作内容不断丰富，发展成果惠及面不断扩大，为上海与共建国家的合作奠定了坚实的基础。

在国内政策对接方面，2015 年 7 月，《上海市人民政府关于贯彻〈国务院关于加快发展生产性服务业促进产业结构调整升级的指导意见〉的实施意见》，提出以中国（上海）自由贸易试验区建设为契机，推进上海积极融入"一带一路"。2016年1月，上海通过《上海市国民经济和社会发展第十三个五年规划纲要》，指出上海市要推进开放发展，全面参与"一带一路"建设，形成开放型经济新优势。2021年1月，上海市第十五届人民代表大会第五次会议通过了《上海市国民经济和社会发展第十四个五年规划和二〇三五年远景目标纲要》，指出上海要立足国家所需和上海优势，统筹推进"硬联通、软联通"建设，优化提升"一带一路"桥头堡服务功能。从规则对接领域来看，规则对接逐渐从基础设施、融资、农业拓展至数字信息、自贸区建设、服务业等。2018年7月，上海市委、市政府发布《上海市贯彻落实国家进一步扩大开放重大举措加快建立开放型经济新体制行动方案》（以下简称"上海扩大开放100条"）。"上海扩大开放100条"聚焦金融业开放合作、构筑更加开放的现代服务业和先进制造业产业体系、建设高标准知识产权保护体系、打造具有国际市场影响力的进口促进新平台以及创建一流营商环境等多个核心开放领域。2023年5月4日，商务部与上海市人民政府签署共同推动商务高质量发展部市合作协议，围绕加快自由贸易试验区建设、推进高水平对外开放、服务国家高质量共建"一带一路"、办好中国国际进口博览会、建设"丝路电商"合作先行区等，服务国家战略，加快构建新发展格局。

上海与共建国家的政策对接持续深化。通过定期召开国际会议、高层论坛和城市间合作会议，上海与共建国家在政治、经济、文化等领域的合作不断加强。这些会议为双方提供了交流意见、分享经验、探讨合作机会的平台，推动了上海与共建国家的政策沟通与协调。上海主动参与并服务"一带一路"建设，推动建立"一带一路"经贸合作机制。2014年12月，上海与阿联酋阿布扎比签署经贸战略合作伙伴关系备忘录。这是上海与共建国家和城市签署的首个经贸战略合作伙伴关系备忘录。2018年10月，上海市国际技术进出口促进中心与拉脱维亚投资发展署、上海电梯行业协会与里加工商会分别就进一步加深合作签署了谅解备忘录。上海还以双边互访为契机，全面推动上海与共建国家高水平务实合作。2023 年 4 月 26~29 日，上海市市长龚正率上海市代表团访问印度尼西亚，按照习近平主席和印度尼西亚总统佐科共建中印尼命运共同体的重要共识，推动"一带一路"倡议和"全球海洋支点"构想深入对接。① 2023 年 4 月 29 日至 5 月 2 日，上海市市长龚正率上海市代表团访问泰国。为深入贯彻落实习近平主席和泰国总理巴育关于构建更为稳定、更加繁荣、更可持续的中泰命运共同体的共识，上海与泰国以绿色技术为纽带，在泰国以及其他东盟国家加快推广绿色解决方案，赋予"中泰一家亲"新的时代内涵。②

（二）设施联通：打造基础设施合作网络

基础设施互联互通一直是共建"一带一路"的优先领域，加快设施联通能够夯实共建"一带一路"的物质基础。③ 在过去十年中，上海在设施联通方面取得了显著的成果。通过积极投资和合作，上海市在交通、能源、电信等领域出台了一系列重要的互联互通规划，积极对接"一带一路"基础设施建设，为共建国家的经济发展提供了强有力的支持。在"十三五"规划、"十四五"规划中，上海市明确提出要加快推进基础设施互联互通建设，2016 年 1 月，《上海市国民经济和社会发展第十三个五年规划纲要》指出，要加快推进重要口岸互联互通；2021 年 1 月，《上海市国民经济和社会发展第十四个五年规划和二〇三五年远景目标纲要》指出，要推动设施联通，加快推进国际空港、海港与"一带一路"相关国家互联互通。

在"十三五"规划、"十四五"规划基础上，上海市各职能部门纷纷出

---

① 《深化经贸往来 推动务实合作 龚正率团访问印尼，签署上海市与日惹特别行政区友好合作交流备忘录》，https://www.shanghai.gov.cn/nw4411/20230430/578957239a88472382bc66d020949735.html，最后访问日期：2023 年 12 月 14 日。

② 《深化双边贸易双向投资科创合作 龚正率团访问泰国，"投资上海·共享未来"曼谷站 6 个项目现场签约》，https://www.shanghai.gov.cn/nw4411/20230503/ddbcc43e82bd45d5a25f93adabaab71c.html，最后访问日期：2023 年 12 月 14 日。

③ 殷文贵：《共建"一带一路"高质量发展的经验启示与未来展望》，《西安财经大学学报》2023 年第 3 期。

台相关规划。在航空基础设施建设方面，2016 年 7 月，上海市政府合作交流办制定的《上海市国内合作交流"十三五"规划》提出：强化上海国际航空、航运枢纽港功能，加强国际航运中心战略性设施布局谋划和建设，巩固提升上海海空枢纽地位；积极融入欧亚铁路网，为"一带一路"沿线省区市开拓国际市场服务。2016 年 9 月，上海市人民政府印发《上海市综合交通"十三五"规划》，要求充分考虑"一带一路"和"长江经济带"发展要求，积极融入基础设施互联互通和国际大通道建设。2021 年 7 月，《上海国际航运中心建设"十四五"规划》发布，指出要积极服务"一带一路"倡议，扩大航空枢纽航线网络覆盖面，提升通达性，建设品质一流的航空客运枢纽。在港口建设方面，充分发挥上海地理区位、海洋经济、海洋科技等优势，全面参与"一带一路"滨海港口建设。上海市加强港口建设、运营的国际合作，中远海运集团（总部位于上海）获得了比雷埃夫斯市比雷埃夫斯港二号、三号集装箱码头 35 年特许经营权，进一步推动了两市间的务实合作。

上海在港口、铁路、公路和航空等领域的建设方面取得了重要进展。上海港作为全球最大的货运港口之一，与共建国家的港口建立了广泛的合作关系，推动了海运物流的发展。同时，上海通过参与建设多条国际铁路、公路和航空线路，加强了与共建国家的互联互通。上海市积极推动与共建国家开展大型基础设施建设项目，互联互通项目有序落地实施，在道路、产业园区等基础设施建设方面取得了显著成效。上海建工集团自 2004 年起承建中国政府援柬项目，修建公路近 2000 公里、大小桥梁 100 多座，已累计实施了 30 多个基础设施项目。2021 年 11 月，由上海建工集团承建的柬埔寨斯登特朗-格罗奇马湄公河大桥项目实现通车，柬埔寨首相洪森出席项目通车典礼。该项目是柬中东部地区国家公路网的重要项目。① 2023 年 1 月，上海建工集团承建的柬埔寨桔井湄公河大桥及接线公路项目举行开工典礼，项目连接桔井省湄公河东西两岸，目前是

---

① 《高举共同发展旗帜 同行人类进步正道——写在习近平主席提出全球发展倡议两周年之际》，https://www.gov.cn/yaowen/liebiao/202309/content_ 6905278. htm? name = aging，最后访问日期：2023 年 12 月 14 日。

中国为柬埔寨建设的最长桥梁。① 这些基础设施的建设不仅促进了共建国家的经济发展，也为上海与共建国家的贸易和旅游合作提供了有力支持。

上海在能源和通信网络的建设方面也取得了积极进展。通过投资和合作，上海帮助共建国家建设了多个能源项目，包括发电厂、电网和石油天然气管道等。一批关系共建国家经济发展、民生改善的合作项目落地。这些能源项目的实施为共建国家提供了可靠的能源保障，同时也促进了上海与共建国家在能源领域的合作。新能源项目得到大力发展，2018 年 4 月，上海电力股份有限公司与马耳他政府共同开发的第一个欧洲新能源绿地项目黑山莫祖拉风电项目顺利完成首台风机吊装。该项目将为马耳他稳定的电力供应及经济快速增长做出贡献；② 由上海电气集团股份有限公司作为工程总承包商的马克图姆太阳能公园四期项目，由阿联酋、沙特阿拉伯和中国三国的企业联合投资，实现了在"一带一路"倡议下将中国产能与阿联酋能源发展战略的对接。上海电气集团股份有限公司还与西班牙阿本戈公司、美国亮源公司等组成联合体承建项目，实现了中西方在清洁能源战略重点项目上的技术合作，充分体现了工程合作类第三方市场合作理念。③ 2021 年 8 月，上海电建福建公司承建孟加拉国科巴 66 兆瓦风电场项目土建及设备安装工程、送出线路工程、对侧变电站扩建和集电线路工程。该风电场是孟加拉国的第一个风电项目。④ 2021 年 3 月，上海电气电站集团签订新加坡 Tuas IWMF 垃圾发电项目一期 2X65MW 汽轮发电机组合同，建成后将成为新加坡乃至东南亚地区最大的垃圾发电项目。⑤

---

① 《上海建工打造中国承建的柬埔寨最长桥梁》，https：//www.shanghai.gov.cn/nw31406/20230120/083698c001aa4063a468c190bc00ca4a.html，最后访问日期：2023 年 12 月 14 日。

② 《上海电力在欧洲投资安装的第一台风机吊装成功》，https：//baijiahao.baidu.com/s？id=1597878983398957721&wfr=spider&for=pc，最后访问日期：2023 年 12 月 14 日。

③ 《瞭望｜全球最大光热项目的"两个对接"》，https：//baijiahao.baidu.com/s？id=1740552204091683149&wfr=spider&for=pc，最后访问日期：2023 年 12 月 14 日。

④ 《中国电建福建公司中标孟加拉国首个风电项目》，http：//js.people.com.cn/n2/2021/0817/c360301-34871648.html，最后访问日期：2023 年 12 月 14 日。

⑤ 《独家｜中企海外项目周报（3.15～3.21）》，https：//baijiahao.baidu.com/s？id=1694944585066775181&wfr=spider&for=pc，最后访问日期：2023 年 12 月 14 日。

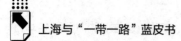

上海市还大力支持上海产业园区对外合作共建，推动国家级经济技术开发区建立国际合作生态园、国际合作创新园，开展经贸领域节能环保、科技创新国际合作。引导国家级经济技术开发区积极参与"一带一路"建设，融入全面开放新格局，推动国家级经济技术开发区"走出去"，建设境外经贸合作区。2018年10月，上海临港集团与比利时泽布鲁日港务局经过多轮磋商，签署了临港海外泽布鲁日现代产业园土地特许经营合作协议，建设以"一园两中心"为载体的国际贸易合作基地。① 2021年6月30日，临港海外泽布鲁日现代产业园在比利时泽布鲁日港开工建设。该项目总占地面积约30公顷，园区一期用地面积为15公顷，拟建设7.6万平方米物流仓库、2.2万平方米集装箱堆场。临港集团是上海市最大的园区开发企业，泽布鲁日港是欧洲著名的深水港，拥有完善的海关数据对接系统、成熟稳定的海陆运输模式，汽车转运、冷链运输等业务发达。建设临港海外泽布鲁日现代产业园将有利于充分发挥双方资源优势，为中国企业整合欧洲市场业务与供应链提供高端基础设施和专业服务支持，更好地实现联动发展、协同发展、高效发展。②

上海在设施联通方面取得了显著的成就。通过投资和合作，上海成功打造了一个基础设施合作网络，为共建国家的经济发展提供了有力支持。

（三）贸易畅通：彰显合作活力

贸易畅通是共建"一带一路"的基本目标。在贸易畅通方面，上海的贸易企业在与共建国家的合作伙伴建立合作关系方面表现突出。这些企业通过与合作伙伴建立长期稳定的合作关系，促进了双边贸易的快速增长。这种贸易合作不仅促进了商品流通，也为双方的企业提供了更多的商业机会和发展空间。

---

① 《临港集团将在比利时建设临港海外泽布鲁日现代产业园》，http://www.sasac.gov.cn/n2588025/n2588129/c9729093/content.html，最后访问日期：2023年12月14日。
② 《上海企业海外产业园落地比利时 总投资达1亿欧元》，http://ydylmgr.acfic.org.cn/ydyl/xwzx61/gjxw/20210707133271780021/index.html，最后访问日期：2023年12月14日。

上海在建立贸易便利化机制方面发挥了积极作用。通过简化贸易流程、提高贸易效率，上海为中国与共建国家的贸易合作提供了更多的便利和机遇。贸易便利化机制的建立，不仅有助于降低交易成本、提高贸易效益，也有利于推动双边贸易持续增长。上海参与共建"一带一路"的贸易与投资自由化、便利化水平不断提升，与共建国家的经贸合作关系日益密切，经贸合作活动日益频繁。上海积极拓展共建国家投资贸易网络。2015年3月，由上海进出口商会、中国外经贸企业协会和中国机电等92家单位共同发起正式成立"一带一路贸易商企业联盟"，为各国企业搭建经贸交流合作的平台。[①] 2015年12月，上海市印发《关于本市促进外贸转型升级和持续稳定增长的若干措施》，支持上海商协会与共建国家和地区民间经贸机构加强合作，开展投资贸易促进活动。上海市政府举行的中国（上海）国际技术进出口交易会（简称"上交会"）通过将"引进来"和"走出去"相结合，服务"一带一路"经贸科技外交。

伴随数字经济的发展，诸如跨境电商、电子商务等新业态、新模式不断涌现，上海利用数字技术发掘外贸潜力，鼓励电子商务企业积极参与"丝路电商"合作，大力发展数字贸易新业态、新模式，推动"数字丝绸之路"建设，进一步提升"一带一路"贸易畅通水平。上海积极推动跨境电商平台发展，为双方的贸易合作提供了新的渠道和平台。跨境电商平台的建立，使双方的企业可以更便捷地进行在线交易和支付，拓展了贸易合作的空间和范围。这种新型的贸易方式也为双方的企业提供了更多的商业机会和选择，促进了贸易的多元化和自由化。上海提出要高水平建设一批面向"一带一路"国家和地区的商品直销平台、国别商品交易中心和专业贸易平台；[②] 强化虹桥商务区进口集散功能，加快建设联动长三角、服务全国、辐射亚太的

① 《沪成立"一带一路贸易商企业联盟"促进贸易畅通》，https://www.gov.cn/xinwen/2015-03/28/content_ 2839680.htm，最后访问日期：2023年12月14日。
② 《上海市人民政府关于印发〈"十四五"时期提升上海国际贸易中心能级规划〉的通知》，https://www.shanghai.gov.cn/202111zfwj/20210607/8de0521eea6c4680bf329e41d37fb51b.html，最后访问日期：2023年12月14日。

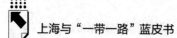

进出口商品集散地;① 大力发展"丝路电商",加快浦东新区"丝路电商"合作交流引领区建设,推动成立"丝路电商"国际智库联盟和"丝路电商"重点项目落地。②

推进跨境电商制度创新、管理创新和服务创新,引导上海市跨境电商产业向规模化、标准化、集群化、规范化方向发展。③ 完善电子商务企业"走出去"措施,支持电子商务企业面向"一带一路"、发达经济体等重点地区,通过国际并购、股权投资等方式开展对外投资合作;鼓励企业建立海外营销网络,带动产品出口。④ 承接"一带一路"倡议和自由贸易区战略,促进跨境电子商务出口与进口平衡发展,引导跨境电子商务产业规模化、标准化、集群化发展。⑤ 进一步扩大跨境电商、跨境支付等开放试点领域。⑥ 鼓励企业在共建国家和地区、RCEP 成员国布局海外仓建设,扩大欧美市场海外仓建设规模,提升企业境外货物集散能力。⑦ 支持上海中欧班列高质量发展,拓展"一带一路"沿线物流跟踪、统计分析等功能,推进上海国际贸

① 《上海市人民政府关于印发〈虹桥国际开放枢纽中央商务区"十四五"规划〉的通知》,https://www.shanghai.gov.cn/nw12344/20210907/3bfef25ad241463bab42c22e1e5ad269.html,最后访问日期:2023 年 12 月 14 日。
② 《上海市商务委员会关于印发〈上海市推动会展经济高质量发展 打造国际会展之都三年行动方案(2023~2025 年)〉的通知》,https://www.shanghai.gov.cn/gwk/search/content/8bd51371bb4e44d88375966c9152a88f,最后访问日期:2023 年 12 月 14 日。
③ 《上海市人民政府办公厅印发〈关于促进本市跨境电子商务发展的若干意见〉的通知》,https://www.gov.cn/zhengce/2015-07/20/content_5058938.htm,最后访问日期:2023 年 12 月 14 日。
④ 《上海市人民政府办公厅关于印发〈本市大力发展电子商务加快培育经济新动力实施方案〉的通知》,https://www.shanghai.gov.cn/nw39664/20200821/0001-39664_47490.html,最后访问日期:2023 年 12 月 14 日。
⑤ 《市政府办公厅关于印发〈中国(上海)跨境电子商务综合试验区实施方案〉的通知》,https://www.shanghai.gov.cn/nw39426/20200821/0001-39426_47693.html,最后访问日期:2023 年 12 月 14 日。
⑥ 《上海市进一步优化营商环境实施计划》,https://fgw.sh.gov.cn/zcjj-zh/20200423/b9aa933adbfd475ba8d344b6424ba60b.html,最后访问日期:2023 年 12 月 14 日。
⑦ 《市政府新闻发布会介绍〈上海市推进跨境电商高质量发展行动方案(2023~2025 年)〉和〈上海市推动会展经济高质量发展打造国际会展之都三年行动方案(2023~2025 年)〉》,https://www.shanghai.gov.cn/nw9822/20230720/d1529e93b5c44b2cabcf3fb6c21cb86c.html,最后访问日期:2023 年 12 月 14 日。

易"单一窗口"跨境互助通关平台建设。[①]

上海在贸易畅通方面取得了显著的成就，通过多元化的贸易方式和合作模式、建立贸易便利化机制以及推动跨境电商平台发展，上海成功地扩大了与共建国家的贸易规模，为双方的经济合作增添了新的动力。

（四）资金融通：金融服务体系不断健全

在资金融通方面，上海的金融服务体系在过去十年中不断完善和发展。通过与共建国家的金融机构建立广泛的合作关系，上海成功地推动了金融市场的互联互通，为双方的经济合作提供了强有力的金融支持。为支持上海企业实施"走出去"战略，促进上海对外投资合作持续发展，上海的金融机构积极参与国际金融合作，与共建国家的金融机构建立了紧密的合作关系。这种合作不仅促进了双方的业务往来，也为上海和共建国家的经济发展提供了更多的机遇。通过建立合作机制和信息共享平台，上海与共建国家的金融机构加强了沟通与协调，共同推动金融市场的繁荣与发展。2016 年 7 月，《上海市财政改革与发展"十三五"规划》提出上海要促进提升服务"一带一路"的能力和水平，加大对"一带一路"对外投资、对外贸易出口信用保险力度，支持企业采取工程建设、投资、技术合作等方式，推动装备、管理、技术、标准、服务"走出去"。2016 年 11 月 23 日，中国人民银行上海总部发布《关于进一步拓展自贸区跨境金融服务功能支持科技创新和实体经济的通知》，支持利用自由贸易账户便利化的跨境汇兑安排，降低企业"走出去"的资金管理风险，提高投资回收的安全性，满足企业"走出去"后的跨境金融服务需求并带动金融服务出口。

充分发挥上海的区位优势、总部组织协调优势和国际化、综合化的投融资服务等优势，深入贯彻落实各项跨境投融资创新政策，优化跨境投融资政策制度框架，采取多元化措施，为企业提供综合金融服务方案，增强金融服

---

① 《市商务委关于印发〈2023 年上海口岸数字化转型重点工作安排〉的通知》，https：//www.shanghai.gov.cn/gwk/search/content/4af5921c69ce4bda8d768130069afb83，最后访问日期：2023 年 12 月 14 日。

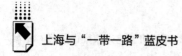

务实体经济的能力，为上海发展和"一带一路"建设提供全方位、高质量的金融服务。在新冠疫情期间，银行等金融机构为企业"走出去"和加强国际产能合作，以及在共建国家开展能源合作、产业投资等提供金融支持。通过应急响应贷款等支持，加大对外经贸信贷支持力度，为外贸企业、外贸产业链、外贸平台、新型国际贸易提供本外币金融支持。例如，2022 年中国进出口银行上海分行为上汽集团、宝钢资源、益海嘉里等行业龙头企业在共建国家和地区开展业务提供信贷资金，帮助企业开拓"一带一路"海外市场，多维度参与国际合作与竞争。中国信保上海分公司为企业"走出去"提供全周期信用风险管理服务，推动大型成套设备出口和共建"一带一路"高质量发展。

上海在资金融通方面拓展多元化的融资渠道。为了满足"一带一路"建设的资金需求，上海设立了专项基金，为共建国家的基础设施、能源开发等项目提供资金支持。此外，上海还发行了多批债券，吸引了众多国内外投资者的关注和参与。这些债券的发行不仅为"一带一路"建设提供了资金保障，也丰富了上海的金融产品市场，提升了市场竞争力。2017年 5 月 14 日，上海证券交易所和马来西亚交易所举行备忘录文本交换仪式，成为双方在"一带一路"建设大背景下加强合作的新尝试。[①] 2018 年4 月 2 日，上海银行"一带一路"境外服务中心揭牌，上海银行分别与新加坡华侨银行、西班牙桑坦德银行签署进一步深化战略合作协议，共同搭建国际业务平台，实现优势互补，分享经验和资源，提供包括注册、招商、法律、财务咨询等一站式服务，帮助更多客户把握"一带一路"倡议带来的机遇。[②] 2021 年 8 月 24 日，上海市人民政府发布《上海国际金融中心建设"十四五"规划》，提出与共建国家和地区加强投融资领域的战略合作，推动金融基础设施跨境互联互通，深化共建国家和地区金融市场

① 《上交所与马来西亚交易所交换备忘录开启合作》，https://www.cs.com.cn/sylm/jsbd/201705/t20170514_ 5281064.html，最后访问日期：2023 年 12 月 14 日。
② 《上海银行"一带一路"境外服务中心揭牌》，https://news.cnstock.com/news，jg-201804-4205908.htm，最后访问日期：2023 年 12 月 14 日。

间的股权和业务合作；支持共建国家和地区的政府、企业、金融机构来沪发行债券等金融产品；吸引共建国家和地区的金融机构来沪设立法人或分支机构；等等。

上海在资金融通方面取得了显著的成就。通过与共建国家的金融机构建立合作关系、设立专项基金和发行债券等多元化的融资渠道，上海成功地为"一带一路"建设提供了强有力的金融支持。

（五）民心相通：人文交流筑牢合作根基

十年来，上海与共建国家人文交流更加密切，沟通模式更加多元化，交流领域更加广泛，民心相通显著增强，促进了双方文化交流，传播了丝路文明。2014年11月，《上海市人民政府关于加快发展本市对外文化贸易的实施意见》指出，支持文化企业积极参加境内外重要国际性文化展会、艺术节等节庆会展活动，鼓励文化企业通过新设、收购、合作等方式，在境外收购文化企业、演出剧场和文化项目实体，在境外设立演艺经纪公司、艺术品经营机构、文化经营机构等；鼓励文化企业借助电子商务等新兴交易模式拓展国际业务，将本土文化产品和服务逐步拓展至新兴市场和"一带一路"市场。2017年10月20日，"丝绸之路国际艺术节联盟"由中国上海国际艺术节倡导并在上海正式成立。该联盟的目的是联结并推动共建国家及更大范围的国际文化交流与合作。2018年6月，上海出台《关于促进上海演艺产业发展的若干实施办法》，进一步支持企业"走出去"，积极拓展"一带一路"市场。2021年9月2日，上海市人民政府印发《上海市社会主义国际文化大都市建设"十四五"规划》，指出上海要在文化设施、非遗保护、文化旅游等领域深化与共建国家和地区的合作交流，进一步丰富文化交流合作内容。

大批"小而美"的项目得以实施，民生项目精准推进。上海市优化"走出去"服务保障体系，鼓励引导本市企业赴共建国家和地区开展贸易投资，支持打造一批基础设施建设标志性项目和"小而美"民生工程。2018年，上海巴安水务股份有限公司承建哈萨克斯坦曼格什套州库雷克镇

5万立方米/天海水淡化厂建设项目,投资规模约1亿美元。① 项目使用"绿色海水淡化技术"。作为一项环境友好型工程,项目建成后有力缓解了当地居民饮水的现实问题,极大地提高了当地居民的生活质量,同时也扫清了经济发展的障碍,推动了当地经济发展。"小项目"带来"大收益",不仅传播了知识,输出了技术、管理模式等,而且政策效果更加显著。2021年12月14日,由上海建工集团承建的中国援缅甸国家体育馆维修改造项目移交仪式在仰光举行,该项目对室内外装修、机电设备、灯光音响等进行了升级改造。② 2022年6月27日,由上海建工集团承建的津巴布韦议会大厦项目正式完成竣工验收,是落实"一带一路"倡议、提升中津两国关系的标志性工程。津巴布韦总统姆南加古瓦曾先后4次到访现场,关心工程进展。③

深化国际科普交流,加强与共建国家和地区的科普合作及对其人力资源的培训工作。2017年5月5日,全球首个"一带一路"能源电力国际人才培养基地在上海电力学院成立,参与"一带一路"建设的发电集团、电建集团、新能源企业代表与上海电力学院签署了合作协议。④ 2019年10月15日,上海电力大学承办的"'一带一路'沿线国家能源电力人才高级研修班"开班仪式在临港校区举行。⑤ 2021年6月24日,"一带一路"澜湄铁路互联互通中心在上海应用技术大学揭牌。该中心旨在联合培养一批澜湄沿线本土化高水平应用技术型人才,共同构建铁路工程高等教育国际化中国模式。此外,上海还构建了旅游合作交流平台,与共建国家和地区广泛开展旅

① 《巴安水务中标1亿美元海水淡化项目》,https://huanbao.bjx.com.cn/news/20180319/886353.shtml,最后访问日期:2023年12月14日。
② 《援缅国家体育馆维修改造项目举行移交仪式》,http://www.mofcom.gov.cn/article/zwjg/zwxw/zwxwyz/202112/20211203228866.shtml,最后访问日期:2023年12月14日。
③ 《中国在非洲援建工程津巴布韦议会大厦项目顺利竣工验收》,https://www.163.com/dy/article/HAT6TQAT0514R9KC.html,最后访问日期:2023年12月14日。
④ 《全球首个"一带一路"能源电力国际人才培养基地在沪成立》,https://news.shiep.edu.cn/72/1a/c2681a160282/page.psp,最后访问日期:2023年12月14日。
⑤ 《我校举行2019年"'一带一路'沿线国家能源电力人才高级研修班"开班仪式》,https://www.shiep.edu.cn/1c/dc/c1060a203996/page.psp,最后访问日期:2023年12月14日。

游交往与合作。推进上海与友好城市间的旅游便利化水平，参与组建区域性旅游合作组织，建立合作示范区，开展联合营销和推广，推动共建国家和城市进行旅游投资开发、旅游教育、旅游信息化建设。[①]

二　当前上海服务"一带一路"建设面临的新机遇

（一）加快构建新发展格局与推进中国式现代化建设增强了"一带一路"推进动力

高质量共建"一带一路"是加快构建新发展格局、推进高水平对外开放的重要实践，而推进高水平对外开放为高质量共建"一带一路"注入了新动能。[②] 上海市通过进一步扩大开放，加强与共建国家的合作，加快构建开放型经济新体制，创新国际合作模式，推动开放型经济发展；强化与共建国家的主要节点城市的经贸合作关系，提升自身的国际影响力和地位，更好地发挥国际化城市的作用，不断提升与共建国家的务实合作水平。

新发展格局为上海服务"一带一路"建设提供了更广阔的发展空间。上海自贸区作为进一步扩大开放等先行先试措施的平台，借助自贸区的先发优势，可进一步厘清"一带一路"建设过程中出现的问题，针对问题提出一系列应对措施，包括进一步加强基础设施建设、完善相应的法律制度和管理制度、利用企业的发展推动"一带一路"建设。

上海可以借助自身的开放型经济优势和国际化城市地位，加强与共建国家的合作，推进国际贸易和投资合作及经济全球化进程。加强基础设施建设和贸易往来，拓展市场空间和商业机会。同时，通过参与"一带一路"建设，上海也可以推动产业升级和转型发展，更好地融入全球

---

① 《"一带一路"澜湄铁路互联互通中心在我校揭牌》，https：//inter. sit. edu. cn/2021/0625/c4871a200312/page. htm，最后访问日期：2023 年 12 月 14 日。
② 赵龙跃：《协同推进高水平对外开放与高质量共建"一带一路"》，《当代世界》2023 年第9 期。

价值链,实现自身的发展目标,提升自身的国际竞争力和影响力,服务"一带一路"建设。上海"五个中心"(国际经济中心、金融中心、贸易中心、航运中心、科技创新中心)和自贸区建设为创建"丝路电商"合作先行区提供了重要基础。跨境电商是数字化货物贸易的主要部分,与数字内容、数字技术等数字化服务贸易一起,共同构成数字贸易的整体框架。作为"丝路电商"合作先行区和首个自贸区所在地,上海有责任率先与共建国家合作试点国际高标准电子商务规则,探索互利共赢的合作新模式。大力发展"丝路电商",有利于国内消费者以优惠价格和便利方式享受到更多的"丝路商品",也为共建国家扩大对中国的出口、促进经济增长增添新的动力。通过参与"一带一路"建设,上海可以借助自身的地理位置优势和经济发展实力,加强与共建国家的合作,在吸引全球企业发布最新创新成果、促进科技成果交易转化、建设国际科技创新合作网络等方面发挥积极作用。上海可以借助自身的现代化城市优势和国际化人才资源,促进人才流动和科技创新合作,推动现代化建设和科技创新合作,提升自身的科技创新能力和国际竞争力。

(二)在新发展理念引领下,数字经济、生命健康等新产业领域国际合作空间广阔

上海产业基础雄厚、研发能力强大,在全球产业转型升级背景下,上海在数字、绿色、健康等重点领域拥有新技术开发、转化、应用的突出优势,为参与共建"一带一路"创建了更多合作空间。2021年11月19日,习近平总书记在北京出席第三次"一带一路"建设座谈会时强调,"要稳妥开展健康、绿色、数字、创新等新领域合作,培育合作新增长点"①,推动共建"一带一路"高质量发展不断取得新成效。

在低碳、健康、数字等新领域,上海与共建国家的合作拥有巨大的潜力

---

① 习近平:《推动共建"一带一路"高质量发展不断取得新成效》,《习近平谈治国理政》第四卷,外文出版社,2022,第496页。

和机遇。"绿色丝绸之路""健康丝绸之路""数字丝绸之路"有更加广阔的发展前景。

低碳领域的国际合作是未来发展的必然趋势。在全球气候变化和环境保护的背景下，低碳发展已成为各国共识。中国以绿色低碳的技术、产品与知识信息服务为载体持续推动"绿色丝绸之路"建设，为今后"一带一路"的绿色发展、低碳发展指明了方向。上海在低碳技术和环保产业方面有较强的实力，上海与共建国家相继合作开展了一大批能源合作项目，拓展了中国与共建国家的能源合作空间，为与共建国家开展低碳合作奠定了坚实基础。随着高质量发展进程的推进，依托"绿色丝绸之路"建设，聚焦共建国家的绿色低碳发展需求及低污染、低能耗的高技术示范项目，在绿色基础设施、绿色交通、绿色能源、绿色金融等领域加大投入力度，加快建设绿色低碳型合作区，拓展"一带一路"绿色发展空间，提升合作区绿色发展水平。支持共建国家进行清洁能源开发利用和应对气候变化能力建设，推动上海市风机、核电、新能源汽车等低碳产品和装备"走出去"。开展绿色能源项目合作，促进新能源和节能减排技术的应用、投资与合作，加大对电力、新能源等领域的投资力度，推动绿色科技、绿色制造及绿色服务"引进来"和"走出去"，支持中国与共建国家的能源合作，推动节能环保产业区域联动和产业链延伸发展。

健康领域的国际合作空间巨大。随着世界对健康的关注度不断提高，各国对医疗卫生领域的合作需求也日益增长。上海作为中国的医疗中心之一，拥有先进的医疗技术和设施以及丰富的医疗资源。通过与共建国家开展医疗卫生合作，共同提升医疗服务水平，有助于实现互利共赢的目标。多数共建"一带一路"的发展中国家医疗条件和能力有限；上海在公共卫生领域具备优势，与这些国家在健康卫生、医疗基础设施援助等领域合作潜力较大。经过十年的发展，上海与共建国家在医疗卫生领域的合作逐渐深化，推动"健康丝绸之路"建设，为今后上海参与"一带一路"建设带来医疗卫生等领域合作发展的新机遇；与条件适合的共建国家合作，培育一批有跨国竞争力的市场主体和具有较高附加值的医药服务贸易项目和服务品牌，积极推动医药服务"走出去"。

在数字领域，数字空间呈现前所未有的扩张趋势。数字科技领域的国际合作是未来发展的核心驱动力。随着数字科技的飞速发展，各国对于数字化转型的需求日益增加。"数字丝绸之路"是中国与共建国家合作交流的新领域，为"一带一路"建设带来了新机遇。上海作为中国的高科技中心之一，拥有众多的互联网、电子商务、人工智能等领域的知名企业和创新型企业，通过加强与共建国家在数字科技领域的合作，推动数字经济和科技创新发展，有助于实现互利共赢的目标。

"数字丝绸之路"重视数字化赋能，强调数字技术、数字经济与共建国家各个领域的融合发展，进而在经济、社会、文化等领域形成新的合作共识和合作空间，在贸易规则、基础设施建设领域也将催生新的合作空间。上海在跨境电商平台、线上支付、智慧物流等领域有先进的技术，契合共建"一带一路"发展中国家的发展诉求。加强共建"一带一路"发展中国家的数字基础设施建设，促进数字技术的传播和运用，依托数字技术提高生产管理效率和贸易便利化水平，拓展新的合作空间，形成新的经济增长动力源。上海所拥有的现代化的交通网络能够降低数字经济产业的运营成本，为发展数字经济、共建"一带一路"提供较好的区位优势。上海吸引了大量软件开发、网络安全等方面的互联网专业技术人才，拥有数据科学家与数据分析师及金融科技专业人才，为促进共建"一带一路"高质量发展奠定了人才基础。

（三）全球价值链重构趋势倒逼共建"一带一路"着力于产业协调发展

当前，全球产业链加速重构，面临深刻调整。全球价值链重构意味着全球生产网络正在发生重大变化，各国之间的产业联系和互动变得更为紧密，各国之间的产业协调和发展变得越来越重要。在这一趋势下，共建"一带一路"需要更加注重产业协调发展，以促进共建国家的经济发展和产业升级。上海拥有先进的制造业、服务业和丰富的科技创新资源，通过服务

"一带一路"建设，加强与共建国家的产业合作，以长三角先进制造业基地为腹地，构建面向共建国家的跨境电商供应链和产业链，鼓励电商服务企业"走出去"，带动商品、技术、服务和标准输出。共建"一带一路"发展中国家大多处于工业化、城市化和现代化初级阶段，多采用粗放式经济发展方式。打通国际供应链，加快配置全球资源，将加快上海建成具有国际竞争力的开放型产业体系。上海是联结国内外市场和国内外产业的主要节点之一。推动上海装备、技术、标准、服务"走出去"，鼓励上海有条件的企业扩大对外投资，深度融入全球产业链、供应链、物流链；通过与共建国家开展产业合作，可以促进双方的产业对接和协同发展，实现互利共赢的目标。

上海数字技术的发展促进供需对接及产业结构优化升级，为推动"一带一路"产业链、价值链重构提供了机遇。上海集聚了集成电路、人工智能、生物医药和航空航天等重点产业，致力于打造以关键核心技术为突破口的世界级前沿产业集群，推动供应链协同发展，提升供应链综合竞争力。借助数字化制造技术和数字化转型打造竞争新优势是保障产业链、供应链安全稳定的有力抓手。探索供应链治理和公共服务模式，加快供应链质量和标准体系建设，营造良好的供应链创新与应用环境，促进与共建国家的产能合作。

部分共建国家面临产业发展竞争力落后、产业结构不合理、产业发展不均衡等困境。上海可以充分利用自身资源优势，加强与共建国家的投资合作和产业合作，支持重点企业开展国际工程总承包，推动产品、装备、技术、标准和服务"走出去"，支持依托境外经贸合作区、工业园区转变加工贸易企业"走出去"模式，实现上海对外直接投资优势与共建国家贸易结构优势互补，打造一批综合效益好、带动作用大、海外反响好的"走出去"示范项目，通过共建国家产业协调发展，形成"一带一路"系统内部相对完整且互补的产业体系；引导上海优势产业企业到共建国家建立生产基地，发展转口贸易和加工贸易，提升共建国家的产业效率，有助于共建国家根据本国资源禀赋和技术优势，提高国际产业资源配置能力。

三 推动上海服务"一带一路"高质量
发展的路径

"硬联通""软联通""心联通"是推动上海服务"一带一路"高质量发展的重要途径。在"硬联通"方面，通过巩固和优化基础设施布局，以及加强与共建国家在新型基础设施领域的合作，上海可以促进与共建国家的互联互通和经济发展，也为双方的产业转型升级提供更多的机遇和支持。在"软联通"方面，通过积极参与国际标准的制定/修订，加强与共建国家的规则标准对接，上海可以进一步与共建国家的制度对接并实现协同发展；同时，这也将为双方的经济发展提供更多的制度保障和支持。在"心联通"方面，上海可通过教育交流、科技交流、卫生健康合作、举办文化活动等多种形式增进与共建国家的民间友好合作关系，完善交流机制，拓展交流手段，优化"一带一路"建设的外部环境。

（一）"硬联通"：巩固并优化基础设施布局，以新型基础设施建设促进互联互通

在推动上海服务"一带一路"高质量发展的过程中，"硬联通"扮演着至关重要的角色。这包括巩固并优化基础设施布局，以新型基础设施建设促进互联互通。然而，仅仅依靠传统的基础设施并不能满足现代经济发展的需求。在新的发展阶段，围绕新型基础设施的建设和合作变得尤为重要。因此，上海可以进一步加强与共建国家在新型基础设施领域的合作。十年来，上海结合共建国家实际情况，创新合作形式，助推共建国家的发展。

共建国家基础设施建设资金需求量大。上海持续参与"一带一路"基础设施建设，不仅能够增强参与"一带一路"基础设施建设的能力，还能优化"一带一路"建设的外部环境，助力上海企业"走出去"，通过产能合作、扩大对外投资和原材料贸易等方式，强化上海与共建国家的产业链分工，提高与共建国家的价值链关联度，推进共建"一带一路"发展中国家

现代化产业体系建设，提升共建国家在全球价值链中的地位，实现以双边价值链升级为标识的互惠共生。展望未来，上海要扎实推进高水平新型基础设施体系建设，加快培育上海新型基础设施建设新优势，上海与共建国家合作共建新型基础设施的领域将更加广泛，内容将更加丰富。

（二）"软联通"：积极参与国际标准的制定/修订，加强与共建国家的规则标准对接

在推动上海服务"一带一路"高质量发展的过程中，"软联通"同样扮演着重要的角色。习近平总书记在第三次"一带一路"建设座谈会时强调，把基础设施"硬联通"作为重要方向，把规则标准"软联通"作为重要支撑，① 通过建设更紧密的互联互通伙伴关系，超越传统经贸合作模式，开辟通向可持续发展的新路径。上海可以通过积极参与国际标准的制定/修订，提升自身在国际舞台上的影响力和话语权。在全球化日益深入的背景下，国际标准已成为各国经济发展和合作的重要基础。通过参与国际标准的制定/修订，加强与共建国家的规则标准对接，促进上海与共建国家在知识产权保护、金融服务等方面的协同发展。

强化制度创新支撑，积极探索更高标准的国际经贸规则，不断提升规则标准等"软联通"水平。随着共建范围逐渐扩大，需要加强规则标准对接。在新的形势下，遵循绿色、开放、廉洁的发展理念，围绕高标准、惠民生、可持续的发展目标，加强中国与共建国家在产业合作、项目合作、人文交流、科技合作、能源合作等方面的战略对接、规划对接和机制对接，构建统一的规则标准体系。上海服务"一带一路"建设，要加强对国际形势和共建国家政治、经济与社会发展状况的分析，结合自身优势，着力推动规则、标准等制度型开放，与共建国家持续提升合作机制、理念、政策的开放性和包容性，探索促进共同发展的新路径。

---

① 习近平：《推动共建"一带一路"高质量发展不断取得新成效》，《习近平谈治国理政》第四卷，外文出版社，2022，第495页。

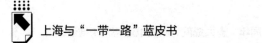

十年来，上海积极参与国际标准的制定/修订，牵头制定或参与制定多项国际标准，在参与国际标准制定/修订方面取得了显著进展，展示了上海在国际化发展方面的实力和影响力。未来，上海要鼓励浦东等重点区域先行先试，努力夯实市场化、法治化、国际化营商环境的基础。要发挥上海市"一带一路"综合服务中心和上海市企业"走出去"综合服务中心功能，加快推进上海市"一带一路"综合服务平台海外联络点建设，为企业"走出去"搭建沟通交流、信息共享、国际合作的平台；加大对相关企业的项目规划、专业人才等方面的培训和支持力度，不断提升专业服务的国际化水平，为企业提供全方位、专业化、个性化的"走出去"服务；充分发挥上海自贸区先行先试作用，打造国家制度型开放示范区，推进资本市场开放和金融服务业等的制度创新，推进金融高水平开放，拓宽参与"一带一路"建设企业的融资渠道；支持虹桥国际中央商务区建设"一带一路"商品展销平台、国别商品交易中心、专业贸易平台和跨境电商平台。

加强共建"一带一路"贸易投资自由化便利化的机制建设，使人员、货物、资金、数据安全有序流动，推进与共建国家规则标准的对接，推进合作共赢的开放体系建设。要遵循市场规律，充分发挥民营企业的作用，更好地服务"一带一路"建设，加强"一带一路"建设的风险防范。在基础设施、经贸投资等领域应建立有效的保障机制，探索建立区域性的常设仲裁机构，服务于"一带一路"的争端解决，为境外项目做好服务和支撑保障。在知识产权保护方面，上海可以加强与共建国家的知识产权合作，共同制定知识产权保护规则。这不仅有助于保护双方的合法权益，还能促进创新和科技进步。在贸易规则方面，上海可以与共建国家开展深入的贸易合作，共同制定和优化贸易规则，降低贸易壁垒，提高贸易便利化程度。在金融服务方面，上海可以加强与共建国家的金融合作，推动制定和完善金融监管规则，促进金融市场的开放和稳定。

中国产品进入共建国家的市场，需要遵守国际标准，符合当地的标准。目前，共建国家在建的重点基础设施项目有超过 1/3 采用了中国标准，有效降低了企业港口、物流等贸易成本，提高了中国企业的竞争力。[1] 上海企业要以中国技术、中国标准助力海外基础设施建设；要帮助中国企业更好地研究共建国家的市场，推动技术标准互认。在检验检测、认证方面对接国家各项政策，增强要素集聚和辐射能力，帮助中国企业更好地"走出去"。依托长三角"一带一路"国际认证联盟平台，为企业拓展国内国际市场提供政策咨询、标准制定/修订、产品检验检测和认证"一站式"综合服务，深化"一带一路"质量认证合作机制，拓展服务范围和服务对象，推动检验检测结果采信与认证机构互认。

未来，上海市要进一步深化国际科技创新合作，加大对国际标准和国外先进标准的跟踪、研究力度，持续完善技术性贸易措施应对工作机制，建立和完善跨国科技创新对话机制，加强与国外高水平研究机构的交流合作，主动融入全球创新网络。中国是数字大国，应积极参与"一带一路"合作中数字贸易规则和标准的制定，利用好各平台和机制，积极参与数据产权、电子商务、数据安全等领域的制度标准和规则制定，加强数字经济治理，努力提高中国在规则制定中的话语权和影响力。上海要利用好云计算、5G、人工智能等数字技术，与共建国家共同建立统一的数字贸易规则和相关合作机制，促进数字贸易和跨境电商发展，进一步推进高质量共建"一带一路"。

（三）"心联通"：完善交流机制，拓展交流手段，优化"一带一路"建设的外部环境

改善民生是促进民心相通的重要内容。十年来，上海将惠民生上升为高质量共建"一带一路"的目标之一，鼓励、支持与共建国家社会组织广泛开展民生合作，聚焦水电、住房、医疗、教育等惠民项目的建设，在共建国家实施供水供电、教育卫生服务等民生项目，改善民众生产与生活环境，切实提升了共建国家民众的获得感，得到了共建国家及其民众的积极响应。上

---

① 白永秀、陈煊：《中国式现代化新征程中"一带一路"高质量发展：成就、变局与转型》，《人文杂志》2023 年第 6 期。

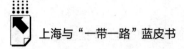
海成功地深化了与共建国家的民间友好合作关系，为双方的深入合作提供了坚实的民意基础及社会支持。

"小而美"项目具有投资小、见效快、风险可控等优势，也兼具惠民生、绿色可持续的特点。未来，上海参与共建"一带一路"要将加快"小而美"项目的建设作为优先方向，推动共建国家消除贫困、增加就业、改善民生。

充分发挥上海在教育、卫生等领域的优势，提升民生项目服务能力。上海在教育交流方面取得了明显进展，上海的高等院校积极与共建国家开展学生交流和学术合作，共同培养具有国际视野和跨文化沟通能力的人才。这种教育交流不仅有助于增进共建国家学生对中国文化的了解，也为上海和共建国家的经济发展提供了更多的人才资源。在文化教育领域，依托海内外语言服务方面的优势资源，开展对外文化交流项目，与共建国家的教育机构开展合作，重视培养熟悉共建国家国情的国际商务人才，为"一带一路"复合型人才培养和储备提供保障。

在科技领域，推动与共建国家共建联合实验室和研发基地，成立"一带一路"科技创新联盟；加大在绿色、数字领域中小型项目上合作的力度，增强共建国家发展的内生动力，助力共建国家实现更有效率、更可持续的发展；在卫生领域，加强与国内外高水平研究机构和医疗机构等的交流合作，拓展国际交流空间，加强与共建国家的交流合作，参与全球医学科技创新，提升上海在卫生健康领域的国际影响力。在文化活动方面，通过举办艺术展览、文化节庆和演出活动等，向共建国家展示中华文化的独特魅力和深厚底蕴。这些不仅促进了双方的文化交流，也加深了人民之间的友谊和理解。

四 结语

十年来，上海在服务"一带一路"建设方面取得了显著的成就。通过深化政策沟通、加强基础设施建设、推动贸易投资便利化、加强人文交流等举措，上海为"一带一路"建设做出了积极贡献。当前，上海服务"一带一路"建设面临新的机遇，新发展格局将为上海服务"一带一路"建设提供更广阔的发展空间、更多的发展机遇和更强的推进动力。上海应积极把握新机遇，加强与共建国家的合作，推动基础设施建设和贸易往来，融入全球价值链，实现自身的发展目标。同时，这也将为共建国家提供更多的发展机遇和空间，促进全球经济发展和人类文明进步。在新发展理念引领下，数字经济、生命健康等产业领域的国际合作空间广阔。上海应积极把握这些新机遇，通过与共建国家在这些领域开展深入合作，实现互利共赢目标的同时，为双方企业提供更多的商业机会和市场空间。全球价值链重构趋势倒逼共建"一带一路"着力于产业协调发展。上海应积极把握这个新机遇，通过服务"一带一路"建设，加强与共建国家的产业合作，促进上海与共建国家的产业对接和协同发展，也为双方的产业转型升级提供更多的机遇和支持。

展望未来，上海应继续发挥自身优势，加强与共建国家的合作与交流，特别是在新发展格局与推进中国式现代化建设的背景下，进一步深化"硬联通"、"软联通"和"心联通"。具体而言，可从以下几个方面加强合作：一是加强基础设施建设合作，推动新型基础设施建设，进一步深化共建国家间的互联互通；二是加强贸易投资便利化合作，推动贸易自由化和便利化，促进双边或多边贸易协定的签署和实施，为企业提供更多的贸易和投资机会；三是加强人文交流合作，推动教育、文化、旅游等领域的交流活动，增进相互理解，培养具有国际视野的高素质人才，支持上海成为全球人才集聚中心。

分 报 告

B.2
以新型基础设施建设深化
与"一带一路"共建国家互联互通

刘洪钟*

摘 要: 设施联通是共建"一带一路"的优先领域,中国与"一带一路"
共建国家在传统基础设施领域的合作扎实推进,近年来也高度重
视新型基础设施建设,项目合作亮点纷呈,为推动共建"一带
一路"高质量发展注入了新的活力。上海作为中国新型基础设
施建设的排头兵和先行者,在推进"一带一路"新型基础设施
建设方面发挥了积极的"桥头堡"作用。通过"新网络"、"新
设施"、"新平台"和"新终端"建设,上海不断深化与共建国
家新型基础设施互联互通,为中国高质量推进"一带一路"建
设做出了重要贡献。

* 刘洪钟,经济学博士,上海外国语大学上海全球治理与区域国别研究院教授;主要研究方向
为世界经济、亚太经济政治与区域合作。

关键词： 新型基础设施 "一带一路" 上海新基建

2018 年 12 月，中央经济工作会议首次提出新型基础设施的概念，强调要"加快 5G 商用步伐，加强人工智能、工业互联网、物联网等新型基础设施建设"。2020 年 5 月"新型基础设施建设"首次被写入政府工作报告。关于新型基础设施的内涵和外延，社会各界有许多解读，其中比较具有代表性的是央视新闻的"七领域说"和国家发展改革委的"三方面说"。"七领域说"将新基建概括为 5G 基建、特高压、城际高速铁路和城际轨道交通、新能源汽车充电桩、大数据中心、人工智能、工业互联网七大领域。"三方面说"则认为新基建主要由信息基础设施、融合基础设施和创新基础设施三方面内容构成。①

在中央提出要加快推进新型基础设施建设后，2020 年 5 月，上海市政府发布《上海市推进新型基础设施建设行动方案（2020~2022 年）》，提出力争用三年时间推动上海新型基础设施建设率先在四个方面形成重要影响力，即率先打造新一代信息基础设施标杆城市，率先形成全球综合性大科学设施群雏形，率先建成具有国际影响力的超大规模城市公共数字底座，率先构建一流的城市智能化终端设施网络。2023 年 9 月 15 日，上海市政府印发《上海市进一步推进新型基础设施建设行动方案（2023~2026 年）》，将新基建的重点领域进一步拓展为"新网络、新算力、新数据、新设施、新终端"五个方面，提出了 30 项主要任务和 10 大示范工程以及 7 项保障措施。此外，《上海市交通行业推进新型基础设施建设三年行动方案（2020~2022 年）》、《上海市全面推进城市数字化转型"十四五"规划》和《上海市促进智能终端产业高质量发展行动方案（2022~2025 年）》等多个政策文件也陆续发布，就新型基础设施相关领域建设提出具体指导意见。

---

① 《国家发展改革委介绍发用电和投资项目审批等情况并就一季度经济形势等答问》，https://www.gov.cn/xinwen/2020-04/20/content_5504352.htm，最后访问日期：2023 年 11 月 20 日。

一 中国"一带一路"新型基础设施建设总体情况

（一）中国"一带一路"建设总体成效

"一带一路"倡议提出十年来，在中国政府的积极推动和"一带一路"共建国家（以下简称"共建国家"）的共同努力下，政策沟通、设施联通、贸易畅通、资金融通、民心相通领域的合作均取得显著进展。截至 2023 年 6 月，中国已同 152 个国家和 32 个国际组织签署 200 余份共建"一带一路"合作文件。① 设施联通更加通达通畅，已成功建设了中欧班列、雅万高铁、中老铁路等标志性项目。与共建国家的投资贸易快速增长。中国与"一带一路"沿线国家的货物贸易额从 2013 年的 1.04 万亿美元增长到 2022 年的 2.07 万亿美元，年均增长 8%，中国对"一带一路"沿线国家直接投资额累计为 1800 多亿美元，沿线国家对华投资累计为800 多亿美元，双向投资合计超过 2700 亿美元。② 资金融通与金融合作成效显著。十年间，中国牵头成立亚洲基础设施投资银行（以下简称"亚投行"）、丝路基金，为"一带一路"基础设施建设提供持续性投融资支持，国内金融机构也为中国企业"走出去"提供金融保障。截至 2022 年底，亚投行累计批准 202 个项目，融资额超过 388 亿美元；③ 丝路基金累计签约项目 70 余个，承诺投资金额超过 200 亿美元。④ 截至 2023 年 9 月，

---

① 《中国已与 152 个国家、32 个国际组织签署 200 多份共建"一带一路"合作文件》，https://baijiahao.baidu.com/s? id=1771744975017187053&wfr=spider&for=pc，最后访问日期：2023 年 11 月 20 日。

② 陈甬军、罗丽娟：《共建"一带一路"对经济学的创新和发展》，https://www.yidaiyilu.gov.cn/p/0NMP7IFA.html，最后访问日期：2023 年 11 月 20 日。

③ 《驻匈牙利大使龚镯在〈欧亚杂志〉发表署名文章——"一带一路"倡议十周年，铸就共同发展繁荣之路》，http://bbs.fmprc.gov.cn/web/zwbd_ 673032/wjzs/202310/t20231011_ 11159236.shtml，最后访问日期：2023 年 11 月 20 日。

④ 《丝路基金副总经理司欣波：发挥丝路基金优势，推动"一带一路"高质量发展》，https://baijiahao.baidu.com/s? id=1768327073525212043&wfr=spider&for=pc，最后访问日期：2023 年 11 月 20 日。

国家开发银行已累计发放贷款 4915 亿元等值人民币，助力基础设施、产能合作、社会民生、生态环保等领域项目取得重要进展。[①]

上海立足城市功能优势，十年来充分发挥服务"一带一路"建设的"桥头堡"作用。上海港集装箱吞吐量连续 10 年居全球第一，通过上海机场进出我国的"一带一路"航空旅客占全国机场总量的 1/3，货邮吞吐量占全国总量超 1/2。"中欧班列—上海号"采用无补贴的市场化运营模式，实现中欧线、中俄线、中亚线去程和回程全覆盖。国际互联网专用通道已经开通十余条，扩容了亚太互联网交换中心。截至 2023 年 6 月，上海对"一带一路"沿线国家和地区投资备案额累计达 294.68 亿美元，"一带一路"沿线国家和地区来沪实际投资累计达 173.87 亿美元；[②]上海与"一带一路"沿线国家进出口贸易额累计超 1 万亿美元，常年占上海外贸总额比重约 20%。上海对"一带一路"沿线国家承包工程合同额累计超 700 亿美元，常年占全市比重约 70%。金融互联互通领域成果丰富，"上海价格"影响力不断扩大，原油期货初步形成辐射亚太地区的原油贸易集散地价格；20 号胶期货已经成为新加坡、泰国等共建国家农业市场风险管理的重要工具。先后成立长三角"一带一路"国际认证联盟（2020 年）、上海市"一带一路"综合服务中心（2022 年）、上海自贸试验区"一带一路"技术交流国际合作中心（2022 年）等专业服务机构，助力共建国家"软联通"行稳致远；吸引 40 余个共建国家的优秀青年科学家来沪开展科研工作，面向共建国家开展教育培训项目 20 项，累计吸引共建国家 1000 余名学员来华。此外，在全国率先设立"一带一路"国际科技合作项目，累计支持建设 39 个市级"一带一路"国际联合实验室，与共建国家的一流科研机构强强合作；累计支持在 17 个

---

① 王恩博：《国家开发银行累计发放 4915 亿元共建"一带一路"专项贷款》，http：//www. scio. gov. cn/gxzl/ydyl_ 26587/jmwl_ 26592/jmwl_ 26593/202310/t20231011_ 773854. html，最后访问日期：2023 年 11 月 20 日。

② 刘政：《积极发挥地方特色亮点 深度融入共建"一带一路"大格局》，https：//www. ndrc. gov. cn/wsdwhfz/202310/t20231017_ 1361245. html，最后访问日期：2023 年 11 月 20 日。

国家设立国际技术转移中心，绿色技术银行首家海外分支机构落地曼谷。①

（二）中国"一带一路"新型基础设施建设成效初现

设施联通是"一带一路"建设的优先领域。我国与共建国家在传统基础设施建设领域的合作扎实推进，近年来也高度重视新型基础设施建设，项目合作亮点纷呈，为推动"一带一路"高质量发展注入了新的活力。2023年10月，在北京第三届"一带一路"国际合作高峰论坛期间举行的企业家大会上，共达成了972亿美元的项目合作协议，项目覆盖人工智能、轨道交通等多个新型基础设施建设领域。

除国家电网承建的巴西美丽山±800千伏特高压直流输电项目、中远海运集团承建的希腊比雷埃夫斯港升级改造项目等合作成果外，近几年，中国与共建国家在高铁和城际轨道交通、人工智能和工业互联网等新型基础设施建设领域也开展了广泛的合作，取得了一系列标志性成果。其中，在高铁和城际轨道交通领域，由国铁集团承建的雅万高铁于2023年10月正式启用。这是东南亚地区的首条高速铁路，也是中国"一带一路"倡议和印度尼西亚"全球海洋支点"构想对接的标志性项目，是中国高铁首次全系统、全要素、全产业链在海外落地。此外，2022年以来，中国交建、中国中铁、中国电建等企业参与共建的地铁和城市轻轨等项目也陆续完成，比如，由中国交建承建的马来西亚吉隆坡地铁二号线于2023年3月全线通车，由中国中铁参与建设的首条发达国家高端市场的轻轨项目——以色列特拉维夫轻轨红线于2023年8月正式通车运营。在人工智能领域，光大控股旗下科技核心战略平台特斯联科技集团有限公司（以下简称"特斯联"）在2021年为迪拜世博会提供152台智能机器人的基础上，2023年9月又与全球知名企业及政产学研机构一同入驻迪拜世博城，支持迪拜的城市数智化升级及产业

---

① 《【一带一路】12张海报速览上海参与"一带一路"建设十年成就》，https：//www. sohu.com/a/724497113_121687424，最后访问日期：2023年11月20日。

发展。此外，特斯联还深度参与新加坡首个采用智慧市政管理平台的商业园区——榜鹅数码园区的建设，2022年采用人工智能物联网技术帮助园区建立了统一智慧化管理、"低碳数字城市"的基准试点。

此外，中国还与共建国家合作建立联合实验室，不断提升新型基础设施建设合作水平。据科学技术部副部长张广军介绍，"一带一路"建设十年来，中国与共建国家已在农业、医疗、信息、新能源、基础研究等多个领域共同建设了50多家"一带一路"联合实验室，建立了10个海外科教合作中心。[①]

二 上海服务"一带一路"新型基础设施
建设的现状与特点

（一）上海新型基础设施建设的总体情况

《上海市推进新型基础设施建设行动方案（2020~2022年）》提出的上海"新基建"主要包括四大重点领域：以新一代网络基础设施为主的"新网络"建设；以创新基础设施为主的"新设施"建设；以人工智能等一体化融合基础设施为主的"新平台"建设；以智能化终端基础设施为主的"新终端"建设。通过持续努力，上述四个领域均取得了显著成效。

一是"新网络"建设全面推进。5G网络和工业物联网是"新网络"建设的重点和热点，也是支撑经济社会数字化、网络化、智能化转型的关键数字基础设施。上海在"新网络"建设方面处于国内领先水平。2022年，上海全市累计建设5G室外基站6.8万座，室内小站27.4万个，基站总数增长76%[②]；5G基站密度达到每平方公里12.4个，全国排名第一；每万人5G基站

---

① 《国新办举行首届"一带一路"科技交流大会新闻发布会》，https：//baijiahao. baidu. com/ s？id＝1781235939425421550&wfr＝spider&for＝pc，最后访问日期：2023年11月20日。

② 《【重磅】上海市移动通信用户感知度测评报告发布！》，https：//sghexport. shobserver. com/ html/baijiahao/2023/02/27/970897. html，最后访问日期：2024年4月8日。

数达到 31.8 个，全国排名第二。① 上海 5G 移动电话用户、固定互联网宽带接入用户均达千万。上海已率先建成 5G 和固定宽带"双千兆"城市。

工业互联网通过人、机、物、系统之间的数据连接与信息集成，促进制造业高端化、智能化、绿色化发展。上海作为全国工业互联网发展的先行城市，总体发展水平稳居全国第一梯队。2017 年发布全国第一个工业互联网三年行动计划。2020 年又发布"工赋上海"三年行动计划（《推动工业互联网创新升级 实施"工赋上海"三年行动计划（2020~2022 年）》），提出到2022 年要将上海建设为全国工业互联网资源配置、创新策源、产业引领和开放合作的高地。从建设效果看，工业互联网完整体系基本建成，数字化赋能作用日益凸显。

在平台建设方面，建成了宝信、电气数科等 20 个有影响力的工业互联网平台，链接全球 120 万家企业、822 万台工业设备、153 万个工业数据集，涌现出 3.5 万个工业 App；2021 年工业互联网平台普及率为 19.1%，形成了良好的发展态势。② 上海青浦工业园区和上海湾区高新区入选首批国家工业互联网"平台+基地"试点。在应用方面，上海围绕工业互联网、智慧交通、智慧城市、智慧园区四大领域拓展 5G 应用，上海嘉定区已成为国内首个 5G 车联网示范区，实现 5G 车联网全覆盖，自动驾驶开放道路总里程达 1117 公里（含高速）。③

二是"新设施"建设成果突出。截至 2022 年底，上海布局的国家重大科技基础设施共 15 个，总计投资超过 200 亿元，覆盖光子科学、生命科学、海洋科学、能源科学等领域，数量约占全国的 1/4，大科学设施集群效应逐步凸显。④ 其中，张江科学城拥有上海光源、超强超短激光装置、软 X 射线

---

① 潘洁：《"5G 揽海"！上海要干这些事》，https：//m. thepaper. cn/baijiahao_ 24241757，最后访问日期：2023 年 11 月 20 日。

② 《上海市经信委主任吴金城：加快推进信息化与工业化深度融合 促进新型工业化高质量发展》，http：//ssme. sh. gov. cn/public/news! loadNewsDetail. do? id = 2c91c28d83d0c6ac01843c5776b31c58，最后访问日期：2023 年 11 月 20 日。

③ 胡新栋、薄小波：《嘉定开放首批自动驾驶高速公路》，https：//baijiahao. baidu. com/s？id = 1749002141086688538&wfr=spider&for=pc，最后访问日期：2023 年 11 月 20 日。

④ 朱奕奕：《上海基础研究有哪些亮点？官方披露这些数字》，https：//www. thepaper. cn/newsDetail_ forward_ 23938077，最后访问日期：2023 年 11 月 20 日。

自由电子激光装置和硬 X 射线自由电子激光装置等 8 个国家重大科技基础设施，初步形成我国乃至世界上规模最大、种类最全、功能最强的光子大科学设施群，成为光子领域国际科研的关键链接枢纽。①

三是"新平台"建设全面开花。上海建设数字之都的数字城市底座分为算力、算法、网络、数据四个领域。从发展进程看，目前数字城市底座的顶层设计已基本成型，正在制定细化的标准体系。其中，在算力方面，截至2022 年底，上海在用标准机架数 41.5 万，算力总规模近 9E flops。上海算力指数排名全国第一，综合算力指数排名全国第二。② 2023 年 2 月 20 日，依托上海超算中心建设并运营的上海市人工智能公共算力服务平台正式启用。上海市是中国除北京外 IDC（互联网数据中心）业务市场规模最大的城市。2022 年上海地区 IDC 市场规模达到 177.6 亿元，年增长率为 11.9%。③

推动人工智能发展是构建数字城市底座的重要手段。早在 2017 年上海市人民政府办公厅就印发了《关于本市推动新一代人工智能发展的实施意见》，首次将人工智能上升为上海优先发展战略。2022 年 9 月 22 日，《上海市促进人工智能产业发展条例》正式公布。这是全国人工智能领域的首部省级地方性法规。2020 年 5 月，上海启动建设全国首个人工智能创新应用先导区。截至 2022 年底，上海人工智能相关企业数量为 39202 家，位列国内 AI 产业的头部阵营，AI 产业人才达到 23 万，约占全国的 1/3。2022 年，上海智能服务机器人销售 10 万台，营收 46 亿元。工业机器人年产量达 7.6万台，约占全国的 1/5，居全国城市首位。④

---

① 《【牢记嘱托　砥砺奋进】张江科学城：打造出世界级大科学设施集群，诞生了一项又一项令人瞩目的成果》，https：//m. thepaper. cn/baijiahao_ 18668396，最后访问日期：2023 年11 月 20 日。
② 吴卫群：《全国首个算力交易平台上线》，https：//www. shanghai. gov. cn/nw4411/20230428/16e28f233b4745c6bb5177bccb1b653b. html? eqid = c51c0b5f0008481b000000036474689a&wd =&eqid = 8cececd7002d2c4a000000056498d19b，最后访问日期：2023 年 11 月 20 日。
③ 《2022～2023 年上海及周边地区 IDC 市场研究报告》，http：//www. idcquan. com/Special/2023shanghaiBG/，最后访问日期：2023 年 11 月 20 日。
④ 《上海：全力打造世界级人工智能产业集群》，https：//baijiahao. baidu. com/s? id =1771196917744754671&wfr=spider&for=pc，最后访问日期：2023 年 11 月 20 日。

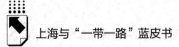

四是"新终端"建设加快布局。上海着力在智能终端、新能源充电桩等方面建设"新终端"。为推进智能终端建设，2020~2022年，上海共发布了三批共计53个特色产业园名单，其中就包括4个智能终端特色园区，即动力之源、上海金谷智能终端制造基地、虹桥数字物流装备港、临港南桥智行生态谷。2023年6月，上海临港颁发了全国首批无驾驶人智能网联汽车道路测试牌照。截至2022年底，累计有28家企业602辆车开展道路测试和示范应用，测试里程累计逾1225万公里。① 在新能源充换电设施建设方面，截至2022年底，全市累计建成各类充电桩69.7万个、换电站120座，车桩比约为1.4∶1，在全国处于领先地位。②

（二）上海服务"一带一路"新型基础设施建设现状

在推进"一带一路"新型基础设施建设方面，上海发挥了"桥头堡"作用。以高标准、可持续、惠民生为目标，立足国家需要和上海优势，通过搭建对外投资促进中心、海外救援服务中心等服务"一带一路"建设专业平台矩阵，上海不断提升与共建国家间新型基础设施互联互通水平，合作基础不断巩固，合作空间不断扩大，合作质量不断提高。

（1）新一代网络基础设施服务"一带一路"建设。作为5G和工业互联网等新一代网络基础设施建设的第一梯队成员，上海市新型基础设施建设成果促进了共建国家的经济与社会发展。

依托作为国家战略集中承载地和开放枢纽门户的功能定位，近年来上海充分发挥国际航运中心和数字港枢纽优势，在推动陆、海、天、网"四位一体"互联互通达到更高水平的同时，正全面推进共建国家和地区信息共享。截至2022年9月，上海国际出口带宽占全国国际出口带宽的

---

① 陈雨康：《无人驾驶商业化"迈一大步" 上海打造智能网联汽车发展高地》，https：//baijiahao. baidu. com/s？ id=1770939504865864877&wfr=spider&for=pc，最后访问日期：2023年11月20日。

② 张晓鸣：《2022年上海绿色交通发展年度报告出炉》，https：//www. 163. com/dy/article/I9HU4ICF05506BEH. html，最后访问日期：2023年11月20日。

80%，^①借助上述优势，2021 年上海临港新片区、上海虹桥商务区先后开启国际互联网专用通道。相比于普通网络，上海国际互联网数据专用通道接入企业面向全球的国际访问时延可以下降 18% 左右，多数方向的国际访问丢包率可以降至 1% 以下，达到我国周边发达国家和地区的水平。^② 国际互联网数据专用通道的建成，有助于虹桥商务区联动长三角、辐射亚太的数字贸易枢纽节点作用的发挥，为提升上海服务"一带一路"建设的水平提供了坚实基础。

2017 年 9 月 26 日，人民网股份有限公司携手上海诺基亚贝尔股份有限公司，共同启动"一带一路"建设合作。双方合作共同推动 5G、物联网等新兴技术发展及媒体传播应用，为"一带一路"建设提供更好的服务。作为国务院国资委直接监管的央企中唯一一家中外合资企业，上海诺基亚贝尔股份有限公司提倡信息扶智脱贫，为"一带一路"沿线 40 多个国家，包括亚太区的菲律宾、柬埔寨、老挝，欧洲和中亚地区的俄罗斯、白俄罗斯、乌克兰等国家提供方案，包括 2G/3G/4G 移动网络、IP 及光网络、超宽带接入，并开展 5G 战略合作。

由中国航天科技集团所属上海航天技术研究院抓总研制并于 2018 年 11 月交付使用的风云二号 H 星，被形象地誉为"一带一路星"。自 2019 年 1 月以来，风云二号 H 星每日接收 28 幅全圆盘云图、20 幅北半球云图。截至 2021 年 12 月 13 日，使用风云气象卫星数据的国家和地区已达到 121 个，其中包括 85 个"一带一路"沿线国家和地区。其 5 万余幅云图被广泛应用于阿拉伯海气旋风暴、斯里兰卡洪涝等自然灾害应对中。^③ 2022 年 7 月，中国

① 《制度创新三等奖 | 探索国际数据港制度及实践创新》，https://mp.weixin.qq.com/s?_ _ biz=MjM5MTY2MzQwOQ==&mid=2651381247&idx=1&sn=e091048e3ef483b5caecdb89e191 d557&chksm=bd4e69a18a39e0b7be08562a95fb9ecd9cd1e7d09ed8b64c54d01771e2fa50d5dc707b 2f2a98&scene=27，最后访问日期：2023 年 11 月 20 日。

② 俞凯：《虹桥商务区建成国际互联网专用通道，国际访问时延下降 18%》，https://baijiahao.baidu.com/s?id=1700514084621267456&wfr=spider&for=pc，最后访问日期：2023 年 11 月 20 日。

③ 俱鹤飞：《上海造的这颗星，在太空拓展"一带一路"朋友圈》，https://export.shobserver.com/baijiahao/html/432574.html，最后访问日期：2023 年 11 月 20 日。

北斗产业技术创新西虹桥基地入选专业类特色服务出口基地名单。该基地是国内首批投入运营的北斗产业园。基地企业紧跟北斗系统覆盖全球的步伐，产品被广泛应用于交通运输、海洋渔业、测绘地理信息等各行各业，服务30多个"一带一路"沿线国家和地区。①

（2）共建"一带一路"联合实验室，推动创新基础设施建设。为推动共建国家创新基础设施建设，参照国家重点实验室建设标准，上海积极与相关国家共建联合实验室，成立了"一带一路"科技创新联盟，通过双方科学家的务实合作，为"一带一路"创新之路建设提供有力的科技支撑。除了2022年以前成立的中国-匈牙利脑科学"一带一路"联合实验室、中国-塞尔维亚天然产物与药物发现"一带一路"联合实验室、中国-葡萄牙星海"一带一路"联合实验室等，2022年以来，上海相关研究机构和大学又陆续与共建国家建立了多个联合实验室。比如，2022年9月，由上海交通大学与保加利亚索非亚大学、索非亚农业经济研究院、普罗夫迪夫农业大学和国民与世界经济大学联合组建的"中国-保加利亚乡村生态系统气候变化适应性治理国际联合实验室"正式启动，联合实验室以实现乡村气候变化风险管控及适应性治理为目标，旨在推进气候变化下乡村生态系统风险管理和适应性治理领域的科学研究、技术研发以及人才培养的国际合作，构筑气候变化国际合作的研究和人才培养平台。2023年7月中国电科33所承建的"中国-白俄罗斯电磁环境效应'一带一路'联合实验室海外研发中心"在白俄罗斯明斯克揭牌成立，中心将针对交通、通信、能源等领域组建专业技术团队，开展国际化联合科学研究，高质量开展电磁环境效应基础研究、资源互联互通、科技人文交流等工作。

（3）加强新平台建设，推动"一带一路"融合基础设施建设迈上新台阶。"一带一路"倡议提出十年来，上海充分利用在人工智能、大数据等方

---

① 《北斗西虹桥基地获批国家专业类特色服务出口基地》，https://sww.sh.gov.cn/swdt/20220719/ba6cdb52f11f457f88016181e4347090.html，最后访问日期：2023年11月20日。

面的优势，与共建国家和地区在基础设施领域开展了大量合作，有效提升了相关国家和地区基础设施的信息化、数字化、智慧化和智能化水平。2023年9月27日，"一带一路"经济信息共享网络上海联络处正式揭牌。"一带一路"经济信息共享网络上海联络处是"一带一路"经济信息共享网络设立在上海市的区域国际联络平台，目前共享网络成员机构从33家发展至56家，覆盖范围从25个国家和地区增加到37个；共享网络技术平台涉及金融、交通、信息技术、新能源等十多个领域。① 2021年入选上海市第二批特色园区的临港新片区的"信息飞鱼"，积极探索两头在外的"数据加工服务+跨境数据流动"模式，以"国际数据港"作为发展依托，致力于打造"跨境数据海关"和"国际数据进出口贸易展示中心"。

（4）在智慧物流、智慧码头、智能终端等领域助推共建国家基础设施建设。打造智能化"海空"枢纽设施是上海与共建国家合作建设新型基础设施的重点。中国远洋海运集团、上海振华重工等是这一领域的龙头企业。中国远洋海运集团通过开展港口投资建设和数字化转型，推动希腊比雷埃夫斯港高质量发展，短短十几年就将比雷埃夫斯港从一个籍籍无名的普通小港建设为地中海第一、欧洲第四大港口和全球发展最快的集装箱港口之一，成为中希合作的成功范例。② 中国远洋海运集团参与建设的阿联酋哈里发集装箱码头是该地区首个半自动化货运站，2021年使用无人驾驶运力串联起这座中东大型现代化堆场自动化码头，成功开启了中东地区码头首次无人集卡实践。上海振华重工参与了鹿特丹、希腊比雷埃夫斯和英国利物浦等港口自动化码头的建设。其中，2019年与新加坡港务集团签约合作共建大士港，将建成66个泊位、年吞吐量达6500万标箱的自动化港口，是上海振华重工在国外市场最大规模的港口建设项目。大士港口的建设与发展分为

---

① 王淑娟、陈云富：《"一带一路"经济信息共享网络上海联络处揭牌》，https://www.yidaiyilu.gov.cn/p/0GH9B88O.html，最后访问日期：2023年11月20日。

② 陈占杰、于帅帅：《希腊比雷埃夫斯港十年巨变：从无名小港到地中海第一大港》，https://baijiahao.baidu.com/s? id=1777268878190814680&wfr=spider&for=pc，最后访问日期：2023年11月20日。

四个阶段,第一阶段的首两个泊位已率先于 2021 年底投入运作,第三个泊位则于 2022 年 9 月 1 日正式启用。①

除了国有企业,上海高科技民营企业也积极参与共建国家和地区的智能化终端基础设施建设。比如,西井科技作为一家为集装箱物流行业提供整体化人工智能解决方案的科技企业,以新能源智能无人驾驶卡车 Q-Truck、新能源重卡 E-Truck、新能源无人驾驶牵引车 Q-Tractor 等为主力产品,通过先锋的人工智能和无人驾驶技术为共建国家和地区提供智能服务。自 2020 年出海至今,已经覆盖了全球 18 个国家和地区的 180 多个客户。在阿联酋哈里发港,西井科技助力打造了中东地区第一个部署无人驾驶的码头,通过智能化的生产标准,实现了统一的高质量海外运营管理,提升了生产作业效率与作业安全水平。②

（三）上海服务"一带一路"新型基础设施建设的特点

上海在服务"一带一路"新型基础设施建设中很好地扮演了领军角色。"一带一路"倡议提出十年来,上海依托"一带一路"、长江经济带、长三角一体化发展、中国国际进口博览会、"五个中心"建设等的联动发展,通过优化整合资源,强化平台支撑,提升平台能级,积极发挥"一带一路""桥头堡"的服务辐射和示范带动作用。上海立足"国际开放枢纽门户"定位,以创建"丝路电商"合作先行区为抓手,培育一批有国际竞争力的"丝路电商"跨境电商平台和企业,构建联结"一带一路"相关城市、园区、企业的多层次经贸合作网络;以加快国际空港、海港建设为抓手,积极打造世界级航线网络和洲际转运中心,推进共建"一带一路"设施联通,做强国际航运枢纽。

上海与共建国家和地区合作建设新型基础设施领域广泛、内容丰富。作

---

① 《新加坡大士港打造全球最大全自动化港口》,https://port.zhoushan.gov.cn/art/2022/9/5/art_1571538_58824976.html,最后访问日期:2023 年 11 月 20 日。

② 《数字化出海案例:西井科技助力阿联酋阿布扎比比港实现无人驾驶》,https://www.163.com/dy/article/IDARN13905198CJN.html,最后访问日期:2023 年 11 月 20 日。

为中国服务"一带一路"建设的领头羊，上海在"新网络"、"新设施"、"新平台"和"新终端"四大领域，均全面参与了"一带一路"新型基础设施建设。通过上海临港片区国际数据港先导区建设、亚太网关海底光缆系统（APG）建设和已建海底光缆系统扩容，上海国际通信枢纽和国际信息港服务能力不断提升，为推进"一带一路"新型基础设施建设打下了坚实基础。通过共建联合实验室，为"一带一路"创新发展提供了科技支撑。上海充分利用港口、航空、通信等优势资源，为共建国家打造智能化"海空"枢纽，大大提升了相关传统基础设施的工作效率。

与共建国家和地区在新型基础设施建设领域的合作方式灵活多样，不断创新。总体来看，上海企业参与"一带一路"新型基础设施建设的方式主要有三种。一是以上海企业为主的"全套"方式，主要是上海有实力的龙头企业，单独或组成联合体，积极竞标共建国家和地区的重大项目。比如上海电气-东方电气联营体签约埃及汉纳维燃煤电站 EPC 项目，是中国企业首次将拥有自主知识产权的超超临界清洁燃煤技术推向世界。二是上海企业与共建国家和地区的当地企业组成"联合体"方式，共同开发新型基础设施建设项目。比如，上汽集团与泰国正大集团合资成立上汽正大汽车有限公司，在泰国新建整车生产和销售基地，其所生产的新能源汽车深受当地消费者欢迎，MG 品牌已跻身泰国乘用车销量前三甲。三是上海企业以"业务出海"方式，即通过上海优势资源的输出、龙头企业产业链业务外包等方式，间接带动更多国内企业参与"一带一路"新型基础设施建设。为保障企业出海，上海国际仲裁中心抓紧海外布局，通过设立香港国际仲裁中心上海代表处，当好企业出海风险防范和争议解决的"陪跑者"。①

参与主体以大型国有企业为主，民营企业参与相对不足，规模较小。总体来看，在上海参与"一带一路"新型基础设施建设过程中，大型国有企业扮演了"主力军"和"领头羊"的角色。新型基础设施建设就是传统基

---

① 郭朝先、徐枫：《新基建推进"一带一路"建设高质量发展研究》，《西安交通大学学报》（社会科学版）2020 年第 5 期。

础设施的数字化和智能化转型。由于建设周期较长、收益不高，私人资本与私有企业通常不愿意进入基础设施建设领域。相对而言，大型国有企业具备技术优势、人才优势、资金优势、品牌优势以及经验优势。虽然在5G、人工智能、大数据等领域，越来越多的上海民营企业迅速成长并积极参与到"一带一路"新型基础设施建设中，但总体来看，大型国有企业（比如中国远洋海运集团、上海振华重工、上汽集团等）仍然是服务"一带一路"新型基础设施建设的主力军。

三 上海服务"一带一路"新型基础设施建设面临的挑战及未来展望

（一）上海服务"一带一路"新型基础设施建设面临的挑战

在总结过去十年"一带一路"建设取得的丰硕成果的同时，我们也应该看到，上海服务"一带一路"新型基础设施建设还面临一些挑战。除了自身建设过程中暴露出来的不足，如自身创新能力有待提高、对国际规则把握能力需要增强等，国际环境的复杂性和来自西方发达国家的攻击，也使"一带一路"建设的进程充满了艰辛与挑战。

共建国家和地区之间差异巨大，进行新型基础设施建设不仅需要处理好各方的利益和合作关系，也需要应对不同国家和地区的政治、经济、文化和法律差异。由于经验欠缺，一些上海企业或因重视程度不够，或因对东道国的各种法规和市场规范不熟悉，经营难度增加。为更好地引导中国企业赴境外合规经营，2018年12月，国家发展改革委、外交部、商务部等七部门联合发布《企业境外经营合规管理指引》，从合规管理要求、合规管理制度、合规风险识别、评估与处置以及合规文化建设等方面为企业境外经营提供指引。上海企业作为中国服务"一带一路"建设的标杆，需要充分利用自身优势，加强与共建国家和地区的交流与合作，有序推进新型基础设施建设。

当今世界正经历"百年未有之大变局"。世界经济复苏乏力，各种"黑天鹅""灰犀牛"事件不断，局部冲突频发，全球性问题加剧，国际环境面临前所未有的复杂性和不确定性，给"一带一路"新型基础设施建设带来了极大风险。特别是，针对中国的"一带一路"倡议，部分西方发达国家不断制造"债务陷阱""新殖民主义"等谣言加以指责和攻击。虽然许多共建国家的领导人和企业负责人对此进行了反驳，但此起彼伏的假消息仍增大了我国企业参与"一带一路"新型基础设施建设的风险和成本。此外，地缘冲突、极端天气等"黑天鹅"事件的出现，也在一定程度上使上海企业"走出去"变得更加谨慎。

（二）上海服务"一带一路"新型基础设施建设未来展望

面对战略机遇和风险挑战并存的国际环境，如何高质量推进"一带一路"新型基础设施建设，更好地发挥服务"一带一路"建设的"桥头堡"作用，上海市需要上下同心，形成强大合力，推动各项工作走深走实。

（1）扎实推进高水平新型基础设施体系建设，加快培育上海新型基础设施建设新优势。要站在提高对外开放水平的高度，以内外联动的大视野，充分发挥上海优势，努力当好服务"一带一路"新型基础设施建设的排头兵。在新一代网络基础设施建设方面，为更高水平、更深层次推进工业互联网创新和新型工业化发展，要不断完善产业创新生态，强化优势互补和要素供给，培植好工业互联网发展的土壤，优化创新生态和产业生态；要聚焦产业短板，加快工业互联网优质企业、产业链链主企业和项目的引育，以此打造完整的、具有自循环能力的工业互联网产业体系。在创新基础设施建设方面，要积极对接融入国家战略科技力量体系，前瞻性地统筹谋划布局国内领先的重大创新基础设施；要以重大项目为支撑，深化产学研用一体协同，推动高等院校、科研院所、企业科研力量的优化配置和资源共享，抓好重点领域重大科研平台和科技成果转移转化平台建设，加快科技成果的育成和转化。在融合基础设施建设方面，要强化开放平台支撑，力争在重要领域和关键环节取得新突破，打造一批具有影响力和带动力的专业性、功能性智慧平台，为企业赴"一带一路"开展新型基础设施建设和经贸投资合作提供服

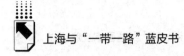

务支撑。在智能化终端基础设施建设方面,要加快布设新能源终端和智能电网设施,打造智能化"海空"枢纽设施,加强智慧物流基础设施建设;要瞄准新赛道,优先支持"互联网+"医疗基础设施、新型数字化学校以及智能末端配送设施等涉及民生保障的智能化终端基础设施建设。

(2)不断提升软环境建设水平,为上海更好地服务"一带一路"新型基础设施建设营造宽松、稳定的发展环境。一流的营商环境,既是市场主体发展之基、活力之源,也是一个城市核心竞争力的体现。对于服务"一带一路"建设来说,宽松的营商环境是上海更好地发挥新型基础设施优势的必要条件和有益补充。作为全国首批开展营商环境创新试点的城市之一,自2018年起,上海在对标发达经济体先进经验和充分吸收世界银行提出的优化营商环境的建议的基础上,已连续出台5版优化营商环境行动方案。未来,上海要抓紧落实各项政策,在政务环境、市场环境、公共服务、监管执法、法治环境等方面大力推进集成创新;要积极探索更高标准国际经贸规则,不断提升"软联通"水平,努力夯实市场化、法治化、国际化营商环境的基础。与此同时,还要积极引导和推动上海新型基础设施建设相关企业努力对标本行业国际领先企业先进经验,持续拓展国际视野、更新思想观念、优化体制机制、提升管理水平,通过企业软环境建设,不断提高企业国际竞争力,为更好地服务"一带一路"新型基础设施建设奠定坚实基础。

(3)加强建设规划,突出建设重点,推动"一带一路"新型基础设施建设稳定、可持续、高质量发展。"一带一路"倡议提出十年来,在中国的积极参与和支持下,许多重大基础设施建设项目得以完成,相关共建国家互联互通基础设施网络逐渐成形。不过,建设过程中也出现了个别项目粗放式发展、项目绩效低下等问题。新的形势下,上海服务"一带一路"新型基础设施建设要加强前瞻性研究,提前部署并做到责任落实;要加强对国际形势和共建国家政治、经济和社会发展状况的研究,结合自身优势,准确研判和规划与相关国家共建新型基础设施的优先领域与可行方案,在此基础上,加大对相关企业的项目规划、专业人才等方面的支持和培训力度;要以重大、重点项目为抓手,引导龙头企业积极、有序进入共建国家和地区相关新型基础设施建设领域，进而带动其他中小企业嵌入产业链和供应链。在建设过程中，特别要发挥好上海市"一带一路"综合服务中心的作用，不断提升专业服务国际化水平，为企业提供全方位、专业化、个性化的"走出去"服务。

（4）保持积极开放态度，坚持可持续发展理念，不断深化与共建国家和地区的新型基础设施合作。为更好地联合共建国家共建新型基础设施，上海市相关部门和企业要充分发挥上海国际联络广泛的优势，深入了解和认真研究相关国家的自然条件、制度规则、文化和风俗习惯，在此基础上，遵循共商、渐进、共赢原则，在"一带一路"框架下加强与共建国家政府和企业的合作，就共建新型基础设施构建高质量、可持续的国际合作机制。要在尊重多样性的基础上不断增强标准的一致性，为合作项目的安全、稳定和可持续提供坚实的制度保障。

B.3
新形势下共建"一带一路"规则标准"软联通"与上海的实践

李天国　朱方亚*

摘　要： 互联互通是共建"一带一路"的关键，而规则标准"软联通"是促进互联互通的重要桥梁和纽带。上海在服务"一带一路"建设过程中，以上海自贸区为制度创新载体，在政策沟通、基础设施建设、经济贸易以及技术标准等"软联通"方面取得了诸多成果。未来，上海仍需砥砺前行，加快构建高标准自由贸易区网络，继续推进制度型高水平开放；主动对接《区域全面经济伙伴关系协定》（RCEP）、《全面与进步跨太平洋伙伴关系协定》（CPTPP）、《数字经济伙伴关系协定》（DEPA）等制度安排，探索新规则新标准；新规则新标准的制定要灵活和富有弹性；进一步夯实"软联通"的基础性工作；充分发挥国家智库和上海地方智库的作用，持续推进规则标准的"软联通"建设。

关键词： 上海　"一带一路"　"软联通"　国际化策略

"一带一路"倡议提出十年来，在"政策沟通、设施联通、贸易畅通、资金融通、民心相通""五通"方面取得了令人瞩目的成就。设施联通作为"五通"的重要支撑成绩斐然，"软联通"与"硬联通"齐头并进成效显

---

* 李天国，经济学博士，中国社会科学院亚太与全球战略研究院新兴经济体研究室副主任、副研究员，主要研究方向为国际经济学、新兴经济体、朝韩经济；朱方亚，中国社会科学院大学国际政治经济学院硕士研究生。

著。"软联通"以"一国一策,共商对接"为原则,以"硬法"或"软法"为基础,以双多边合作机制为支撑,从而推进战略、规划、机制对接,加强政策、规则、标准联通,实现"软性"因素的协调一致和有效对接,包括将所涉及的规则、政策、制度等从国家间彼此冲突的状态转化为相互协调的状态。① 规则标准"软联通"对区域经济合作和"一带一路"建设有着重要意义。规则标准是促进互联互通的重要桥梁和纽带,是推进"一带一路"高质量建设的必要保障,具有极为重要的基础性作用。

一 服务"一带一路"建设中上海推动
"软联通"取得的主要成果

(一)上海不断推进政策与制度沟通,夯实"软联通"合作基础

截至 2023 年 6 月,中国已和亚洲 40 个国家、欧洲 27 个国家、非洲 52 个国家、南美洲 9 个国家、北美洲 13 个国家、大洋洲 11 个国家,共 152 个国家签署了"一带一路"合作文件,涵盖政策、基础设施建设、经贸、技术标准等诸多领域。在《标准联通共建"一带一路"行动计划(2018~2020 年)》中,把"对接战略规划,凝聚标准联通共建'一带一路'国际共识"作为重点任务之一。特别是,中国不断推动标准化规划对接,包括颁布实施《国家标准化体系建设发展规划(2016~2020 年)》《装备制造业标准化和质量提升规划》《消费品标准和质量提升规划(2016~2020 年)》,同"一带一路"共建国家(以下简称"共建国家")寻求合作契合点,加强经贸合作。中国提出了《关于加强标准合作,助推"一带一路"建设联合倡议》,与共建国家的经济发展政策对接,同时与这些国家加强协商,加强规则标准的对接。

---

① 李远、图古勒:《"一带一路"规则"软联通"的推进和优化路径》,《国际展望》2023 年第 5 期。

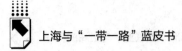

自"一带一路"倡议提出以来,上海响应国家号召,制定《上海服务国家"一带一路"建设发挥桥头堡作用行动方案》,不断推进政策与制度沟通,在夯实高水平合作基础方面取得了积极的进展。特别是,上海在中国-东盟合作中扮演了至关重要的角色,通过中国国际进口博览会、中国(上海)自由贸易试验区临港新片区、上海市-新加坡全面合作理事会等关键平台,聚焦金融合作、科技创新、营商环境、城市治理、人文交流等领域,签署了37项合作备忘录,落地项目30余个。① 2016年,上海市第十四届人民代表大会第四次会议审议通过《上海市国民经济和社会发展第十三个五年规划纲要》,指出上海要提升服务"一带一路"共建的能力和水平,鼓励企业将标准、技术和服务推广至海外市场。2021年,上海发布的《上海市国民经济和社会发展第十四个五年规划和二〇三五年远景目标纲要》,提出要形成与国际接轨的服务业标准体系,积极参与国际绿色金融标准,加强供应链标准建设,积极参与数字领域国际规则和标准的制定,等等。2022年,上海市政府与国际海事组织签署合作备忘录,共同在气候变化、海上安全、智能航运和航运可持续等领域开展更广泛、更深层次的合作。

(二)上海推动基础设施领域的规则标准建设,提高全球供应链服务管理能力

在基础设施建设"软联通"方面,中国推动"一带一路"倡议同非洲、东南亚等地区国家的规则标准对接,取得了长足的进步。为推动与非洲国家基础设施建设领域规则标准的对接,中国发布了《支持非洲工业化倡议》和《中国助力非洲农业现代化计划》。② 肯尼亚蒙巴萨至内罗毕标准轨距铁路作为"一带一路"建设的重要成果之一,多年来改善了肯尼亚人民的生活,不仅实现了我国铁路技术转移,带动了我国铁路"走出去",同时也改变

---

① 《【一带一路】12张海报速览上海参与"一带一路"建设十年成就》,https://sghexport.shobserver.com/html/baijiahao/2023/09/28/1137417.html,最后访问日期:2023年10月11日。
② 《中非领导人对话会发布〈支持非洲工业化倡议〉〈中国助力非洲农业现代化计划〉〈中非人才培养合作计划〉》,《人民日报·海外版》2023年8月26日,第3版。

了东非的交通乃至商业版图，成为中非合作的典范项目。此外，中国与东南亚国家在基础设施建设领域规则标准的对接也有重要进展。2021 年 12 月 3 日，中老铁路全线开通运营，使中国和东盟间跨境货物运输时间大幅压缩，物流成本显著降低，更重要的是，给参与的相关各国带来了巨大的发展机遇。此外，中国和印度尼西亚合作建设的雅加达至万隆高速铁路大幅缩短了两地之间的旅行时间，标志着印度尼西亚迈入高铁时代。作为中印尼两国务实合作的旗舰项目，该高速铁路全线采用中国技术、中国标准，成为中国和印度尼西亚共建"一带一路"取得的重大标志性成果。

上海开通中欧班列是服务国家构建新发展格局的重要举措。此举增强了上海国际供应链枢纽功能，进一步整合了上海的铁路、公路、邮政、海关等系统，增强了上海作为贸易中心的作用。"中欧班列-上海号"采用无补贴的市场化运营模式，实现了中欧线、中俄线、中亚线去程和回程全覆盖。[①]上海宝冶集团紧跟国家政策，成为第一批积极响应"一带一路"倡议进入柬埔寨的央企，在"走出去"过程中，由原来最为活跃的中东市场逐渐转移到"一带一路"沿线各国，在已有的越南、菲律宾、科威特等国市场基础上，聚焦柬埔寨、马来西亚、乌兹别克斯坦等国家，扎根当地，深耕细作，建立海外业务平台。[②]2018 年以来，为配合中老铁路建设运营，在上海市外办支持推动下，上海应用技术大学联合老挝有关高校，共同启动了"中老铁路互联互通人才培训项目"，率先开启中老铁路工程高等教育合作先河，为老挝培养急需的本土铁路技术人才，深入推动高水平国际协同育人和协同创新进程。[③]

---

① 《【一带一路】12 张海报速览上海参与"一带一路"建设十年成就》，https：// sghexport. shobserver. com/html/baijiahao/2023/09/28/1137417. html，最后访问日期：2023 年 10 月 11 日。

② 《听"柬"有你——上海宝冶集团的柬埔寨"智"造之路》，https：// wsb. sh. gov. cn/node564/ 20210413/cc43405b28304ff3a28b6aee55d479b3. html，最后访问日期：2023 年 10 月 11 日。

③ 《铁路互联 民心相通——上海为中老铁路和中老友谊培育"两个工程师"》，https：// wsb. sh. gov. cn/node564/20220121/f5a5eb990d604260a9c304dc78121b54. html，最后访问日期：2023 年 10 月 11 日。

（三）上海推进经贸相关规则与制度建设，促进跨境贸易互联互通

贸易畅通是推动世界经济持续发展的强大动力。从贸易自由便利化水平来看，中国与共建国家和地区的贸易便利化水平不断提高，截至 2023 年 6 月，中国已经与 26 个国家和地区签署了 19 个自由贸易协定，与 111 个世贸组织成员共同联署《投资便利化联合声明》，与 32 个共建国家和地区签署经认证的经营者（AEO）互认协议，还积极申请加入《全面与进步跨太平洋伙伴关系协定》（CPTPP）和《数字经济伙伴关系协定》（DEPA)[1]。2017 年，中国发起了《推进"一带一路"贸易畅通合作倡议》，旨在通过促进贸易投资的自由化和便利化，降低交易成本，不断拓展各国参与经济全球化的广度和深度。目前，中国已成功搭建中国国际进口博览会、中国进出口商品交易会、中国国际服务贸易交易会等多元贸易平台。这些平台不断深化我国与共建国家之间经贸规则与标准的对接，进一步加强了经贸伙伴国之间的贸易往来与交流合作。[2] 除了与国际标准接轨之外，我国也积极推动规则标准"走出去"，持续参与推动全球贸易投资规则改革，提出全球发展倡议，为建设更加美好的世界指引前进方向。[3]

上海市积极响应国家号召，印发《关于本市促进外贸回稳向好的实施意见》，支持重点企业开展国际工程总承包，推动产品、装备、技术、标准和服务"走出去"，鼓励企业拓展共建国家市场，充分利用品牌展会等平台扩大出口。2017 年 10 月，上海举办第十五届上海软件贸易发展论坛[4]，研究探讨"一带一路"的发展趋势与适用于软件和信息服务业"一带一路"

---

[1] 刘国斌:《共建"一带一路"十周年:重大成就与未来推进路径》,《东北亚论坛》2023 年第 5 期。

[2] 宋伟、贾意涵:《高质量共建"一带一路"的成就、挑战与对策建议》,《河南社会科学》2022 年第 1 期。

[3] 《高质量共建"一带一路"成绩斐然》, http://society.people.com.cn/n1/2022/0125/c1008-32338824.html, 最后访问日期: 2023 年 10 月 11 日。

[4] 《关于举办第十五届上海软件贸易发展论坛的通知》, http://www.liutong.org.cn/liutongzhengce/shanghaizhengce/2017-11-10/19853.html, 最后访问日期: 2023 年 10 月 11 日。

业务的软件贸易标准。此外，上海依托营商环境研究中心智库平台，开展营商环境建设联合研究。新加坡国际仲裁中心上海代表处入驻上海国际争议解决中心，两地国际仲裁中心共同举办"国际仲裁亚太城市圈"研讨会，加强两地国际仲裁互动。① 自2014年起，上海启动建设国际贸易"单一窗口"，截至2023年已形成16大功能模块、66项特色应用，覆盖通关作业全流程和贸易监管主要环节，推动长三角区域跨境贸易互联互通，服务超过60万家企业，每年节省贸易成本20亿元以上。上海国际贸易"单一窗口"已成为支持全球最大口岸营商环境优化的"数字底座"，为全国"单一窗口"建设奠定了基础，得到了世界银行营商环境评估的高度评价。②

（四）上海加强技术领域的规则标准建设，推动具有上海特色的标准化体系建设

技术标准是针对标准化领域中需要协调统一的技术事项所制定的标准，也是"一带一路"产业合作的核心因素。由于国际技术标准体系长期由西方发达国家主导，向海外推广中国标准，使中国标准获得国际市场的认可与对接，是提升我国技术领域话语权的重要渠道。2016年9月，国家标准委在北京举办"一带一路"沿线国家标准化合作协议签署仪式。截至2023年6月，我国已与36个共建国家签署了43份标准化合作协议，与30多个国家和地区签署127份合格评定合作文件和协议，促进了共建国家的规则对接与管理协同，推动了与这些国家的产业合作与技术交流。③

---

① 《上海市-新加坡全面合作理事会第三次会议通过视频连线方式举行》，https：//wsb.sh.gov.cn/node564/20220121/8b6c2711ed914c79abd80a7ec9fd2e84.html，最后访问日期：2023年10月11日。

② 《形成16大功能模块、66项特色应用！上海国际贸易"单一窗口"成为支持全球最大口岸营商环境优化的"数字底座"》，https：//sghexport.shobserver.com/html/baijiahao/2023/10/11/1147879.html，最后访问日期：2023年10月11日。

③ 《市场监管总局推动"三个平台"建设 促进"一带一路"规则标准软联通》，https：//www.gov.cn/lianbo/bumen/202306/content_6885714.htm，最后访问日期：2023年10月11日。

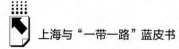

为落实《深化标准化工作改革方案》和《国家标准化体系建设发展规划（2016~2020年）》精神，2016年8月，上海制定《上海市标准化体系建设发展规划（2016~2020年）》（以下简称《发展规划》）。《发展规划》旨在建设具有上海特色、国内领先的标准化体系，有效服务上海"四个中心"和社会主义现代化国际大都市建设，建成国内引领、国际有影响力的标准化高地。上海以国外技术性贸易措施应对为抓手，加大对国际标准和国外先进标准的跟踪、研究力度，持续完善技术性贸易措施应对工作机制。2017年5月，上海自贸区举行新闻通气会，宣布将在国家质检总局支持下，设立"一带一路"技术贸易措施企业服务中心。① 这是上海自贸区率先探索打造的互联互通监管合作新模式，帮助中国企业更好地研究共建国家和地区的市场，对质量安全风险做出有效监测，推动技术标准互认，帮助中国企业更好地"走出去"。此外，上海成立了"上海东方域外法律查明服务中心"、长三角"一带一路"国际认证联盟、上海市"一带一路"综合服务中心、中国（上海）自由贸易试验区"一带一路"技术交流国际合作中心，专业服务助力规则标准"软联通"行稳致远。上海在全国率先设立"一带一路"国际科技合作项目，累计支持建设39个市级"一带一路"国际联合实验室，与共建国家一流科研机构强强合作，累计支持在17个国家设立国际技术转移中心，积极探索跨境孵化的"上海模式"。2023年4月，为了促进先进适用的绿色技术更好地转移转化，中华人民共和国科学技术部和上海市人民政府牵头成立的绿色技术银行在泰国曼谷建立首家海外分支机构。此外，上海还吸引了40个共建国家的优秀青年科学家来沪开展科研工作，通过科技创新共享技术成果。②

---

① 韩声江：《上海自贸区设立"一带一路"技术贸易措施企业服务中心》，https://www.thepaper.cn/newsDetail_ forward_ 1691263，最后访问日期：2023年10月11日。

② 《【一带一路】12张海报速览上海参与"一带一路"建设十年成就》，https://sghexport.shobserver.com/html/baijiahao/2023/09/28/1137417.html，最后访问日期：2023年10月10日。

二　当前推动规则标准"软联通"面临的困难

（一）反全球化趋势及多边贸易机制改革受阻

复杂多变的国际经济环境不利于推动"一带一路""软联通"建设。自2008年全球金融危机爆发以来，全球市场需求不足，国际贸易出现萎缩，国际上随之出现不少反对全球化的声音。2020年席卷全球的新冠疫情更是让原本进展不顺利的经济全球化进程雪上加霜。作为全球最重要的多边贸易组织，世界贸易组织在贸易自由化进程中也暴露出诸多问题：世界贸易组织对发展中国家需求的漠视以及发展中国家与发达国家之间日益扩大的不平等让世界贸易组织的合法性受到严峻挑战；世界贸易组织的共识机制降低了决策效率，让规则的制定与推行陷入泥潭；[①] 近些年迅速发展崛起的新兴产业，例如数字贸易等亟须新规则的建立；等等。逆全球化态势以及多边贸易机制改革受阻等国际经贸环境客观上不利于推动"一带一路"国际规则标准的"软联通"建设。

（二）地缘政治因素对规则标准"软联通"造成干扰

近年来，美西方国家加大对华遏制力度，出台各类战略干扰中国"一带一路"建设。特别是2017年以来，美国采取了更为激进的遏制中国发展的政策，包括限制向中国出口高技术设备、多次撕毁谈判协定，导致中美贸易摩擦不断升级，给双方经济、政治、文化、社会等方面的交流合作带来了诸多挑战。针对"一带一路"倡议，美国更是利用对国际舆情的把控，不断炮制"一带一路"资金来源不透明、"债务陷阱"、"新殖民主义论"等，封锁和打压中国，对中国推动"一带一路"规则标准的"软联通"构成挑战。2022年美国发布的《印太战略》报告毫不掩饰地表露通

---

① 柯静：《世界贸易组织改革：挑战、进展与前景展望》，《太平洋学报》2019年第2期。

过"印太战略"遏制中国崛起的意图。该报告提及其目标是塑造中国周边的战略环境，在世界上建立有利于美国及其盟友和伙伴的影响力平衡。在加强与盟友及伙伴国经济合作的同时，美国试图迫使相关国家在区域经济合作中"选边站队"，阻碍中国与区域国家之间的正常经济交流与合作。此外，美国借所谓"高标准发展"的名义开展意识形态外交，蛮横干涉他国内政。

（三）共建国家规则标准差异大

共建国家在资源禀赋、经济发展水平、宗教信仰等方面存在巨大差异。截至 2023 年 1 月，与中国签署"一带一路"合作文件的非洲国家占全部非洲国家的比重达到 83.87%，而亚洲、欧洲和北美洲国家的这一比重分别达到 83.33%、58.70% 和 30.77%。[①] 随着越来越多的国家参与"一带一路"建设，规则标准的对接成为亟须解决的议题。尽管中国与广大的共建国家在诸多领域达成了很多共识，但在部分规则标准领域的认知差异仍比较大，给规则标准"软联通"造成一定困难。从入境货物包装要求到通关手续再到动植物卫生检疫标准等都成为影响中国与共建国家开展经贸合作的因素。除了贸易便利化领域外，在投资、知识产权、环境保护、劳工、竞争政策、政府采购、国有企业条款等规则标准的对接方面也仍需协商与沟通。部分国家的整体营商环境欠佳，投资相关法律法规仍有待完善，制约了"一带一路"规则标准"软联通"的实施。

（四）我国制定规则标准的经验有待进一步积累

这些年，我国积极推动经贸领域改革，不断扩大市场开放，提升贸易与投资便利化水平，主动探索符合时代发展的新规则。我国先后成立了 22 个自由贸易试验区，并通过自由贸易试验区的先行先试，探索加快与国际经贸

---

① 李远、图古勒：《"一带一路"规则"软联通"的推进和优化路径》，《国际展望》2023 年第 5 期。

规则的接轨，同时积极参与制定新时代贸易规则条款。中国作为国际经济的重要参与者，积极利用二十国集团、国际货币基金组织、国际清算银行等多边平台，全面参与国际经济金融政策协调工作，积极参与制定 RCEP 等区域自由贸易制度安排，同时还申请加入 CPTPP 与 DEPA，不断推动跨境数据流动监管政策与国际规则接轨。尽管我国在规则标准制定方面已经积累了很多经验，但我国制定的国际新规则和新标准与发达国家推动的高标准贸易规则框架仍存在一定差距。例如，在负面清单制度方面，我国仍然处于探索和待完善阶段，特别是在跨境服务贸易方面只适用于上海自贸区、海南自由贸易港等少数自由贸易示范区，而未适用于全国。而且，负面清单在立法方面还是空白，只停留在行政规范性文件层面，不具有独立法律地位。数字贸易领域，包括电子传输征税、市场准入、电子支付、开放政府数据、数据创新、数据跨境流动、数字产品非歧视性待遇等领域相关规则都有待进一步改革。

三 推动"一带一路"规则标准"软联通"的新机遇

（一）符合共建国家发展需求

当前，新兴经济体群体性崛起后，已经成为世界经济发展的重要引擎。在科技进步等因素的推动下，新技术、新业态、新兴产业不断涌现，不同国家产业之间形成复杂的生产供应网络，只有不断开放市场，加强联系，才能更好地利用资源，实现优势互补、共同增长和繁荣。但是很多共建国家采用的标准不一，标准化水平参差不齐，阻碍了各国之间的技术标准与技术创新的对接。中国在共建"一带一路"过程中，注重建立相对统一的技术标准，降低共建国家间要素跨界流动的技术壁垒和制度壁垒，促进产业规模化生产，推动"一带一路"产业链整体实现规模经济。共建"一带一路"为广大发展中国家提供了以互联互通推进新型全球化的平台，符合广大发展中国家大力发展经济的需求，已成为深受共建国家欢迎的国际公共产品和国际合作平台。

（二）低碳环保、绿色增长、数字经济等新发展议题提供发展新机遇

"绿色丝绸之路"建设是共建"一带一路"高质量发展的重要内容，也是推动构建人类命运共同体的有力实践。近十年来，中国和100多个国家或地区开展绿色能源合作，与31个合作伙伴发起"一带一路"绿色发展伙伴关系倡议，承诺不再新建境外煤电项目，并率先宣布出资15亿元设立昆明生物多样性基金，助力绿色经济的发展。[①] 我国聚焦共建国家疫情后经济复苏与绿色低碳发展需求，推动"一带一路"生态环保大数据服务平台建设，实施绿色丝路使者计划和"一带一路"应对气候变化南南合作计划；深入研究绿色投资、能源绿色低碳发展等共建国家关注的热点问题，发布《"一带一路"项目绿色发展指南》等系列研究报告；以绿色低碳的技术、产品与知识信息服务为桥梁，为共建国家应对环境气候挑战提供有效的支持。[②]

上海围绕新能源、储能、碳捕捉等重点领域布局示范项目，开展"一带一路"绿色产能合作，探索绿色技术创新与对接，发挥绿色技术示范引领作用。2017年上海市经济和信息化委员会印发《上海市工业绿色发展"十三五"规划》，积极推动绿色科技、绿色制造及绿色服务"引进来"和"走出去"。2020年，上海市发改委和上海市科学技术委员会印发《上海市构建市场导向的绿色技术创新体系实施方案》，推动与世界知识产权组织、联合国环境规划署等国际组织的交流合作，加强高校、科研机构与国际组织合建绿色技术研发推广机构，依托上海合作组织、"一带一路"绿色发展国际联盟，构建绿色领域国际合作网络，积极参与全球环境治理。2022年，上海市政府印发《上海市碳达峰实施方案》，加强服务绿色

---

① 《高质量共建"一带一路"成绩斐然》，http://society.people.com.cn/n1/2022/0125/c1008-32338824.html，最后访问日期：2023年9月22日。
② 周国梅：《推动共建绿色丝绸之路（观点）》，http://world.people.com.cn/n1/2022/0111/c1002-32328285.html，最后访问日期：2023年9月22日。

"一带一路"建设，支持共建国家共同研发新能源技术，加强在清洁能源技术、环保设备、绿色金融等领域的对外合作，助力上海绿色技术与产品相关企业的出口。2022 年 10 月，上海市商务委员会等部门印发《关于全面推进口岸数字化转型实施意见》，推进与 APEC、RCEP 以及"一带一路"条件成熟的经济体开展物流、船舶可视化及贸易合规等试点，形成高效率、低成本、便利化跨境网络贸易通道，为企业提供"一次申报、全球通关"服务。低碳环保、绿色增长、数字经济等新兴产业可以把共建国家的新兴资源和庞大的劳动力吸纳进全球产业链，让新兴产业成为这些国家新的经济增长动力。

（三）中国政府积极推动新规则新标准的制定

面对新一轮科技革命带来的新机遇，中国积极参与新兴领域全球合作与规则制定，促进开放、安全的国际经济体系的构建。我国在二十国集团领导人杭州峰会上，倡导全球首个多边投资协定，并利用联合国、G20、APEC、上海合作组织等平台，加强国际经济政策协调，提出了推进亚太自由贸易区进程、《G20 全球投资指导原则》等，就价值链、投资便利化、电子商务、中小微企业等议题提出多项中国倡议。我国还积极参与国际金融监管规则制定，加强与全球主要中央银行和监管机构的对话与合作；广泛参与金融稳定理事会、巴塞尔委员会等关于金融稳定良好实践、金融监管标准制定的讨论，积极开展标准实施的监测工作。我国还成立了多个政府部门参与的国际标准化协调推进工作组，在包括住房、能源、交通运输、科技与农业等的国民经济各领域共同实现低碳排放，积极稳妥地推进国际标准化工作。上海市也相应地积极推进"一带一路"规则标准"软联通"相关建设，① 提升标准联通水平，引导企业加强与国际接轨的产品和服务质量标准体系建设，也为规则标准"软联通"建设营造良好的发展环境。

---

① 《上海市国民经济和社会发展第十四个五年规划和二○三五年远景目标纲要》，https：//www. shanghai. gov. cn/nw12344/20210129/ced9958c16294feab926754394d9db91. html，最后访问日期：2023 年 9 月 30 日。

四　上海推动"一带一路"规则标准"软联通"的相关政策建议

（一）加快构建高标准自由贸易区网络，继续推进制度型高水平开放

上海要加强"一带一路"规则标准的"软联通"建设，在已有原则标准的基础上，积极完善和创新，推进制度型高水平开放。要遵循世界贸易组织关于贸易、投资和解决贸易纠纷的国际规则以及中国与东盟、澳大利亚、韩国等贸易安排机制的相关规则，对接我国建设高标准自由贸易区网络的发展政策，加强与 RCEP 成员国之间的经济合作，在重点产业领域加强与日本、韩国、东南亚地区的产业链协同体系建设，发挥产业链引领作用。上海可以在绿色发展、透明度与反腐败、包容性发展、第三方市场合作等方面加大制度创新力度，分步骤有序推进规则标准的"软联通"建设。上海自贸区要充分发挥改革开放综合试验平台作用，推进更深层次的制度创新，重点放在货物贸易与服务贸易更高水平便利化上。

（二）主动对接 RCEP、CPTPP、DEPA 等制度安排，探索新规则新标准

RCEP 自 2022 年 1 月正式生效以来，正逐步释放政策红利。日渐增多的经贸往来、日趋加强的设施联通以及日益完善的区域供应链，为成员国共建"一带一路"创造了更多探索制定新规则新标准的可能性。上海有必要依托上海自贸区、临港新片区和虹桥国际开放枢纽等载体，主动对接 RCEP、CPTPP、DEPA 等制度安排。特别是，对标 CPTPP 高标准贸易规则，以技术和知识密集型服务为重点，在更高层次、更宽领域扩大高端服务业的市场开放。积极开展服务贸易"边境后"规则的试点工作，在竞争性政策、劳工标准、知识产权、环境保护、政府采购等领域进行改革创新。

（三）规则和标准的制定要灵活和富有弹性

共建国家的经济发展水平千差万别，这就决定了"一带一路"规则标准的制定不可能一以贯之。每个国家的经济发展阶段不同，对规则的接受度也不同，对于一些具体问题可以进行协商，先行试验，要灵活对待，对于效果好的规则可以大胆实施。上海在加强与共建国家规则标准的对接时，遵循国际规则标准，不对其构成挑战。在规则标准的协商实施方面，可以先以双边机制为主，通过实践成熟之后，再逐步扩展到多边。上海可以先行制定倡议等非正式规则，之后再不断完善为约束性更强的正式规则。要充分考虑共建国家的法律法规以及发展阶段，让对接的规则标准兼顾实际与互利原则。

（四）进一步夯实"软联通"的基础性工作

上海有必要进一步夯实"一带一路"规则标准"软联通"的基础性工作，持续探索"一带一路"规则标准"软联通"的中国路径与方式。积极学习和利用发达国家规则标准"软联通"的合理成分，对标国际高标准贸易投资规则，不断完善国际贸易中心建设相关的地方性法规制度体系。进一步扩大市场开放，要长期致力于改善营商环境，提高政策透明度，提高政府行政管理效率，吸引外商投资企业。进一步简化进出口验核手续，在通关与监管等环节加大应用大数据、区块链和云技术等的力度，不断提升跨境贸易便利化水平，实现更加高效的"边境后"管理。

（五）充分发挥国家智库和上海地方智库的作用

通过科学研究，推进上海城市治理体系与治理能力的现代化进程，充分发挥智库的功能，就共建"一带一路"规则标准"软联通"遇到的新问题、新情况，开展联合研究。发挥国家智库和上海地方智库与高校的作用，系统开展贸易、投资、交通、技术、金融等领域"软联通"的相关研究，助力共建"一带一路"规则标准的完善与创新。发挥智库在参与重大决策的前

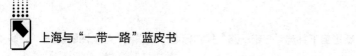

期研究和讨论、重大文件起草与政策执行过程中的作用，就"一带一路"建设过程中涉及的绿色发展、透明度与反腐败、债务与融资等领域的规则标准，充分进行交流研讨，推动形成国际共识，为"一带一路"建设提供有效的智力支持。

B.4
推进"一带一路"民心相通
与上海的创新实践

沈　陈*

摘　要： 在第三届"一带一路"国际合作高峰论坛上，中国提出支持高质量共建"一带一路"的八项行动，将民心相通机制建设作为其中的重点。本报告认为，作为中国对外传播的窗口城市之一，上海在推进"一带一路"民心相通方面有诸多创新实践：基于上海治理实践，向世界展示中国道路；基于上海的对外开放实践，传播包容共享的中国经验；基于上海的国际合作实践，传播中国的正义主张；基于上海的文化交流实践，传播中国文化。鉴于"一带一路"民心相通是一项长期工作，各国在人文交流的方式和内容上差异较大，协调机制也不够完善，深入推进民心相通仍面临一些挑战，为此本报告提出上海进一步推进"一带一路"民心相通的优先事项。

关键词： "一带一路"　"民心相通"　上海

"国之交在于民相亲"。民心相通是共建"一带一路"、推进互联互通的重要组成部分，旨在让不同国家的民众建立起情感联系，增进国家间的互信合作，促进文化交流和社会发展。"一带一路"倡议提出十年来，中国同"一带

---
* 沈陈，法学博士，中国社会科学院世界经济与政治研究所副研究员，主要研究方向为国际政治经济学、国际合作等。

一路"共建国家(以下简称"共建国家")开展了形式多样、领域广泛的人文交流活动,不断构建和完善民心相通机制。开放、创新、包容是上海最突出的品质,也是新时代中国发展进步的生动写照。上海积极推动对外交流合作,举办各类国际交流活动,为传播中国开放包容的理念打下了坚实的基础。

一 "一带一路"民心相通

共建国家的社会制度、宗教信仰不同,经济增长模式、发展战略各异。"一带一路"倡议的高质量发展从根本上取决于跨越各种障碍,建立社会交流网络。这就需要鼓励社会组织等民间力量参与,发挥他们在社会动员、国际交往方面的优势,进行创新性探索,努力打造具有国际影响力、务实高效的代表性项目和机制平台。在第三届"一带一路"国际合作高峰论坛上,中国提出与其他国家和国际组织开展机制合作、支持高质量共建"一带一路"的八项行动,将科技、教育、文化、卫生、智库、媒体等民心相通机制建设作为其中的重点。

2023年11月,中国成功举办了首届"一带一路"科技交流大会。中国提出的全球人工智能治理倡议不仅仅关注技术本身的发展,更重视技术与社会、经济和文化的和谐共生。这一倡议的提出标志着中国在全球人工智能治理方面迈出了重要的一步,也为国际社会提供了共同探讨应对人工智能挑战的平台。

截至2023年6月,中国已与80多个共建国家签署了《政府间科技合作协定》。为了进一步加强与各方在科技创新领域的合作,中国计划在未来5年内将共建的联合实验室数量增加到100家,并支持各国青年科学家来华进行短期工作,为伙伴国家培育了技术和管理人才。① 中国不仅在国内推动绿色转型,也鼓励共建国家进行绿色低碳转型,以实现区域乃至全球环境的可持续发展。通过组织高级别论坛,如"一带一路"绿色发展圆

---

① 《促进绿色发展 推动科技创新》,《人民日报》2023年10月24日,第3版。

桌会,建设光伏产业对话交流机制和绿色低碳专家网络,中国与共建国家分享绿色发展经验和技术,共同应对气候变化挑战,促进全球可持续发展目标的实现。

2016年教育部印发《推动共建"一带一路"教育行动》,与共建国家通过充分发挥"一带一路"框架下高校联盟、"一带一路"国际科学组织联盟的示范带动作用,为不同国家之间的交流搭建桥梁,在人才培养和培训、促进科学研究和技术发展等方面进行合作,共同应对区域性、全球性挑战。截至2023年6月底,中国已与45个共建国家和地区签署了高等教育学历学位互认协议,与来自亚洲、非洲和欧洲的20多个伙伴国家的高校合作,每年支持共建国家新增1万名留学生来华学习或研修。中国高校建立了多个鲁班工坊。这是一个致力于分享中国职业教育机构专业知识的专业培训项目。共建国家共有17个国家级文化中心、173所孔子学院和184个孔子课堂,约占全球孔子学院和课堂总数的1/4。

中国与希腊、埃及、俄罗斯、南非等举办丝绸之路(敦煌)国际文化博览会、丝绸之路国际艺术节、海上丝绸之路国际艺术节等大型文化节和博览会,对于促进共建国家间的文化互鉴、增进民间友好合作关系、推动文化产业发展以及提升中国文化的国际影响力都具有重要意义。中国还与共建国家成立了丝绸之路国际剧院联盟、丝绸之路国际艺术节联盟、丝绸之路国际图书馆联盟、丝绸之路国际博物馆联盟,打造"中非文化聚焦""丝路之旅"等文化交流品牌。这些平台共有562家成员,其中包括来自72个共建国家的326家文化机构,相互翻译介绍媒体节目。2023年12月3日,首届"良渚论坛"在浙江省杭州市开幕,主题为"践行全球文明倡议,推动文明交流互鉴",深刻阐明了良渚文化的独特价值,揭示了中华文明开放包容、兼收并蓄的鲜明特质。

民间往来是增进国与国、人与人之间相互了解的重要途径。共建国家的旅游资源丰富多样,推动旅游市场合作不仅能够吸引更多的游客,增加共建国家的经济收入,还能够促进文化交流与民心相通。中国与共建国家共同举办"一带一路"旅游年,启动丝绸之路旅游推广联盟、海上丝绸之路旅游推广联盟、"万里茶道（茶叶之路）"国际旅游联盟等合作机制。截至2024年1月，中国已与157个国家缔结了涵盖不同护照的互免签证协定，与44个国家达成简化签证手续协定或安排，与包括泰国、新加坡、马尔代夫、阿联酋在内的23个国家实现全面互免签证。此外，还有60多个国家和地区给予中国公民免签或落地签便利。60多个共建国家的城市与中国城市结成了友好城市，中国城市与"一带一路"友好城市数量达到1023对，占世界友好城市数量的40%以上。

医疗卫生交流有助于各国之间分享医疗技术、经验和资源。中国与世界各国在公共卫生领域建立了更紧密的合作关系，通过与160多个国家和国际组织签署卫生合作协议，打造中阿、中非、中国-东盟等9个区域卫生合作机制，涉及领域包括疾病预防、技术交流、人员培训等，积极构建人类卫生健康共同体，实现共建国家的健康可持续发展。此外，中国还与14个共建国家签订了传统医药合作文件，在35个共建国家建立了中医药中心，建立了43个中医药国际合作基地。8个共建国家在各自法律法规体系内采取措施支持中医药发展，100多种中药在伙伴国家注册上市。新冠疫情发生后，中国向120多个共建国家提供抗疫援助，向34个国家派出38批抗疫专家组，向共建国家提供了20多亿剂疫苗，与20多个国家开展了疫苗联合生产，提高了发展中国家疫苗的可负担性和可及性。[①]

媒体合作有助于扩大民心相通的影响力，对于讲好"中国故事"至关重要。利用电视、电影、音乐、文学、艺术等各种媒介形式，可以将中国的传统文化与现代社会的发展相结合。共建国家已6次举办"一带一路"媒体合作论坛，中国-阿拉伯国家广播电视合作论坛、中非媒体合作论坛等双多边合作机制相继建立。依托亚太广播联盟、阿拉伯国家广播联盟等平台，中国与伙伴国媒体共同成立"一带一路"新闻网络，设立"丝绸之路全球

---

① 中华人民共和国国务院新闻办公室：《共建"一带一路"：构建人类命运共同体的重大实践》，http://new.fmprc.gov.cn/wjb_673085/zfxxgk_674865/gknrlb/tywj/zcwj/202310/t20231010_11158751.shtml，最后访问日期：2023年11月20日。

新闻奖"。截至 2023 年 6 月底，该网络成员已增至 107 个国家的 233 家媒体。①"一带一路"媒体共同体的建立有助于成员国之间在新闻资讯、技术支持等方面的共享，推动各国媒体在国际舞台上共同讲好"一带一路"故事。共建国家举办的"一带一路"媒体合作论坛为各国的文化交流和信息共享提供了重要平台，其合作能够促进不同文明之间的互鉴，增进人民的友谊和相互理解。

综上所述，民心相通通过以下方式提升国家形象、促进友好合作。一是"讲故事"。讲好故事能够打动人心、激发人们的情感共鸣，并增进认同和理解。同时，也需要关注故事的传播渠道和方式，以确保故事能够传递给目标受众。二是"搭桥梁"。沟通中的隔阂需要通过积极倾听、移情和开放的心态来弥合。通过搭建合作桥梁，不同背景的国家、族群、个体可以交流思想、价值观，弥合文化差异，增进彼此的理解。三是"塑形象"。民心相通有助于各国相互联系、相互依存，在跨文化交流中彰显世界和平建设者、全球发展贡献者、国际秩序维护者的中国形象。四是"传价值"。中国传统价值观强调以人为本、可持续发展等理念，体现了中国在追求现代化进程中的文化特性。这种独特性能够吸引其他国家关注，这也体现在"一带一路"倡议促进民心相通的过程中。中国提出的共商共建共享的理念，以及推动世界多极化发展、构建人类命运共同体等倡议，都是中国在价值传播方面的重要贡献。

二　上海推进"一带一路"民心相通的创新实践

习近平主席在 2018 年首届中国国际进口博览会开幕式上指出："开放、创新、包容已成为上海最鲜明的品格。这种品格是新时代中国发展进步的生

---

① 中华人民共和国国务院新闻办公室：《共建"一带一路"：构建人类命运共同体的重大实践》，http://new.fmprc.gov.cn/wjb _ 673085/zfxxgk _ 674865/gknrlb/tywj/zcwj/202310/t20231010_ 11158751. shtml，最后访问日期：2023 年 11 月 20 日。

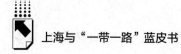
动写照。"① 作为中国对外传播的窗口城市之一，上海在传播中国成功经验和发展理念中扮演着关键角色。上海通过一系列对外开放的政策举措，不仅加强了与外国的经济联系，促进了贸易往来与文化交流，还传达了中国发展的态度与理念，提高了中国在国际舞台上的影响力。

（一）基于上海治理实践，向世界展示中国道路

上海积极探索智能化和精细化的治理模式，在过去几十年里经济和城市发展取得了举世瞩目的成就。依托政务服务"一网通办"和城市运行"一网统管"两张网建设，推动人工智能、大数据、云计算等先进技术在政务服务和城市管理中的应用，促进了政府部门之间的数据共享与整合以及城市管理的智能化、精细化，不断提升政府决策的科学性和准确性。智能平台建设还可以提供更多的渠道让公众参与到城市治理中来，比如通过移动应用、社交媒体等方式收集市民反馈意见，增强政府与公众的互动，提升政府的公信力和形象。上海将城市治理细化到每个细节，政府能够提供更高效、更智能的服务，从而推动社会治理现代化。

上海作为开放型经济体系建设的核心区域，承载着众多制度环境的建设试点任务和创新实践。上海积极引进外资、建设高新技术产业园区，成功打造了一批具有国际竞争力的企业和产业集群，建设了一批国际领先的创新平台和研发基地。此外，上海还加大政策扶持力度，推动开放型经济体系发展。上海全社会研发经费支出占全市生产总值的比例从 2012 年的 3.2%提高到 2022 年的 4.2%，高新技术企业达到 2.2 万家。② 上海连续八年被评为最吸引外国人才的中国城市。目前，集成电路、生物医药、人工智能成为上海科技创新中心的基本框架，为"十四五"期间上海向全球创新中心转型奠定了坚实的基础。据统计，上海约有 500 家研发中心。预计到 2025 年底，这一数字将增加到 560 家。届时上海将 GDP 的 4.5%用于研发，基础研究占

---

① 《习近平出席首届中国国际进口博览会开幕式并发表主旨演讲》，《人民日报》2018 年 11 月 6 日，第 1 版。

② 《潮涌浦江　创新铸就高端产业新辉煌》，《科技日报》2023 年 5 月 15 日，第 1 版。

全市研发总预算的 12%。①

上海通过提升治理水平、改善法治环境、加快科技创新，塑造了充满活力、宜居、安全、具有文化多样性和创新精神的城市形象。以上海的成功经验为基础，传播和推广中国的发展经验，有利于进一步吸引人才和投资，推动城市经济发展，提升居民生活品质。以"上海实践"为题材加强国际传播能力建设，上海可以通过具体的案例和生动的故事，讲述中国的发展及取得的成就。这也是上海提升城市软实力的重要途径，为全球城市发展提供有益的参考和启示。

（二）基于上海的对外开放实践，传播包容共享的中国经验

上海是中国推动高水平开放的先行者和试验田。上海自贸区设立于 2013 年，是中国设立的首个自由贸易试验区。随着《自由贸易试验区外商投资准入特别管理措施（负面清单）（2021 年版）》的实施，上海自贸区负面清单从 2013 年的 190 条减少到 2022 年的 27 条。上海自贸区持续强化服务"一带一路"功能，以推动贸易便利化、投资便利化、金融创新和产业升级为核心目标，推动共建国家检验检测结果采信与认证机构互认。上海自贸区内的企业可以享受更多便利化的贸易和投资政策，包括关税减免、投资准入放宽、外汇管理简化等，为外资企业提供了更多市场准入的机会，吸引了大量外资流入上海，推动了外商投资的增长和贸易活动的开展。2019 年初特斯拉上海超级工厂在上海开工建设，至 2022 年 8 月，第 100 万辆整车下线，跑出了罕见的"中国速度"。

在上海举办的中国国际进口博览会（以下简称"进博会"）是中国政府举办的全球第一个以进口为主题的国家级展会，旨在搭建国际交流合作的平台，促进全球经济贸易发展。进博会的举办有助于推动中国更高水平的开放，通过促进进口以及引进国际先进技术和产品，进一步提升中国市场的竞

① 《上海市建设具有全球影响力的科技创新中心"十四五"规划》，https：//www. shanghai. gov. cn/nw12344/20210928/5020e5fdf5ac4c6fb4b219da6bb4b889. html，最后访问日期：2023 年 11 月 20 日。

争力和活力。同时，进博会也为中国企业提供了更多的合作机会和沟通交流的平台，促进了中国与世界各国的经贸合作与互利共赢。通过举办进博会，中国积极扩大进口、降低关税壁垒，进一步推进贸易自由化，为外国企业提供更大的市场空间和更多的发展机遇。进博会不仅吸引了来自全球170多个国家和地区的企业和商务团队参展参会，还吸引了众多国际知名企业和品牌参与。前五届进博会，首发新产品、新技术和新服务共约2000项，累计意向成交额近3500亿美元。从第六届进博会的数据看，已统计有442项代表性首发新产品、新技术、新服务得到展示，科技前沿类展览专区较上届增长30%；创新孵化专区吸引超300个项目参展，超过前两届的总和。① 进博会是中国推动高水平开放的重要举措之一，也成为开放合作的重要平台和全球共享的国际公共产品。

上海立足城市功能优势，提高对外开放水平，以更好地融入全球市场，实现经济高质量发展。截至2023年上半年，上海的跨国公司地区总部和外资研发中心累计分别达到922家和544家。② 上海提升了贸易便利化和投资便利化水平，积极推动共建国家的企业来沪投资，成为推进高水平开放的重要力量，展示开放、包容的国际形象。以金融为重点，推动在"一带一路"金融市场使用"上海金""上海铜"等基准价格，不仅能够提升上海金融市场的国际地位，还能够为共建国家提供更多的金融合作机会，从而实现金融市场双向开放，促进区域经济共同繁荣。

（三）基于上海的国际合作实践，传播中国的正义主张

随着全球化的深入，许多问题需要通过国际合作来解决。上海举办各类国际会议和论坛，聚焦于互利合作和共同发展，为传播中国的正义主张提供平台。上海合作组织以《上海合作组织宪章》和《上海合作组织成员国长期睦邻友好合作条约》为指导，建立了不结盟、不对抗、不针对第

---

① 胡艳芬、姚玉洁、龚雯、杨有宗：《进博会之变》，《环球》2023年第24期。
② 《为"一带一路"提供高水平开放平台、高能级服务支撑——专访上海市副市长华源》，http://www.news.cn/2023-10-05/c_1129900358.htm，最后访问日期：2023年11月20日。

三方的建设性伙伴关系,成员国在相互尊重、平等互利的基础上进行合作,共同维护地区安全与稳定,促进区域经济发展和繁荣。上海合作组织坚持"上海精神",强调成员国之间相互尊重主权和领土完整、互不干涉内政、平等互利等原则,确立了基本的合作原则和发展方向,致力于推动成员国之间的深入合作,以及在更广泛的国际和地区层面上促进和平与发展。

上海通过吸引国际组织入驻、承办国际会议,不仅为城市的国际化发展注入了新的活力,也为中国的对外开放和国际合作做出了积极贡献。上海吸引了包括联合国教科文组织、联合国工业发展组织、世界气象组织等多个国际组织的代表机构入驻,在此基础上,上海频繁举办各种国际会议和研讨会,共同分享经验和观点,增进彼此认同。这些国际会议和研讨会不仅为上海提供了创新动力,也提升了上海的软实力和国际影响力,使上海成为联结中国与世界的重要桥梁。

(四)基于上海的文化交流实践,传播中国文化

上海是国际文化大都市,频繁举办国际赛事、会展、论坛等重大活动,增强了与世界的交流与合作。例如,上海国际电影节、上海时装周等吸引了来自各国的艺术团体和艺术家,他们互相交流、学习及合作,创造出更多具有多元文化特色的艺术作品。中国民众同共建国家民众开展形式多样、内容丰富的交流合作,也为旅游、教育、文化创意产业等领域带来了新的机遇,有利于提升共建国家民众的获得感、幸福感和安全感,夯实了高质量共建"一带一路"的民意基础,使共建"一带一路"成为造福世界的"发展带"、惠及民众的"幸福路"。

上海不断创新"一带一路"民心相通形式,为人文交流增添新动能。具体来说,"一带一路"电影周作为上海国际电影节的重要组成部分,每年都会汇集来自共建国家的电影进行展映。这不仅丰富了电影节的内容,也促进了不同文化之间的交流与理解。2017 年在上海成立的丝绸之路国际艺术节联盟,汇聚了来自 49 个国家和地区的 178 家成员机构,达成相关合作意

向 200 多个。① 上海积极参与构建国际交流体系，加强多层次文明对话，推进城市外交、民间外交和公共外交，广泛开展教育、科技、旅游、体育、文化、卫生等交流合作，打造机制化交流品牌，增进国际社会对上海和中国的了解与认同，推动多元主体共同努力，提升了共建"一带一路"的吸引力、凝聚力。

三　上海进一步推进"一带一路"民心相通的思考

上海是全球经济总量、人口数量最大的城市之一，也是中国国际化程度最高的城市之一。通过讲述上海的发展故事，可以向世界展示中国在经济、科技、文化等各个领域取得的巨大成就，并强调中国开放包容的态度和追求共同发展的理念。这有助于消除国际社会对中国发展道路的误解和偏见，提高国际社会对中国的认同感和信任度，促进国际交流与合作。然而，鉴于"一带一路"民心相通是一项长期工作，各国在人文交流的方式、内容上差异较大，协调机制也不够完善，推进民心相通仍面临一些挑战。

第一，相关机制的约束力较弱。很长一段时间，国家间机制主要以促进经济领域合作为基础，而民心相通在短期内很难看到积极的结果，这导致一些国家进行人文交流与合作的动力不足，呈现货币金融合作发展迅速而人文交流合作进展相对缓慢的局面。与之类似，尽管共建国家共同拟订了行动计划，但制度化程度较低，而且诸多机制对成员的权利、责任等界定不够明确。这些行动计划大多具有指导性和方向性，较少涉及调动资源、分担责任等实质性内容，使合作成果主要体现在协议和文件中，其执行情况或执行多少仍依赖于成员的主观意愿。

第二，民众参与度和媒体关注度仍不高。目前，中国已分别与俄罗斯、印度尼西亚、南非等国家和地区正式建立了中外高级别人文交流机制，教

---

① 《为"一带一路"提供高水平开放平台、高能级服务支撑——专访上海市副市长华源》，http://www.news.cn/2023-10/05/c_1129900358.htm，最后访问日期：2023 年 11 月 20 日。

育、体育、文化、卫生等领域的交流不断深入,但在宏观政策与微观操作之间缺乏衔接,导致媒体关注度和民众参与度不高。受传统媒体自身特点的影响,关于"一带一路"的报道主要聚焦于相关会议和领导人讲话,海外媒体对相关民心相通活动缺乏深入细致的报道。在 Facebook、Twitter 等网络平台上,关于中外高级别人文交流机制下各领域相关活动的报道也少之又少,并且以中国主流新闻平台报道为主,国际传播能力有待提升。

第三,文化"存异"难以转化为价值"求同"。共建国家分属不同文明,文化多样性一方面给民心相通带来宝贵的精神财富,为各国之间的文明互鉴创造条件;另一方面也会带来民间交往不够、相互了解不深等问题,使合作缺乏共同的观念基础。只有在价值观上认同的前提下,才可能尊重相互间的差异,进而求同存异。而在部分国家强调"文化优劣"和"文明冲突"的背景下,如何实现"一带一路"下的民心相通还面临相当大的挑战。

目前,"一带一路"民心相通的交流合作活动丰富多彩,但缺乏针对这些活动机制的顶层设计,导致有限的资源无法被有效利用或整合。从现有的"一带一路"民心相通机制来看,每个领域或地区通常有较多人文交流机制,各个机制的主要目标和实现手段存在差异,从而不利于有效的交流机制的发展。对此,笔者基于"一带一路"的发展需求和上海的基础优势,提出上海进一步推进"一带一路"民心相通的优先事项。

第一,加强整体机制建设,发挥政府机构、社会组织、媒体、民众的联动作用。制定合作规划的长期目标和阶段性行动计划是政府不可推卸的责任,同时政府参与有利于创建良好的合作环境和氛围,实现资源的集约投入,避免不必要的人力、物力、财力的浪费。当然,政府不可能全方位开展人文交流与合作,更多的是发挥服务功能,为民间的人文交流与合作保驾护航。在新的历史阶段,上海可充分调动和整合自身资源,促进合作机制多样化,充分发挥政府机构、社会组织、媒体、民众的联动作用。与此同时,民心相通的核心是"民",必须发挥社会组织的积极性,促进人文交流与合作逐渐成为民众自发的行为。上海应以教育交流、文化交流和青年交流为基础,完善"一带一路"民心相通机制,让共建国家民众更广泛地参与文化

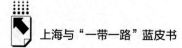

交流过程,共享文化交流与合作带来的好处,推动共建国家民心相通和人文交流与合作全面发展。

第二,发挥"一带一路""桥头堡"作用,让开放包容的理念发扬光大。对外开放是我国的重要发展战略之一,也是中国走向现代化、发展经济的必由之路。中国坚持互利共赢的原则,推动全球化与区域合作,为共建国家的发展提供机遇,同时还传达了中国在国际事务中的开放包容理念。上海通过建设自贸区、陆港联动等举措,在"一带一路"建设中发挥"桥头堡"作用。在确立了打造国际经济、贸易、金融、航运、科技中心的目标后,上海应进一步调动国企、民企、外企的积极性来共同参与"一带一路"建设,发挥不同所有制企业联系紧密的优势,从而推动各方共同构建公平、合理、透明的国际贸易投资规则体系。上海的开放发展实践证明,"一带一路"是一个超越国界和意识形态差异、发展差异、社会制度差异和地缘政治理论的开放包容的平台,有助于补充和完善现有机制,共同维护多边贸易体制的核心价值和基本原则。

第三,坚持创新引领,打造具有全球影响力的文化高地。"一带一路"倡议坚持创新引领,把握数字化、互联网化、智慧化发展机遇。通过探索新的业态、技术和模式,优化创新环境,集聚创新资源,构建区域协同创新生态系统,进而寻找新的增长来源和创新的发展路径,促进科技、产业、文化深度融合。当前,上海集聚了众多世界一流的文创企业、文化机构、领军人才,可借此打造更高水准的文化地标集群、更高人气的文化交流舞台、更高能级的文化交流平台,加快建设全球影视创制中心、国际重要艺术品交易中心、亚洲演艺之都、全球电竞之都、网络文化产业高地、创意设计产业高地。作为中国最早开放的城市之一,上海的文化交融现象本身就体现了中华文化的魅力,展现了中国人民开放包容的精神风貌。可通过实施"上海文艺再攀高峰工程",聚焦时代命题和重大主题,推出更多"上海原创""上海制作""上海出品"的传世之作,推动开发更多演绎上海故事、传播上海精彩、镌刻上海印记的文化"爆款",深入培育城市精神、提升城市品质、增强城市软实力,进而打造独特的文化氛围,使上海成为具有全球影响力的文化高地。

第四，发挥智库专业优势，传播持久和平与普遍安全的中国方案。"一带一路"倡议倡导各国相互尊重主权和领土完整，相互尊重发展道路、社会制度，相互尊重核心利益和重大关切，以交流超越文化间的隔阂，以相互理解化解矛盾，以共存拒绝优越。在对外合作和交往中，中国坚持平等、互鉴、对话、包容的文明观和共商共建共享原则，通过建立多层次国际人文交流机制，努力增进各国之间的相互理解、尊重和信任。外交合作不仅仅存在于政策阐释中，更强调沟通。在政策阐释和沟通方面，智库具有专业优势，可以为机制构建和科学决策提供智力支持。位于上海的智库和高校数量多、水平高、种类全，在决策咨询方面，上海智库可以发挥积极的作用，尤其是在复杂多变的国际形势下，上海智库有望成为民心相通的助推器。

专题报告

B.5
科技创新合作与"一带一路"共建国家协同发展

张 松[*]

摘 要： 科技创新是新时期提高生产力的重要手段，是引领经济高质量发展的首要动力。与此同时，科技创新也是引领"一带一路"发展的重要力量，增强科技创新合作有利于共建国家深化务实合作，促进共建国家经济社会迈向高质量发展。"一带一路"倡议提出十年来，共建国家的科技创新合作成效显著，取得了重大进展。上海在"一带一路"科技创新合作中展现出了独特的优势，但同时也面临挑战。建议加强核心技术研发工作，加大培养科技型企业的力度，不断优化促进科技创新的机制与政策，以及加强科技创新方面的交流合作以及沟通协调工作。

---

* 张松，经济学博士，中国社会科学院亚太与全球战略研究院助理研究员，主要研究方向为国际投资与贸易、发展经济学。

关键词： "一带一路"　科技合作　科技创新

一　科技创新引领"一带一路"发展新格局

（一）"一带一路"科技创新合作意义凸显

"一带一路"倡议自提出以来，中国不断优化科技创新合作的顶层设计，深化与科技伙伴的关系，与"一带一路"共建国家（以下简称"共建国家"）加强在科技和人文方面的交流，务实推动科技创新领域的交流与合作，从而增强了共建国家的科技供给能力，并促进了国民经济和社会高质量发展。

2016 年 9 月，科技部、发展改革委、外交部、商务部联合发布《推进"一带一路"建设科技创新合作专项规划》，提出与共建国家加强科技创新合作。2017 年 5 月，在"一带一路"国际合作高峰论坛开幕式上，国家主席习近平宣布启动"一带一路"科技创新行动计划，提出开展科技人文交流、共建联合实验室、科技园区合作、技术转移 4 项行动，旨在将"一带一路"建成创新之路。① 2019 年 4 月，在第二届"一带一路"国际合作高峰论坛期间，中华人民共和国科学技术部与有关国家科技创新部门共同发布了《"创新之路"合作倡议》②。2023 年 10 月，国家主席习近平在第三届"一带一路"国际合作高峰论坛开幕式上发表主旨演讲，表示中方将继续实施"一带一路"科技创新行动计划，举办首届"一带一路"科技交流大会，未来 5 年把同各方共建的联合实验室增加到 100 家，支持各国青年科学家来

---

① 《习近平：我国将启动"一带一路"科技创新行动计划》，https://www.most.gov.cn/ztzl/qgkjcxdhzkyzn/yw/201705/t20170527_133171.html，最后访问日期：2023 年 11 月 25 日。

② 《"创新之路"合作倡议》，https://www.most.gov.cn/kjbgz/201904/t20190425_146254.html，最后访问日期：2023 年 11 月 25 日。

华短期工作。①

当前，全球科技创新格局正在重塑，而"一带一路"建设也面临新的挑战。科技创新合作具有基础性、前瞻性和引领性的作用，它是支撑服务共建国家和地区互联互通与深化科技开放合作的桥梁和纽带。随着共建"一带一路"进入高质量发展的新阶段，科技创新合作已成为共建国家应对新技术革命和发展挑战的共同选择。②

（二）科技创新在"一带一路"建设中的支撑作用

1. 科技创新有助于政策沟通

在全球化、信息化和网络化的大背景下，创新作为生产要素的开放性和流动性有了明显的提升，科学技术研究与产业生产的边界逐渐变得模糊。随着科学技术在全球的快速传播，世界经济已经高度互联。因此，利用科技创新来推动经济和社会发展已经成为国际社会的共识。在推进"一带一路"建设的过程中，科技创新发挥了重要作用，并取得了显著成效。科技创新带来了沟通方式的变革，在"一带一路"框架下，参与国家可以通过网络，更方便地进行交流。此外，我国与大多数共建国家建立了稳定的政府间科技创新合作伙伴关系，共同创建了多个科研合作、技术转移和资源共享平台，并开设了各种技术培训课程，同时也吸引了海外杰出青年科学家来中国工作。

2. 科技创新推动设施联通

在"一带一路"建设中，基础设施的互联互通占有重要的地位。在这个方面，我国已与多个国家建立了紧密的合作关系。目前，已修建亚吉铁路、蒙内铁路、摩洛哥努奥光热电站、中欧班列、哈萨克斯坦阿克套沥青

---

① 《习近平在第三届"一带一路"国际合作高峰论坛开幕式上的主旨演讲（全文）》，http://www.beltandroadforum.org/n101/2023/1018/c132-1174.html，最后访问日期：2023年11月25日。

② 白春礼：《科技创新与合作支撑"一带一路"高质量发展》，《中国科学院院刊》2023年第38卷第9期，第1238~1245页。

厂、孟加拉国达卡机场高架快速路、巴基斯坦瓜达尔港、印度尼西亚雅万高铁、尼日尔古胡邦达重油发电站、以色列特拉维夫轻轨、科特迪瓦铁布高速公路、柬埔寨哥通桥、苏丹上阿特巴拉水利枢纽、科特迪瓦圣佩德罗体育场、孟加拉国玛格丽特三期项目燃机单循环发电机组等。这些特定项目的建设，是科技创新合作的综合体现。如果没有科技的支持，设施联通是不可能实现的。《推进"一带一路"建设科技创新合作专项规划》明确提出要"结合沿线国家科技创新合作需求，密切科技人文交流合作，加强合作平台建设，促进基础设施互联互通，强化合作研究，逐步形成区域创新合作格局"。

3. 科技创新促进贸易畅通

当前，科技创新正在改变国际贸易结构。借助信息技术和互联网的力量，国家和地区之间的贸易正在逐步数字化，并且逐步扩大范围。贸易数字化进程进一步提高了国际贸易的便捷性和效率。在促进贸易数字化的过程中，新一代的信息技术，如区块链、云计算等，催生了更为开放、安全、高效和环保的新型贸易模式。比如，利用区块链技术，全球的跨境支付可以变得更为迅速、安全和便捷，同时也能减少金融中介的费用和操作的复杂性；云计算技术为企业提供了数字化和在线化的支持，从而促进了全球贸易的快速增长。此外，大数据分析能够增强全球市场的效率和竞争力，从而实现高品质的供应链管理。科技创新为共建国家在农林渔业、海洋产业、信息科技、生物科学、新型能源和新型材料等多个领域的贸易合作提供了重要支持。

4. 科技创新加快资金融通

在资金融通方面，科技创新为货币互换、结算以及建立区域性金融风险预警系统等提供了有力的支撑。随着"一带一路"建设的深入推进，人民币在国际贸易中的使用越来越多。多国使用人民币结算，表明人民币的国际化进程在加速。依赖互联网技术的金融产品面临资金安全支付结算的问题。只有当问题得到解决，才能更好地为共建"一带一路"提供资金支持，而实现这一目标必须依赖科技创新，特别是信息技术的创

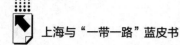

新。在实际操作中，亚洲基础设施投资银行和丝路基金迫切需要在金融领域进行科技创新，以降低资金流通和交易的成本，提高资金流通和使用的效率，并确保科技创新在共建国家的互联互通中发挥主导和支持的作用。

5.科技创新深化民心相通

在"一带一路"人文交流中，科技创新合作发挥了重要的作用，是增进民心相通的重要手段。科技创新合作促进了不同国家民众之间的交流，有助于增进互信和理解。国家发展改革委、外交部和商务部联合发布的《推动共建丝绸之路经济带和21世纪海上丝绸之路的愿景与行动》明确提出要"加强科技合作，共建联合实验室（研究中心）、国际技术转移中心、海上合作中心，促进科技人员交流，合作开展重大科技攻关，共同提升科技创新能力"[①]。例如，斯里兰卡不明原因的慢性肾病已经成为当地最大的公共卫生问题。中国和斯里兰卡是"一带一路"倡议重要合作伙伴，"慢性肾病追因研究"已被列入中斯两国政府发布的《中华人民共和国和斯里兰卡民主社会主义共和国联合声明》中。[②] 中斯两国相关机构开展的合作研究已经取得了重大进展，这不仅有助于斯里兰卡摆脱由疾病引发的公众健康风险，解决关键的民生问题，还能支持斯里兰卡更快地实现联合国的可持续发展目标；此外，这也为解决全球高风险的不明原因慢性肾病问题提供了科学依据，并为中国在慢性肾病的预防和治疗方面积累了实践经验，同时也为人类健康贡献了中国的智慧和解决方案，成为"一带一路"科技创新合作的标杆项目。

---

① 《推动共建丝绸之路经济带和21世纪海上丝绸之路的愿景与行动》，https：//www. ndrc. cn/xwdt/xwfb/201503/t20150328_ 956036.html，最后访问日期：2023年11月25日。

② 王亚炜等：《斯里兰卡不明原因肾病追因研究与中斯相关科技合作进展》，载"一带一路"国际科学组织联盟编著《"一带一路"创新发展报告2021》，科学出版社，2021。

二 共建国家科技创新合作状况及特征——以国际专利合作申请为例

国际专利合作申请是国际科技创新合作的一个重要方面，相较于科研论文合作，国际专利合作申请更多地体现在民间和产业层面。虽然一个国家在国际合作专利方面的申请数量相对于其专利申请总量来说较少，但这一数据能够清晰地反映出该国在科技创新方面的国际合作情况。尽管共建国家在国际专利合作方面取得了一些进展，但从宏观层面看，合作的专利数量依然相对较少。与其他区域相比，中国在国际专利合作上处于领先地位。各共建国家在国际专利合作的深度、广度和层次上都有所不同。从国民收入的角度分析，收入水平更高的国家在国际专利合作中的参与度也更高。在不同的收入分组①中，突尼斯、乌克兰、亚美尼亚、保加利亚、中国、奥地利、卢森堡、新加坡在国际专利合作方面表现突出。

根据国际专利合作的地理分布特征，东亚、东南亚、西亚和欧盟是国际专利合作的核心地区，但这些地区在国际专利合作方面也存在显著差异。尽管某些北美、南美和东欧的国家的国际专利合作不多，但从宏观层面看，这些国家在国际专利合作上的差异并不明显，并且在各自的区域内，专利合作呈现相对的稳定性。

为了更深入地分析共建国家在国际专利合作方面的情况，本报告对不同收入分组中国际合作专利排前五的共建国家国际合作专利的数量及其占该国总专利数的比例、主要合作国家（地区）进行详细分析。根据惯例，按照合作专利的受理机构，将合作专利分为在美国专利商标局（USPTO）、欧洲专利局（EPO）和《专利合作条约》（Patent Cooperation Treaty, PCT）下申请的3种情形。此外，鉴于低收入经济体主导或参与的国际合作专利量非常有限，因此本报告集中分析中高收入共建国家国际专利合作的情况。

---

① 根据世界银行的收入分类标准。

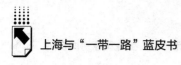

通过对共建国家国际合作专利申请情况进行分析，可以看出在美国专利商标局提交的合作专利申请数量最多，同时合作的网络结构也比较复杂。正如表1展示的，各收入类型的共建国家在科技创新方面的合作伙伴主要为美国、日本、韩国、加拿大和新加坡等，其中与发达国家的合作尤为突出。中国的主要合作伙伴包括美国、德国等，而与共建国家的合作专利不多。在印度尼西亚、埃及、乌克兰、菲律宾等国家，合作专利的比例都超过了50%，显示出它们的专利对外依赖度较高。与之形成对比的是，韩国、中国和以色列的合作专利在该国总专利数中所占的比例并不高，但它们的总专利数量却很可观，这显示了它们在自主研发方面的强大实力。

表1 共建国家在美国专利商标局申请合作专利的情况（2020年）

收入类型	国际合作专利排前五的共建国家	国际合作专利数量及其占该国总专利数的比例	主要合作国家（地区）
高收入国家	以色列	1578(24.1%)	美国（1272）、德国（75）、英国（64）、印度（61）、加拿大（48）、俄罗斯（42）
	新加坡	1151(53.6%)	美国（567）、日本（170）、中国（134）、英国（63）、俄罗斯（59）、印度（57）
	意大利	1134(25.6%)	美国（525）、德国（151）、瑞士（121）、法国（102）、英国（55）、荷兰（49）
	韩国	944(3.3%)	美国（520）、日本（96）、印度（81）、中国（73）、英国（66）、德国（42）
	奥地利	881(39.6%)	德国（409）、美国（221）、瑞士（123）、芬兰（39）、荷兰（29）、意大利（25）
中高收入国家	中国	4846(13.7%)	美国（3028）、德国（336）、加拿大（221）、日本（209）、瑞典（204）
	俄罗斯	615(54.2%)	美国（406）、中国（64）、新加坡（59）、以色列（42）、德国（32）、荷兰（17）
	巴西	315(39.5%)	美国（230）、德国（28）、印度（27）、英国（14）、法国（10）、意大利（8）
	马来西亚	232(50.9%)	美国（131）、德国（24）、中国（21）、新加坡（20）、日本（17）、印度（13）
	南非	103(41.0%)	美国（60）、德国（12）、瑞士（12）、加拿大（6）、英国（6）、澳大利亚（5）

续表

收入类型	国际合作专利排前五的共建国家	国际合作专利数量及其占该国总专利数的比例	主要合作国家(地区)
中低收入国家	乌克兰	118(61.1%)	美国(86)、德国(8)、英国(5)、加拿大(5)、法国(5)、韩国(3)
	菲律宾	80(58.0%)	美国(51)、新加坡(8)、印度(7)、中国(7)、英国(4)、德国(4)
	埃及	57(65.5%)	美国(41)、沙特阿拉伯(8)、阿联酋(4)、澳大利亚(3)、中国(3)、南非(2)
	印度尼西亚	31(86.1%)	新加坡(10)、德国(7)、美国(6)、中国(6)、日本(3)
	斯里兰卡	18(51.4%)	美国(12)、芬兰(4)、印度(3)、加拿大(2)、新加坡(2)、英国(1)

资料来源:OECD Statistics。

通过分析共建国家在欧洲专利局申请合作专利的情况可以发现,这些国家在欧洲专利局申请的合作专利数量低于在美国专利商标局申请的数量。欧盟27国作为主要的专利合作伙伴占较大比例。韩国、意大利、中国、以色列等国的合作专利所占的比例相对较小;而马来西亚、乌克兰、斯里兰卡等国的合作专利所占的比例相对较大,这反映了它们在专利合作方面的对外依赖性(如表2所示)。

表2 共建国家在欧洲专利局申请合作专利的情况(2018年)

收入类型	国际合作专利排前五的共建国家	国际合作专利数量及其占该国总专利数的比例	主要合作国家(地区)
高收入国家	奥地利	794(30.2%)	欧盟27国(544)、德国(393)、瑞士(174)、美国(73)、芬兰(39)、瑞典(38)
	意大利	716(13.7%)	欧盟27国(431)、美国(166)、德国(151)、法国(99)、瑞士(93)、英国(48)
	以色列	291(17.1%)	美国(190)、欧盟27国(66)、德国(18)、加拿大(16)、法国(13)、西班牙(11)

续表

收入类型	国际合作专利排前五的共建国家	国际合作专利数量及其占该国总专利数的比例	主要合作国家(地区)
高收入国家	新加坡	246(47.3%)	美国(88)、欧盟27国(80)、德国(49)、日本(36)、中国(28)、瑞士(12)
	韩国	207(2.8%)	美国(82)、欧盟27国(48)、德国(30)、中国(28)、日本(25)、法国(16)
中高收入国家	中国	1689(13.8%)	美国(713)、欧盟27国(445)、日本(256)、德国(228)、瑞典(88)
	巴西	124(34.3%)	欧盟27国(62)、美国(55)、德国(23)、瑞典(17)、法国(9)、意大利(6)
	俄罗斯	108(27.6%)	美国(54)、欧盟27国(30)、德国(14)、瑞士(7)、中国(6)、韩国(6)
	土耳其	59(6.5%)	欧盟27国(30)、美国(24)、德国(23)、瑞典(10)、法国(8)、中国(7)
	马来西亚	44(51.1%)	欧盟27国(16)、美国(12)、德国(10)、新加坡(7)、亚美尼亚(5)、瑞士(4)
中低收入国家	乌克兰	24(53.3%)	欧盟27国(11)、美国(5)、俄罗斯(4)、波兰(2)、拉脱维亚(2)、捷克(2)
	埃及	17(57.9%)	美国(5)、德国(5)、欧盟27国(5)、法国(1)、比利时(1)
	印度尼西亚	13(80.0%)	欧盟27国(6)、德国(4)、美国(1)、瑞士(1)、荷兰(1)
	斯里兰卡	12(75.0%)	中国(4)、欧盟27国(4)、美国(3)、芬兰(1)、新加坡(1)、印度(1)
	菲律宾	6(75.0%)	美国(3)、欧盟27国(1)、德国(1)、瑞士(1)

资料来源：OECD Statistics。

PCT专利不仅技术含量高，整体质量也相当出色，能够准确地反映一个国家在技术创新方面的能力。对比在美国专利商标局和欧洲专利局的申请情况来看，共建国家在PCT合作专利申请方面的自主性明显较高，也就是说，整体上，PCT合作专利的申请所占的比例偏低。在PCT合作专利申请方面，美国是主要的合作国家。与此同时，共建国家提交的

PCT 合作专利申请中，与发达国家的合作数量明显超过了发展中国家
（见表3）。

表3　共建国家申请 PCT 合作专利的情况（2020 年）

收入类型	国际合作专利排前五的共建国家	国际合作专利数量及其占该国总专利数的比例	主要合作国家（地区）
高收入国家	意大利	618(15.1%)	美国(145)、德国(133)、瑞士(92)、法国(65)、英国(33)、西班牙(32)
	奥地利	569(29.7%)	德国(282)、美国(80)、瑞士(79)、芬兰(44)、瑞典(30)、法国(24)
	新加坡	469(36.4%)	美国(149)、中国(118)、日本(80)、英国(29)、德国(22)、印度(21)
	韩国	386(2.0%)	美国(156)、日本(53)、中国(36)、印度(35)、英国(27)、德国(22)
	以色列	356(15.4%)	美国(245)、德国(31)、加拿大(17)、法国(17)、英国(15)、意大利(15)
中高收入国家	中国	3451(5.1%)	美国(1794)、日本(402)、德国(388)、瑞典(135)、新加坡(118)、
	巴西	202(22.9%)	美国(100)、德国(29)、法国(20)、瑞典(14)、墨西哥(10)、奥地利(8)
	俄罗斯	200(16.5%)	美国(84)、德国(22)、中国(18)、乌克兰(13)、英国(8)、瑞士(7)
	马来西亚	84(25.8%)	美国(23)、中国(13)、印度(12)、新加坡(8)、日本(7)、德国(7)
	南非	32(12.0%)	德国(8)、英国(6)、瑞士(4)、美国(4)、瑞典(4)、希腊(3)
中低收入国家	乌克兰	47(25.8%)	俄罗斯(13)、德国(6)、美国(6)、韩国(3)、法国(3)、瑞典(2)
	埃及	17(57.9%)	美国(5)、德国(5)、欧盟27国(5)、法国(1)、比利时(1)
	印度尼西亚	15(48.4%)	新加坡(5)、荷兰(1)、英国(1)、日本(1)、瑞典(1)、泰国(1)
	菲律宾	14(32.6%)	美国(8)、新加坡(3)、韩国(2)、英国(2)、埃及(1)、澳大利亚(1)
	斯里兰卡	10(29.4%)	美国(5)、英国(3)、芬兰(2)、新加坡(1)、意大利(1)、印度(1)

资料来源：OECD Statistics。

三 上海在“一带一路”科技创新合作中的优势及面临的主要问题

(一)上海在“一带一路”科技创新合作中的优势

上海不仅是全球的金融中心,还是国际科技创新的中心之一。上海拥有全球范围内一流的高等教育和人才资源。上海的人才资源总量高达 675 万人,有 2 所大学排在全球前 100 名,5 所大学排在全球前 500 名,在工程学、计算机科学、材料科学、建筑、生物学、艺术等领域名列前茅。2022 年,上海共发布了 SCI/SSCI 论文 12718 篇,且高质量的论文在影响力上展现出明显的优势。根据欧洲工商管理学院发布的《2020 全球人才竞争力指数》中的全球人才城市排行榜,上海在全球排第 32 位。[①] 上海的科研成果高被引科学家数量从 2019 年的 47 人增加到 2022 年的 117 人,占全国的 8.5%。全球科技创新资源和人才为上海国际化的科研平台、融合中西文化的氛围、公正独立的科研环境、市场驱动的创新经验和完善的上下游产业链等软性环境优势所吸引。

上海汇聚了大量高等教育机构、科研单位、跨国公司总部和外资研发中心,拥有众多的国家级实验室等创新平台。在基础研究和应用研究等领域,大量的科技创新活动在上海展开,创新思维不断涌现。根据世界知识产权组织公布的《2020 全球创新指数报告》[②],上海在 2020 年全球创新城市中排在第 9 位。在 2000~2019 年中,上海荣获的国家科学技术奖占全国获奖总数的比例始终保持在 10% 以上。科学研究的质量也得到了进一步的提高。2010~2022 年,上海的科学家们在 *Nature*、*Science*、*Cell* 杂志上发表的论文

[①] "The Global Talent Competitiveness Index 2020: Global Talent in the Age of Artificial Intelligence", https://www.insead.edu/sites/default/files/assets/dept/globalindices/docs/GTCI-2020-report.pdf.

[②] "Global Innovation Index 2020: Who Will Finance Innovation?", https://tind.wipo.int/record/42316? v=pdf#files.

数量从每年的 6 篇增加到 120 篇，占全国论文的比重也从 15.8% 稳步上升到 28.8%，这使上海科学家在国际科研论文的平均被引次数上长时间保持全国领先地位。2021 年，上海在基础研究方面的投入高达 177.73 亿元，占研发投入的比重近 10%，与 5 年前相比几乎翻了一番。上海拥有 17 个国家重大科技基础设施，覆盖了光子科学、生命科学、海洋科学和能源科学等多个领域，这些设施的数量约占全国总量的 1/4；在如生命科学、数学、化学和材料科学等领域都拥有显著的优势，并且有 15 所大学的 64 个学科被纳入新一轮的"双一流"建设计划中。[①]

上海的国际竞争力显著提升。数据显示，截至 2019 年，在上海工作的外国人数量已有 21.5 万人，引进人才数量居全国首位。上海在"2019 年魅力中国——外籍人才眼中最具吸引力的中国城市"的评选活动中，已经连续 8 年荣获全国第一。[②] 上海以其包容万象、开放和包容的个性，以及中西文化的融合，在城市发展过程中逐渐形成国际化的氛围，这吸引了越来越多的全球人才将上海视为他们职业生涯的首选之地。正因为能够不断地吸引在全球范围内拥有巨大影响力的顶级科学家、企业家和艺术家，上海才有能力进一步强化其原创优势，加快城市发展动力的转变，并有效地提升城市的发展能力。

通过发挥以上优势，上海在"一带一路"科技创新合作中取得了明显进展。例如，2016 年成立的上海交通大学保加利亚中心，与保加利亚的多所大学和学术机构签署了合作协议，并在索菲亚大学成立了分中心；依托上海市"一带一路"青年学者项目，自 2016 年起，上海大学纳米科学与技术研究中心与泰国国家纳米中心开展了深度合作；2021 年上海同匈牙利共同建立了脑科学"一带一路"联合实验室，双方在神经科学领域展开了深度合作；上海大学与白俄罗斯国立技术大学紧密合作，联合打造中白高校科技

---

① 魏其濛、王一迪：《创新驱动一座城，青年勇当生力军》，https://baijiahao.baidu.com/s？id＝1766045474669407363&wfr＝spider&for＝pc，最后访问日期：2024 年 4 月 16 日。

② 《连续八年蝉联榜首　上海是在华外籍人士最爱》，http://www.mofcom.gov.cn/article/i/jyjl/j/202011/20201103014150.shtml，最后访问日期：2024 年 4 月 16 日。

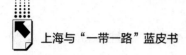

成果孵化转化平台，重点加强与科技产业园区、金融资本、行业骨干企业合作，有效推进了优秀科技成果在对方国家的转化。

（二）上海科技创新合作面临的主要问题

1. 人才政策制约

上海近期发布了一系列关于人才引进及培养的相关政策和条例。尽管如此，上海在打造具有全球影响力的科技创新中心时，人才政策依然是一个重要的制约要素。一方面，这些政策在实施过程中还面临许多困难；另一方面，一些人才政策需要进行更深入的研究，以便更好地实施。例如，如何改善人才待遇是一个复杂的问题。由于多种因素的综合影响，上海一直在全球生活成本排行榜上排在前列，尤其是在住房方面。尽管上海市的整体收入很高，但收支仍然存在明显的失衡。这在相当长的一段时间里，极大地制约了上海优秀人才的引进，特别是对海外杰出科技创新人才的引进。上海要想真正转变为科技人才的汇聚之地和科技创新中心，必须致力于探索建立一套科学合理的薪资体系，并确保其收入水平具备一定的竞争力。

2. 金融支持制约

过去几年，上海在金融支持体系的构建方面付出了巨大的努力，并取得了一定的进展。在努力探索建立科技创新中心的过程中，围绕金融支持体系的建设，上海陆续推出了一系列政策和措施。然而，在上海进行科技创新合作的过程中，金融支持依然是一个主要的制约因素。这主要体现以下几个方面。首先，金融支持的覆盖范围不够广泛。在金融领域，对科技创新的支持主要集中在国有科技部门和机构，尤其是针对国有大型企业的科技创新项目以及高等教育机构和科研院所中有潜在应用价值的研发项目。相对而言，对民营企业在科技创新方面的金融支持则较少，然而民营企业和科研单位也是我国科技创新的生力军。其次，目前的金融支持体系仍不够健全。为了支持科技创新，相关的金融制度应当具有个性化、时效性特征，但目前的金融支持体系在促进科技创新方面尚未充分体现这一特征。最后，金融支持的手段相对受限。尽管传统的金融支持方式仍然是主流，但真正具有创新性的金融支持方式在实际操作中还相对较少。①

3.高效的科技协同创新机制尚未建立

多方合作是科技创新的一个关键因素。为了打造具有全球影响力的科技创新中心，上海需要深入研究，构建高效的协同创新机制。近年来，上海在科技创新合作方面取得了显著成就，逐步形成了创新驱动发展的氛围。然而，高效的科技协同创新机制尚未完全建立起来。这主要表现在以下三个方面：一是由于创新主体归属于不同部门，人力资源、资金投入等因素影响着协同创新机制的建立和运作；二是由于制度创新主体属于不同利益群体，制度差异成为科技协同创新机制建立的主要障碍；三是创新主体在科技协同创新方面面临巨大的挑战，这种情况主要是各国知识产权保护和文化差异等多种因素导致的。

四 "一带一路"科技创新合作面临的挑战及建议

（一）"一带一路"科技创新合作面临的挑战

在当前全球经济与创新格局正在经历深度调整的背景下，一些国家的保护主义倾向日益抬头，"逆全球化"风潮愈演愈烈。共建国家在科技创新合作方面也面临前所未有的挑战。

首先，代表高科技和前沿技术的人工智能、大数据、物联网和新能源汽车等领域正逐渐崭露头角。在这些领域，各发达国家和新兴工业化国家都在加大布局力度。与此同时，共建国家也在追求跨国科技合作，面临激烈的市场竞争和新型封锁的挑战。因此，对这些现象进行深入研究并提出应对措施就变得至关重要。

其次，共建国家在经济、社会、科技方面的管理体制存在巨大差异。共建国家中既有历史悠久的欧洲发达国家和新兴经济体（其法律和法规

---

① 谭影慧：《上海建设科技创新中心需要突破的瓶颈》，《学理论》2015 年第 35 期，第 45~46 页。

相对完善，经济环境也比较稳定），也包括一些发展中国家（它们的经济结构相对简单，比较依赖外部投资和援助，因此对外部冲击的抵抗力较弱）。这导致在人才国际流动、外国直接投资、国际科技合作、社会组织管理等领域存在诸多差异化制度甚至体制障碍，不利于创新要素在全球范围内的优化配置。

最后，由于共建国家在国情、体制和文化等方面存在巨大差异，科技创新合作也面临来自共建国家政治、经济和法律制度等多个方面的风险。部分共建国家对于参与全球科技创新合作的具体规则还不够熟悉，科技创新合作利益协调机制和争端解决机制的供给能力不足，在制度保障方面存在人才和机构数量不足的问题，同时对国际组织和渠道的利用也不够充分。在国家层面，缺乏战略指导、资源投入和政策保障。

科学技术在提升生产力方面扮演着至关重要的角色。然而，尽管科技进步和技术革新给人类带来了利益，但同时也带来了一些潜在的风险和问题。没有哪个国家能够独立应对这些问题。从这一视角出发，我们必须从全球化和人类命运共同体的视角来审视科技创新活动。对于共建国家而言，在外部环境错综复杂的背景下，应该识别这些问题并做出相应的变革。

（二）促进"一带一路"科技创新合作的建议

一是要加强核心技术研发工作。共建国家需要构建并优化技术创新框架，加强核心关键技术的研发，加强基础共性技术的研究，聚焦科技攻关重大项目，提高集成创新的能力。发挥企业在技术创新领域的核心作用，并构建以企业为中心、结合产学研应用的协同创新体系。鼓励上下游的企业进行合作创新，最大化地利用全球的创新资源，并支持条件成熟的企业在海外设立研发中心，以最大限度地突破技术壁垒。加强专业技术人才的培养，培养国际化人才并建立外派海外人才和聘用海外当地人才的管理制度，加快培养高端科技人才。

二是加大培养科技型企业的力度。共建国家应当培育一批在国际产业分工中占据核心位置，具备产品、资本和技术输出能力的大型企业，同时也要培育一批具有"专精特"特质和高成长性中小企业群体。鼓励资本雄厚的大型企业去收购那些拥有品牌、技术、资源和市场的海外企业，以更好地整合全球的资源和价值链。鼓励大型装备制造公司和集成商采用工程总承包等方式，推动上下游配套企业"走出去"，并引导其与国际市场接轨，从而不断提高在海外投资竞标的能力和成功率。

三是不断优化促进科技创新的机制与政策。共建国家要加快相关法律法规的制定，加强创新体制和机制建设，鼓励创新资源的自由、合法、高效分配。通过一系列优惠政策来激励企业的研发和创新设计，并鼓励其通过海外并购来获取核心技术。通过建立高级别创新对话机制，协商制定包括体制机制、商业模式、实施举措等在内的完整战略规划和方案，支持技术转移和扩散，并努力消除在技术转移、技术交易等方面存在的贸易壁垒，以共同应对人类社会所面临的各种挑战。

四是加强科技创新方面的交流合作以及沟通协调工作。共建国家应当促进创新要素的自由流动与共享，培育创新人才并提高人才流动性，共建共享创新研发平台。为了推动跨学科的融合创新，须研究并掌握促进创新发展的核心技术和前沿技术，以增强跨领域创新能力，促进形成新产业、新业态和新模式。同时，需要加大对创新成果商业化、产业化的投入力度，以促进创新成果的扩散。推动协同创新的目的是构建一个以创新为驱动的命运共同体，确保"一带一路"建设的所有参与者都能公平地享受创新成果。

B.6
上海数字经济推动
共建"一带一路"高质量发展

惠 炜*

摘 要: 作为继农业经济与工业经济之后的主要经济形态,数字经济日渐成为重组全球要素资源、重塑全球经济结构、改变全球竞争格局的关键力量。本文通过构建"一带一路"高质量发展指数指标体系发现,共建国家的高质量发展指数都在逐步增长,但差距也在逐渐扩大,存在经济发展不平衡、环境保护面临挑战、创新能力亟待提高等问题。目前,上海在信息技术基础设施、地理位置与交通网络、市场环境与政策支持、人才资源等方面有明显的优势。为了推动共建"一带一路"高质量发展,应大力推动共建国家数字经济发展,推动共建国家数字经济与绿色经济融合发展,构建共建国家科技创新合作机制。

关键词: "一带一路"倡议 数字经济 高质量发展

2013 年,中国提出"一带一路"倡议,旨在促进"一带一路"共建国家(以下简称"共建国家")合作共赢。截至 2023 年 6 月,我国已与 152 个国家、32 个国际组织签署了 200 多份共建"一带一路"合作文件,取得了显著成效。预计到 2030 年,"一带一路"倡议每年将为全球产生 1.6 万

---

* 惠炜,经济学博士,中国社会科学院工业经济研究所助理研究员;主要研究方向为产业经济。

亿美元的收益，帮助近 4000 万人摆脱贫困。[①] 计算机、互联网技术的不断发展将世界带入一个新时代，全球经济发展越来越依赖数字技术发展带来的产业转型升级。2019 年，习近平主席在第二届"一带一路"国际合作高峰论坛开幕式上发表的主旨演讲中指出，"要顺应第四次工业革命发展趋势，探寻新的增长动能和发展路径，建设数字丝绸之路、创新丝绸之路"[②]。2022 年，国务院印发《"十四五"数字经济发展规划》，提出要推动"数字丝绸之路"深入发展，"统筹开展境外数字基础设施合作，结合当地需求和条件，与共建'一带一路'国家开展跨境光缆建设合作，保障网络基础设施互联互通"。

随着我国对外服务贸易持续开展，合作逐步加深，上海与共建国家持续推进更深层次、更高水平的经济合作。然而，一些共建国家的数字经济发展相对滞后，且发展水平参差不齐，制约了共建"一带一路"高质量发展。因此，上海在推动国内产业升级的同时，更要发展数字经济，助力共建国家经济发展，这是推进共建"一带一路"高质量发展的重要手段。

一 "一带一路"高质量发展分析

2018 年，习近平主席在"一带一路"建设工作 5 周年会议上提出，要推动共建"一带一路"向高质量发展转变；党的二十大报告明确指出我国要持续推进高水平对外开放，推动共建"一带一路"高质量发展。推动共建"一带一路"高质量发展是实现高水平对外开放的重要举措，而坚持高水平对外开放对构建新发展格局具有重大意义。2023 年 10 月，国务院新闻办公室发布的《〈共建"一带一路"：构建人类命运共同体的重大实践〉白皮书》指出，推动共建"一带一路"，要以"共商、共建、共享"为原则，

---

① 王新萍、颜欢、王远、马菲：《一项造福共建国家人民的大事业——共建"一带一路"结出累累硕果》，《人民日报》2023 年 10 月 13 日，第 3 版。

② 《习近平出席第二届"一带一路"国际合作高峰论坛开幕式并发表主旨演讲》，http：//jhsjk.people.cn/article/31053281，最后访问日期：2023 年 11 月 17 日。

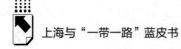

积极倡导合作共赢理念与正确义利观，推动实现经济大融合、发展联动、成果大共享；以"高标准、可持续、惠民生"为目标，努力实现更高合作水平、更高投入效益、更高供给质量、更高发展韧性，推动高质量共建"一带一路"不断走深走实。①

（一）"一带一路"高质量发展指数指标体系

2023年10月，习近平主席在第三届"一带一路"国际合作高峰论坛开幕式的主旨演讲中宣布中国支持高质量共建"一带一路"的八项行动，提出要构建"一带一路"立体互联互通网络，支持建设开放型世界经济，开展务实合作，促进绿色发展，推动科技创新，支持民间交往，建设廉洁之路，完善"一带一路"国际合作机制。② 基于此，结合高质量发展内涵与共建国家实际情况，本报告构建包括经济发展、互联互通、国际合作、绿色发展、科技创新与人文交流在内的6个维度的"一带一路"高质量发展指数指标体系（见表1），利用熵权法对2014~2021年共建国家高质量发展情况进行测算，所使用数据均来自世界银行数据库。考虑到数据的完整性，选择24个共建国家作为样本，涵盖东北亚、东南亚、南亚、中亚、西亚与欧洲等地，主要包括中国、俄罗斯、新加坡、泰国、菲律宾、印度尼西亚、斯里兰卡、哈萨克斯坦、阿塞拜疆、土耳其、伊朗、匈牙利、白俄罗斯、捷克、斯洛伐克、波兰、拉脱维亚、爱沙尼亚、立陶宛、罗马尼亚、斯洛文尼亚、克罗地亚、保加利亚、希腊。

（二）"一带一路"高质量发展国际比较

根据"一带一路"高质量发展指数指标体系，本报告利用熵权法对中

---

① 《〈共建"一带一路"：构建人类命运共同体的重大实践〉白皮书》，http://www.cidca.gov.cn/2023-10/19/c_ 1212291018.htm，最后访问日期：2024年2月20日。
② 《建设开放包容、互联互通、共同发展的世界——在第三届"一带一路"国际合作高峰论坛开幕式上的主旨演讲》，http://jhsjk.people.cn/article/40098617，最后访问日期：2023年11月17日。

国以及共建国家的"一带一路"高质量发展指数进行测算,结果如表2所示。

表1 "一带一路"高质量发展指数指标体系

一级指标	二级指标	三级指标	指标类型
经济发展	经济增长	人均 GDP	正向(+)
		GDP 增长率	正向(+)
	就业情况	15 岁及以上总就业人口比重	正向(+)
	教育情况	教育公共开支总额占 GDP 比重	正向(+)
	投资结构	固定资本形成总额占 GDP 比重	正向(+)
	产业结构	服务业增加值占 GDP 比重	正向(+)
	贫困	基尼系数	负向(−)
互联互通	数字经济基础设施	每百万人固定宽带用户和每百万固定电话用户总量	正向(+)
	数字技术基础设施	每百万人中安全网络服务器数量	正向(+)
	运输基础设施	铁路百万吨公里货运量和航空百万吨公里货运量	正向(+)
国际合作	对外依存度	进出口总额占 GDP 比重	正向(+)
	外商直接投资	外商直接投资占 GDP 比重	正向(+)
	技术溢出	高科技出口占制成品出口比重	正向(+)
绿色发展	能源结构	化石燃料能耗占比	负向(−)
	新能源结构	可再生能源发电量占比	正向(+)
	碳排放	二氧化碳排放量	负向(−)
	绿化环保	陆地及海洋保护区面积占总领土面积比例	正向(+)
科技创新	创新投入	每百万人中研发人员数	正向(+)
		研发支出占 GDP 比重	正向(+)
	创新产出	论文数量	正向(+)
		专利居民申请数量与非居民申请数量之和	正向(+)
人文交流	旅游收入	国际旅游收入占总出口比重	正向(+)
		国际旅游入境人数	正向(+)
	旅游支出	国际旅游支出占总进口比重	正向(+)
		国际旅游出境人数	正向(+)

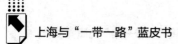

表 2　"一带一路"高质量发展指数（2014～2021 年）

国家	2014 年	2015 年	2016 年	2017 年	2018 年	2019 年	2020 年	2021 年
中国	0.0912	0.0931	0.0715	0.1086	0.1323	0.1683	0.1430	0.1832
俄罗斯	0.0972	0.0888	0.1015	0.1187	0.1190	0.1246	0.0959	0.1601
新加坡	0.1187	0.1146	0.1178	0.1123	0.0897	0.1124	0.0839	0.1666
泰国	0.0841	0.0944	0.0895	0.1164	0.1217	0.1271	0.1314	0.1466
菲律宾	0.0716	0.0767	0.0817	0.1205	0.1479	0.1976	0.1351	0.1541
印度尼西亚	0.0909	0.0749	0.0750	0.1109	0.1340	0.1681	0.1286	0.1427
斯里兰卡	0.0800	0.0901	0.1295	0.1205	0.1208	0.1237	0.1018	0.1312
哈萨克斯坦	0.0862	0.1043	0.0954	0.0844	0.0740	0.0920	0.1799	0.1459
阿塞拜疆	0.0723	0.0945	0.0890	0.0834	0.1140	0.1411	0.1399	0.1314
土耳其	0.0819	0.0991	0.0883	0.1152	0.1278	0.1328	0.1325	0.1475
伊朗	0.0748	0.0879	0.1214	0.1152	0.1174	0.1082	0.1396	0.1424
匈牙利	0.0899	0.0762	0.1018	0.1055	0.1103	0.1400	0.1347	0.1871
白俄罗斯	0.0786	0.0595	0.0741	0.1093	0.1486	0.1364	0.1087	0.1362
捷克	0.0883	0.0867	0.0783	0.0963	0.1311	0.1650	0.1615	0.1784
斯洛伐克	0.0768	0.1197	0.0825	0.1109	0.1191	0.1337	0.1440	0.1518
波兰	0.1024	0.0884	0.0772	0.1034	0.1466	0.1383	0.1272	0.1659
拉脱维亚	0.1009	0.1257	0.0651	0.0816	0.1015	0.0966	0.0790	0.1361
爱沙尼亚	0.0877	0.0827	0.0790	0.0982	0.1147	0.1205	0.1297	0.1487
立陶宛	0.0818	0.0858	0.0787	0.1028	0.1197	0.1437	0.1584	0.1592
罗马尼亚	0.0753	0.0876	0.0805	0.1301	0.1377	0.1535	0.1184	0.1598
斯洛文尼亚	0.0878	0.0857	0.0734	0.0965	0.1189	0.1385	0.1366	0.1503
克罗地亚	0.0814	0.0678	0.0862	0.1046	0.1150	0.1424	0.1439	0.1751
保加利亚	0.0833	0.0844	0.0842	0.0831	0.1146	0.1270	0.1350	0.1544
希腊	0.0909	0.0572	0.0736	0.0994	0.1147	0.1255	0.1647	0.1639

　　总体来看，2014～2021 年，样本国家的高质量发展指数都在逐步增长，但差距也在逐渐扩大。2014 年，"一带一路"高质量发展指数最高的新加坡与最低的菲律宾之间仅相差 0.0471；至 2021 年，最高的匈牙利与最低的斯里兰卡之间的差距扩大到 0.0559。具体来看，2014 年，只有新加坡、波兰和拉脱维亚的"一带一路"高质量发展指数在 0.1 以上，中国、俄罗斯、印度尼西亚和希腊处于 0.09～0.1 之间，其余国家均位于 0.9 以下。至 2021

年,所有共建国家的"一带一路"高质量发展指数均增长到 0.13 以上,其中,0.17 以上的有中国、匈牙利、捷克、克罗地亚,新加坡、波兰、希腊、俄罗斯等国家,指数在 0.16~0.17 之间,位列第一梯队;泰国、菲律宾、印度尼西亚、哈萨克斯坦、土耳其、伊朗、斯洛伐克、爱沙尼亚、立陶宛、罗马尼亚、斯洛文尼亚与保加利亚等国家的指数都在 0.14~0.16 之间,位列第二梯队;得分低于 0.14 的国家只有白俄罗斯、拉脱维亚、阿塞拜疆与斯里兰卡。

2021 年"一带一路"高质量发展各维度指数如表 3 所示。具体来看,2021 年,中国在经济发展、互联互通与科技创新维度都位列第一。在经济发展方面,中国与匈牙利、捷克、克罗地亚的指数均在 0.05 以上,具有明显的发展优势。在互联互通方面,只有中国的指数在 0.04 以上,多数国家处于 0.03~0.04 之间,即各国在基础设施建设方面尽管存在差异,但差异并不是影响"一带一路"高质量发展的关键因素。在国际合作方面,各国情况存在显著差异,表明在复杂的国际环境下,扩大共建国家的经济合作范围,对推动"一带一路"高质量发展至关重要。与国际合作类似,样本国家的绿色发展与人文交流指数对"一带一路"高质量发展的贡献程度都较低。在科技创新方面,中国加快推进科技自立自强,使我国的科技创新指数位列样本国家第一。可见,以技术驱动"一带一路"高质量发展任重道远。

表 3　"一带一路"高质量发展各维度指数（2021 年）

国家	总指数	经济发展	互联互通	国际合作	绿色发展	科技创新	人文交流
中国	0.1832	0.0593	0.0405	0.0126	0.0200	0.0405	0.0103
俄罗斯	0.1601	0.0374	0.0387	0.0206	0.0258	0.0245	0.0131
新加坡	0.1666	0.0434	0.0314	0.0266	0.0152	0.0358	0.0142
泰国	0.1466	0.0206	0.0322	0.0137	0.0241	0.0367	0.0193
菲律宾	0.1541	0.0327	0.0325	0.0269	0.0281	0.0236	0.0103
印度尼西亚	0.1427	0.0303	0.0266	0.0107	0.0374	0.0207	0.0170

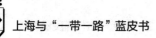
续表

国家	总指数	经济发展	互联互通	国际合作	绿色发展	科技创新	人文交流
斯里兰卡	0.1312	0.0257	0.0389	0.0131	0.0260	0.0122	0.0153
哈萨克斯坦	0.1459	0.0202	0.0340	0.0153	0.0560	0.0081	0.0123
阿塞拜疆	0.1314	0.0204	0.0257	0.0070	0.0306	0.0355	0.0122
土耳其	0.1475	0.0271	0.0266	0.0140	0.0390	0.0385	0.0023
伊朗	0.1424	0.0407	0.0398	0.0093	0.0151	0.0321	0.0054
匈牙利	0.1871	0.0548	0.0386	0.0121	0.0341	0.0387	0.0088
白俄罗斯	0.1362	0.0247	0.0312	0.0243	0.0355	0.0118	0.0087
捷克	0.1784	0.0546	0.0318	0.0217	0.0267	0.0294	0.0142
斯洛伐克	0.1518	0.0388	0.0389	0.0098	0.0190	0.0255	0.0198
波兰	0.1659	0.0444	0.0393	0.0219	0.0137	0.0319	0.0147
拉脱维亚	0.1361	0.0383	0.0191	0.0264	0.0119	0.0251	0.0153
爱沙尼亚	0.1487	0.0499	0.0346	0.0141	0.0197	0.0252	0.0052
立陶宛	0.1592	0.0447	0.0290	0.0143	0.0275	0.0289	0.0148
罗马尼亚	0.1598	0.0438	0.0310	0.0199	0.0288	0.0242	0.0121
斯洛文尼亚	0.1503	0.0411	0.0258	0.0185	0.0234	0.0302	0.0113
克罗地亚	0.1751	0.0588	0.0329	0.0241	0.0171	0.0395	0.0027
保加利亚	0.1544	0.0262	0.0347	0.0124	0.0303	0.0361	0.0147
希腊	0.1639	0.0402	0.0379	0.0191	0.0217	0.0308	0.0142

二 共建"一带一路"高质量发展的短板

通过对比中国与共建国家的"一带一路"高质量发展指数可发现,我国整体呈现增长趋势,在共建国家中处于较为领先的位置。总体来看,共建"一带一路"在过去10年取得了较为显著的成效,但是仍旧面临经济发展不平衡、环境保护面临挑战、创新能力亟待提高等问题。

（一）经济发展不平衡

近年来，贸易保护主义、单边主义抬头，经济全球化、逆全球化并存，导致全球经济增速放缓，国际贸易发展严重受阻。中国提出的"一带一路"倡议为双边、多边合作提供了更大的平台。根据商务部统计数据，2023年1~9月，中国对共建国家非金融类直接投资达到1647.1亿元人民币，同比增长27.7%。[①] 2023年1~6月，中国企业在共建国家的非金融类直接投资主要投向新加坡、印度尼西亚、马来西亚、阿拉伯联合酋长国、越南、泰国、老挝、哈萨克斯坦、柬埔寨和俄罗斯等国。[②] 由于共建国家所处地理自然环境各异，社会发展水平与经济结构存在显著差异，一些国家的基础设施和产业发展相对滞后，导致整体发展不平衡。

根据世界银行数据，共建国家发展不平衡主要体现在以下几个方面。第一，经济发展不平衡。共建国家中既有发达国家，也有发展中国家，整体发展差异较大。从总体发展水平来看，中东欧地区的经济发展水平较高，中亚南部、除新加坡外的东南亚地区经济发展水平较低。除中国外，俄罗斯与印度尼西亚的 GDP 位于共建国家前列。第二，贸易发展不平衡。如俄罗斯、新加坡等国在服务出口方面位列共建国家前列，拥有丰富自然资源的西亚部分国家与俄罗斯等国依靠石油出口支持经济快速发展，塔吉克斯坦与阿富汗等国在贸易出口方面排名较为靠后，这就导致部分共建国家贸易依赖程度较高，贸易发展不平衡局面凸显。第三，投资不平衡。经济发展速度相对较快的国家，如越南、泰国、阿联酋、土耳其等国，市场潜力大，吸引较多外商直接投资；经济发展速度相对较缓的国家，市场活力弱、市场潜力小、吸引力较小，所能获取的外商直接投资也相对较少，如蒙古国、柬埔寨、老挝、缅甸、尼泊尔、吉尔吉斯斯坦等国。第四，收入差距扩大。部分共建国家在

①《2023年1~9月我对"一带一路"共建国家投资合作情况》，http://www.mofcom.gov.cn/article/tongjiziliao/dgzz/202310/20231003449862.shtml，最后访问日期：2023年11月17日。

②《2023年1~6月我对"一带一路"沿线国家投资合作情况》，http://www.mofcom.gov.cn/article/tongjiziliao/dgzz/202307/20230703424113.shtml，最后访问日期：2023年11月17日。

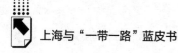

经济发展过程中，收入差距不断扩大，如巴基斯坦、孟加拉国、老挝、缅甸、柬埔寨、越南等国。

（二）环境保护面临挑战

一些共建国家的能源消耗量大、资源利用率低，单位能效低，整体处于以能源、资源消耗驱动经济增长的阶段，环境压力较大，环境保护面临挑战。从20世纪七八十年代开始，部分共建"一带一路"发展中国家承接发达国家产业转移，不仅实现了经济全球化，还促进了承接国家或地区的经济崛起。随着全球产业转移的持续推进、劳动力用工成本上升，大量劳动密集型产业逐渐转移到东南亚、南亚等地。尽管产业转移会使发展中国家的经济发展速度显著加快，但也对这些国家的可持续发展提出了挑战。

（三）创新能力亟待提高

共建国家中发展中国家居多，整体创新水平较为一般。从产业转移视角来看，除新加坡外的东南亚与南亚国家承接转移的产业以资源密集型产业与劳动密集型产业为主，技术密集型产业相对较少。

一些共建国家创新能力弱主要体现在以下几个方面：第一，研发投入不足。根据世界银行公开数据，共建国家中，研发投入占GDP比重超过2%的国家主要有以色列、捷克、新加坡、斯洛文尼亚等国，研发投入占比超过1%的国家有俄罗斯、捷克、爱沙尼亚、匈牙利、斯洛伐克、波兰、立陶宛、土耳其等国，其余均不足1%。第二，教育体系不完善。共建国家中，非洲国家的师资力量相对不足，教师数量不足以满足教育需求，教育设施也相对较为落后；中亚国家，如哈萨克斯坦、吉尔吉斯斯坦、塔吉克斯坦等国面临师资力量不足的挑战；东南亚国家，如老挝、缅甸和柬埔寨等，存在学校缺乏基本的教学设备、教育设施落后等问题。第三，科技设备缺乏。如大部分东南亚国家，科研力量相对较弱，实验室相对较差，缺乏先进的实验设备与仪器，限制了科研人员进行高水平的科学研究。同时，由于数字经济发展起步较晚，新型基础设施建设较为滞后，也制约了创新能力的提升。

三 上海数字经济发展推动共建"一带一路"高质量发展的优势与举措

上海立足区位优势、城市功能优势，积极鼓励数字经济发展，推动共建"一带一路"高质量发展。据上海海关统计，2023 年 1~8 月，上海口岸对共建国家进出口值超过 2.5 万亿元，同比增长 6%；"一带一路"倡议提出 10 年来，上海口岸对共建国家进出口总额累计达到 27.92 万亿元，占上海口岸外贸比重超过 1/3。[①] 上海市委、市政府于 2020 年底公布的《关于全面推进上海城市数字化转型的意见》中，要求推动"经济、生活、治理"全面数字化转型；同时，创新工作推进机制，科学有序全面推进城市数字化转型；要求 2025 年国际数字之都建设形成基本框架，数字贸易国际枢纽港功能完善，建成世界级数字产业集群，成为具有全球竞争力的金融科技中心和数字经济创新高地；在 2035 年成为具有世界影响力的国际数字之都。

（一）上海数字经济发展推动共建"一带一路"高质量发展的优势

上海作为中国经济的重要引擎和全球金融中心，在推动共建"一带一路"高质量发展方面具有明显的优势。

第一，拥有发达的信息技术基础设施。上海是中国数字经济的重要枢纽，拥有众多的互联网、电子商务、人工智能等领域的知名企业和创新型企业；拥有较为完整的数字经济产业链和发达的信息技术基础设施，包括高速宽带网络、云计算中心、数据中心等，为数字经济的发展提供了强大的支撑；拥有较为完整的数字经济产业集群，包括大数据、云计算、人工智能、金融科技等产业集群，其中，上海大数据产业规模持续扩大，云计算产业发展迅速，金融科技产业规模居全国前列。

第二，拥有优越的地理位置和便利的交通网络。上海位于中国东部沿海

---

① 李晔：《推动与共建"一带一路"国家经贸合作》，《解放日报》2023 年 10 月 18 日，第 5 版。

地区、长三角地区的中心，是长三角地区的经济、金融、科技、文化中心，也是中国重要的贸易枢纽、交通枢纽与国际航运中心，拥有发达的海陆空交通网络，能够快速连接国内各大城市与世界各地；较低的交通网络成本能够降低数字经济产业的运营成本，为发展数字经济、共建"一带一路"提供较好的区位优势。

第三，拥有开放的市场环境并提供政策支持。上海是中国改革开放的前沿城市，上海自贸区是中国设立的首个自由贸易试验区，为企业提供开放、便利的贸易与投资环境。为鼓励和支持外商投资，上海为外企提供了一系列优惠政策和便利措施，如简化外资企业设立手续、扩大市场准入等。此外，上海市政府致力于提供高效、便捷的政务服务，推动"放管服"改革。随着上海数字治理的推进，上海市政府将为支持企业发展、推动共建"一带一路"高质量发展提供良好的营商环境。

第四，拥有丰富的人才资源。一方面，上海高校开设数字经济相关专业，培育专业人才。上海交通大学、复旦大学、同济大学等高校均设立了数字经济相关专业，如数字经济与金融、电子商务等专业，所培养的数字经济专业人才，了解数字经济发展趋势、市场环境、法律法规，具备数据处理及分析能力，能够运用计算机软件等进行数据挖掘、数据分析。另一方面，依托高新技术园区，吸引国内外专业技术人才。通过上海浦东软件园等园区，引进了大量软件开发、网络安全等方面的互联网专业技术人才，具备数据挖掘、数据分析与机器学习技能的数据科学家与分析师，具有金融科技创新、区块链等方面从业经验的金融科技专业人才。上海的人才资源将不断提高上海数字经济的发展水平与创新能力，为促进共建"一带一路"高质量发展奠定良好的人才基础。

（二）上海数字经济发展推动共建"一带一路"高质量发展的举措

为推动共建"一带一路"高质量发展，打造具有国际影响力的万亿级数字经济服务业创新带，拓展数字经济发展格局，上海推出了如下举措。

第一，搭建数字经济合作平台。上海推动共建国家参与构建全球价值链,为数字经济领域的国际合作交流及创新发展提供了重要的数字贸易合作机会与电子商务合作平台。一方面,上海市商务委等 9 部门联合发布的《上海市数字贸易发展行动方案(2019~2021 年)》为上海与共建国家的数字贸易与电商平台提供政策保障;另一方面,上海通过举办中国国际进口博览会、建设上海自贸区、搭建上海数字经济创新中心,吸引世界各地数字经济企业、创新团队参与共建国家的数字平台建设。2022 年,虹桥品汇建成上海国际友港城和直播电商基地两个重要子平台,吸引 36 个"一带一路"国家和"丝路电商"伙伴国近 5000 种产品入驻。虹桥品汇直播基地充分发挥载体和运营优势,扩大"丝路电商"覆盖范围,定期服务"一带一路"展商,助力海外企业走"数字丝绸之路"。此外,虹桥品汇还拓展跨境电商模式,为"丝路电商"伙伴国优质企业与产品进入中国市场提供平台。

第二,推动新型基础设施建设。上海参与共建国家数字化基础设施建设,共同推动互联网、通信基础设施等的建设与升级。一是上海为共建国家数字化基础设施建设提供技术支持,帮助共建国家提升数字化基础设施建设能力;二是上海鼓励本地企业和金融机构为共建国家的新型基础设施建设项目提供投资和融资支持;三是上海通过建设高水平的数字化基础设施,促进共建国家的人才互通和合作;四是上海通过建设信息共享平台,为共建国家提供新型基础设施建设所需的信息和资源。

第三,加强数字化人才培养。上海通过开展人才培养项目、举办数字经济人才交流活动,推动共建国家数字化人才培养与交流。一是上海积极建设高水平的数字化人才培养机构,包括大学、研究机构和培训机构等,旨在培养与数字化相关的专业人才,包括信息技术、数据分析、人工智能等领域的人才;二是上海积极提供数字化人才培训,包括大数据、云计算、人工智能等领域的培训,旨在为共建国家培训相关人才,使其能为本国的数字经济发展做贡献;三是开展数字化人才交流活动,包括举办国际学术会议、专题讲座,进行学术交流、合作研究,等等,旨在为共建国家的人才提供交流学习平台,推动各国之间的交流合作;四是建立合作交流平台,如数字经济合作交流平台、人才合作交流平台等,为共建国家的企业、高校与科研机构提供合作交流平台，促进科技创新资源共享，推动各方开展项目合作、人才交流、科研合作等。

四 上海数字经济推动共建"一带一路"高质量发展的对策建议

为了解决共建"一带一路"所面临的经济发展不平衡、环境保护面临挑战、创新能力亟待提高等问题，上海数字经济应从以下几个方面推动共建"一带一路"高质量发展。

（一）大力推动共建国家数字经济发展

目前，国际经济形势复杂多变，经济下行压力持续加大。随着互联网、云计算与人工智能等技术的发展，数字技术逐渐成为强大的赋能技术。[1] 数字经济作为继农业经济、工业经济之后的主要经济形态，日渐成为世界经济复苏的重要驱动力。《二十国集团数字经济发展与合作倡议》在推动信息基础设施互联互通方面取得了明显成效，"丝路电商"合作成果丰硕，然而共建国家数字经济发展不均衡，在新型基础设施建设、创新能力与发展潜力等方面都存在明显差距，这直接影响到共建"一带一路"高质量发展。

为了解决数字茧房、数字鸿沟、数据孤岛等问题，缩小共建国家数字经济发展差距，上海可实施如下举措。

第一，完善与共建国家数字经济合作机制，包括技术交流、产业合作、金融合作等方面的数字经济合作机制。首先，建立数字经济政策协调机制，以促进共建国家之间的政策协调和信息共享，推动数字经济合作和发展。其次，建立数字经济技术标准协调机制，以促进共建国家之间的技术标准协调和信息共享，提高数字经济的互操作性和竞争力。再次，建立数字经济人才培训机制，以提高数字经济人才的素质。最后，建立数字经济投资合作机

---

[1] 李晓华：《数字化是新型工业化的时代特征》，《新型工业化》2023 年第 5 期。

制，以促进共建国家之间的投资合作和信息共享，推动数字经济发展和合作。

第二，建立共建国家数字平台。推动跨境电商、数字支付等数字贸易的发展，提供更加便利和安全的数字贸易环境。首先，建立数字化合作平台，为共建国家提供信息开放和资源共享的机会，促进共建国家在数字化合作平台上交流与数字经济相关的政策、技术和市场信息等，促进共建国家之间的合作交流。其次，建立数据共享平台。通过签署数据共享协议、制定数据安全与隐私保护等方面的规划，促进共建国家之间的数据交流与合作，同时，上海可以提供数据存储和处理方面的技术支持，提高共建国家的数据服务和分析能力。再次，推动跨境数字贸易平台建设，提供电子商务、支付结算、物流配送等一体化服务，为共建国家的数字贸易提供便利和高效的服务，促进数字贸易发展。最后，提供数字化服务和解决方案。上海能够为共建国家提供包括数字化技术咨询、培训等方面的服务，以帮助共建国家提高数字化能力与效率。

第三，助力共建国家新型基础设施建设。为提高共建国家数字互联互通能力，一方面，加强数字基础设施建设，上海可以加大对共建国家数字基础设施的投资和建设力度，包括高速宽带网络、云计算中心、数据中心等的建设；另一方面，加强数字化物流和供应链建设，通过物联网、人工智能等技术，提升共建国家的物流效率和供应链的可视化管理能力，降低交易成本，提高物流效率，促进跨境贸易发展。最后，推动智慧城市建设，提升城市的智能化水平。智慧城市建设将改善城市的生活质量和运行效率，为数字经济的发展提供良好的环境。

（二）推动共建国家数字经济与绿色经济融合发展

随着全球工业化进程加快，全球极端天气频发，对人类生存环境造成了严重的影响与危害。为了应对日趋严重的环境问题，推动数字经济与绿色经济融合发展，实现经济可持续发展，上海可实施如下举措。

第一，推动数字技术在环保领域的应用。一方面，建设环境监测网络，提供环境污染治理方面的技术支持,建立在线监测系统,实时监测空气、水质与土壤等环境指标,利用大数据技术对数据进行系统分析,实时为环境质量监测评估提供数据支持;另一方面,开展绿色科技合作,推动环保领域的绿色科技合作,包括环保新材料、清洁能源、节能环保技术等,促进共建国家环保产业升级,同时搭建环保信息共享平台,增强公众的环保意识。

第二,促进绿色科技创新合作。上海可与共建国家建立绿色科技创新平台,开展绿色科技联合研究,推动绿色科研成果转化;培养利用数字技术推动绿色发展的专门人才,提升绿色科研创新能力;营造推进经济高质量发展的数字化与绿色化创新环境,建立绿色科技成果交流平台,促进绿色科技创新;加强环境治理经验交流,共同分享环境治理的成功经验和技术,推动共建国家在绿色技术创新、环境保护和绿色发展方面的合作与交流。

(三)构建共建国家科技创新合作机制

未来,上海要推动共建"一带一路"高质量发展,应构建科技创新合作机制,可实施如下举措。

第一,建立科研创新政策协调机制。上海可分享数字经济发展的政策经验,与共建国家开展政策交流;建立资金支持与合作机制,共同支持科研创新项目的开展;推进上海与共建国家在政策制定、政策解读和政策落实等方面的合作,促进共建国家之间的信息共享,推动科技创新合作。

第二,建立科技创新人才培养机制。上海可以与共建国家建立科技创新人才培训机制,包括科技创新人才培训、科技创新管理培训和科技创新创业培训等方面的合作机制,提高科技创新人才的素质;建立科技创新人才培养资源共享机制,推动科技创新人才培养平台与人才培养实践基地建设,提高科技创新人才培养的质量和效率;建立科技创新人才交流机制,制订科技创新人才交流计划,设立科技创新人才交流基金,建立科技创新人才交流平台,促进共建国家之间的科技创新人才交流和信息共享,提高科技创新人才培养的水平和国际化程度。

第三,建立科技创新项目合作机制。上海可以与共建国家建立科技创新项目合作机制,加大对共建国家科研项目的资金支持力度,鼓励企业在当地设立研发中心,降低企业在共建国家的投资成本,促进科技创新合作;加强科研合作交流,邀请共建国家科研机构与高新企业的代表来上海进行合作交流。

B.7
上海服务绿色"一带一路"建设：
驱动机制与成功经验

周亚敏[*]

摘　要： 上海在服务绿色"一带一路"建设过程中，紧扣绿色"一带一路"建设的顶层设计和总体框架的要求，全方位参与绿色合作重点项目，并形成了一批具有代表性的口碑项目，不断探索将上海区位优势转化为开放优势的路径与机制。上海以共商绿色转型方案、共建绿色产业园区、共培绿色发展内生动力、共提绿色治理能力和共享绿色发展福祉为机制和路径来推动共建国家实现绿色发展。在服务绿色"一带一路"建设过程中，上海立足于自身的区位优势、发展优势和资源优势，着力将各种绿色发展优势加以集成和嵌入，为顺利推进绿色"一带一路"建设贡献地方智慧。上海在服务绿色"一带一路"建设过程中所建立的机制、所积累的经验、所探索的路径，将为沿海沿江地区进一步深度参与"绿色丝绸之路"建设提供宝贵的镜鉴。

关键词： 绿色发展　碳中和　低碳转型　绿色技术

一　绿色"一带一路"建设的顶层设计和总体框架

推进共建"一带一路"绿色发展是践行绿色发展理念、推进生态文明

---

* 周亚敏，经济学博士，中国社会科学院亚太与全球战略研究院副研究员；主要研究方向为绿色发展、"一带一路"、气候变化。

建设的内在要求，是积极应对气候变化、维护全球生态安全的重大举措，是推进共建"一带一路"高质量发展、构建人与自然生命共同体的重要载体。气候议题与环境议题贯穿于"一带一路"建设的全过程。习近平主席于2016年在乌兹别克斯坦最高会议立法院演讲时强调，要深化环保合作，践行绿色发展理念，加大生态环境保护力度，携手打造"绿色丝绸之路"。①2017年，环境保护部、外交部、国家发展改革委、商务部联合发布《关于推进绿色"一带一路"建设的指导意见》，涵盖政策对话、信息支撑、标准衔接、技术交流等绿色发展合作内容。2019年，习近平主席在第二届"一带一路"国际合作高峰论坛开幕式上明确提出，把绿色作为底色，推动绿色基础设施建设、绿色投资、绿色金融，保护好我们赖以生存的共同家园。②2022年，国家发改委等部门印发《关于推进共建"一带一路"绿色发展的意见》，提出要让绿色切实成为共建"一带一路"的底色。2023年10月，在第三届"一带一路"国际合作高峰论坛上，促进绿色发展被列为高质量共建"一带一路"的八大行动之一。③上海在服务绿色"一带一路"建设过程中，紧扣绿色"一带一路"建设的顶层设计和总体框架的要求，在绿色"一带一路"建设的指导思想、基本原则和主要目标指引下，充分释放上海作为中国对外开放前沿的区位优势和所拥有的国内最具绿色发展潜力的要素优势，为绿色"一带一路"建设做出了重要贡献。

（一）绿色"一带一路"建设的指导思想和基本原则

1.绿色"一带一路"建设的指导思想

绿色"一带一路"建设充分贯彻习近平生态文明思想。习近平总书记

---

① 杨达：《加强绿色治理区域合作 共建健康丝绸之路》，http://theory.people.com.cn/n1/2020/1019/c40531-31896420.html，最后访问日期：2024年4月7日。

② 《习近平在第二届"一带一路"国际合作高峰论坛开幕式上的主旨演讲（全文）》，https://www.spp.gov.cn/spp/tt/201904/t20190426_416368.shtml，最后访问日期：2024年4月7日。

③ 《习近平出席第三届"一带一路"国际合作高峰论坛开幕式并发表主旨演讲》，https://www.gov.cn/yaowen/liebiao/202310/content_6909921.htm，最后访问日期：2024年4月7日。

强调:"要像保护眼睛一样保护生态环境,像对待生命一样对待生态环境。"① 历史地看,生态兴则文明兴,生态衰则文明衰。中国在建设"一带一路"过程中将习近平生态文明思想贯穿其中,走出了一条致力于绿色发展的对外合作之路。

绿色"一带一路"建设奉行高标准、可持续、惠民生目标。"一带一路"高质量建设要实现更高合作水平、更高投入效益、更高供给质量和更高发展韧性。绿色"一带一路"建设在项目选择、实施方案和资金模式方面均充分考虑是否符合现行国际标准、是否有助于促进可持续发展、是否有助于提升"一带一路"共建国家(以下简称"共建国家")人民生活水平。

绿色"一带一路"建设坚持"绿水青山就是金山银山"理念,致力于推动构建人与自然生命共同体。"绿水青山就是金山银山"这一理念,充分阐明了经济发展和生态环境保护之间是协同共生进而相互促进的关系,揭示了保护生态环境就是保护生产力、改善生态环境就是发展生产力的道理。

2.绿色"一带一路"建设的基本原则

绿色引领、互利共赢;政府引导、企业主体;统筹推进、示范带动;依法依规、防范风险。

(二)绿色"一带一路"建设的主要目标

到2025年,共建"一带一路"生态环保与气候变化国际交流合作不断深化,"绿色丝绸之路"理念得到各方认可,绿色基建、绿色能源、绿色交通、绿色金融等领域务实合作扎实推进,绿色示范项目引领作用更加明显,境外项目环境风险防范能力显著提升,共建"一带一路"绿色发展取得明显成效;到2030年,共建"一带一路"绿色发展理念将更加深入人心,绿色发展伙伴关系将更加紧密,"走出去"企业绿色发展能力将显著增强,境外项目环境风险防控体系将更加完善,共建"一带一路"绿色发展格局将基本形成。

---

① 中共中央宣传部:《习近平生态文明思想学习纲要》,人民出版社,2022,第14页。

本报告根据《关于推进共建"一带一路"绿色发展的意见》提出的 8 项衡量指标（绿色能源、绿色基建、绿色交通、绿色贸易、绿色产业、绿色金融、绿色科技和绿色标准）来展示上海在服务绿色"一带一路"建设中采取的措施及取得的成就，但将其归为四个层面：绿色基础设施互联互通层面、绿色产业合作层面、绿色贸易和资金融通层面、绿色科技和标准融合层面，突出展示上海绿色发展的全球辐射效应，展现其将区位优势转化为开放优势对服务绿色"一带一路"建设的作用。

二 上海服务绿色"一带一路"建设的措施及成就

上海作为中国对外开放的前沿，在服务绿色"一带一路"建设过程中，全方位参与绿色合作重点项目并形成了一批具有代表性的口碑项目，不断探索将上海区位优势转化为开放优势的路径与机制。

（一）绿色基础设施互联互通层面

上海是丝绸之路经济带、长江经济带和 21 世纪海上丝绸之路的地理交汇点，具备战略性支点的重大意义。《推动共建丝绸之路经济带和 21 世纪海上丝绸之路的愿景与行动》明确指出，基础设施互联互通是"一带一路"的优先建设领域。绿色基础设施互联互通成为"一带一路"高质量发展的重点领域。上海独特的地理位置使其成为联结"一带"和"一路"的枢纽城市：长三角的绿色综合交通一体化能够带动沿线城市更好地融入"一带一路"建设；上海自贸区的集疏运体系和海空枢纽能够为海陆丝绸之路提供支撑。"一带一路"建设初期所覆盖的 60 多个国家和 44 亿人口，大多属于新兴经济体和发展中国家，它们面临巨大的基础设施缺口，同时又缺乏先进建设经验来补基建缺口，难以契合绿色转型发展诉求。上海作为中国改革开放的先行者，在基建交通领域具有起步早、产业链长和市场敏感度高等优势，上海利用国际、国内两个市场和两种资源的能力较强。

在绿色基础设施互联互通领域，上港集团、上海建工集团和中远海运集团等都有数十年的海外发展经验，将中国绿色发展经验不断融入"一带一路"建设中。上港集团梳理"海上丝绸之路"沿线主要港口的货物吞吐量，寻找企业蓝海，以低碳绿色管理运营理念在 2016 年获得以色列第一大港海法新港 25 年的码头经营权。① 海法新港作为以色列建国 60 年来建成的首个新码头，吸收了我国企业在建设"智慧港口"和"绿色港口"方面的先进技术和管理经验，其运营标志着进出欧洲市场的重要贸易通道的建成，这一案例也体现了我国作为发展中国家首次向发达国家输出绿色发展成果。上海建工集团则以中国速度、中国质量、中国标准架桥铺路、盖楼建港，建成柬埔寨首都金边第三环线共计 53 公里交通大动脉、肯尼亚 2030 年远景发展规划旗舰项目卡瑞曼纽大坝供水工程等一大批惠民生工程，大量采用中国在实现双碳目标和绿色转型过程中创建的中国标准。②

总部位于上海的中远海运集团于 2008 年获得希腊比雷埃夫斯港（以下简称"比港"）2 号、3 号集装箱码头 35 年的特许经营权。比港被誉为"欧洲南部门户"，是构建"巴尔干一带一路"的中欧陆海快线中转点，是中欧贸易的关键海上枢纽，也是共建"一带一路"的重要项目。2022 年，比港集装箱吞吐量保持在 500 万标准箱以上，继续保持地中海第一、欧洲前五大港地位。公司实现营业收入同比增长 26.2%，达 1.946 亿欧元，净利润同比增长 43.9%，达 5290 万欧元。中远海运比港项目作为共建"一带一路"旗舰项目，推动比港发展为地中海第一大港，累计为当地带来直接社会贡献超过 14 亿欧元，为双方创造了可观的经济效益和社会效益。③ 同时，比港连同以比港为起点的中欧陆海快线一道，构筑起中欧之间贸易往来的一条重要通道，为促进区域绿色协调发展、深化中欧经贸合作发挥了重要作

---

① 吴聪：《"一带一路"战略下上海交通领域企业"走出去"对策的探讨》，《交通与运输》2016 年第 1 期。

② 《上海建工走进"一带一路"，以中国速度中国质量中国标准架桥铺路盖楼建港》，https：//www.gzw.sh.gov.cn/shgzw_ zxzx_ gqdt/20231017/90e5e7f5ef6c409db7148e1e9961bce2.html，最后访问日期：2023 年 11 月 20 日。

③ 《我们的确是中国在欧洲的桥头堡，这是好事》，https：//www.163.com/dy/article/ID9V3H6I051481US.html，最后访问日期：2024 年 4 月 7 日。

用。在能源转型和绿色发展上，比港进行投资建设和现代化升级改造，切实推进互联互通绿色实践。比港的新生让整个欧洲内陆的连接更加高效、便捷和低碳。

（二）绿色产业合作层面

上海服务"一带一路"绿色产业合作主要涉及绿色海外生产基地和可再生能源项目的建设。2016 年 5 月 25 日，上海市人民政府办公厅印发《关于本市促进加工贸易创新发展的实施方案》，要求支持企业依托境外经贸合作区、工业园区、经济特区等合作园区，实现链条式转移和集群式发展；引导纺织服装、轻工工艺等上海优势产业且绿色低碳产业的相关企业到劳动力和能源资源丰富的"一带一路"沿线国家和地区建立海外生产基地，发展转口贸易和加工贸易。2023 年 6 月 9 日，上海市商务委员会发布《2023 年上海市商务工作要点》，鼓励引导本市企业赴"一带一路"沿线开展贸易投资，加强绿色低碳产业链合作，支持打造一批基础设施建设标志性项目和"小而美"民生工程。

在推动建设"一带一路"可再生能源项目的进程中，上海企业积极打造标杆性项目。2021 年上海电建福建公司中标孟加拉科巴 66 兆瓦风电场项目土建及设备安装工程、送出线路工程、对侧变电站扩建和集电线路工程。孟加拉科巴风电场是孟加拉国的第一个风电项目，对我国其他省份以可再生能源项目助力"一带一路"经济较为落后且电力严重不足的地区发展提供了先期经验。

上海电建 EPC 总承包的阿根廷高查瑞 3×100 兆瓦光伏电站，是能源国际合作惠民生类的最佳实践案例之一。① 阿根廷高查瑞项目位于"南美洲脊梁"安第斯山腹地，平均海拔高达 4020 米，该地区日照资源极其优越，全年平均日照时数超 2500 小时，是全球最适合发展光伏发电的地区之一。阿

---

① 《上海电建阿根廷高查瑞光伏项目获能源国际合作最佳实践案例》，http：//ar. mofcom. gov. cn/article/dt/202111/20211103215703. shtml，最后访问日期：2023 年 11 月20 日。

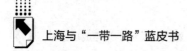
根廷高查瑞光伏电站是世界上海拔最高的大型光伏电站，为全球高海拔地区发展可再生能源、提高绿电普及率和接入率发挥了良好的示范作用。

2014 年 12 月，上海电力股份有限公司（以下简称"上海电力"）与马耳他能源有限公司签署了一揽子合作协议，开展深入合作。[1] 上海电力在马耳他的国家能源建设过程中发挥了重要作用，比如投资 1 亿欧元参股马耳他电网公司，并且投资 1.5 亿欧元控股马耳他最大电厂即 D3 发电有限公司（150MW），双方还合资成立国际可再生能源发展有限公司、国际能源服务中心，促进环地中海区域清洁能源的发展。在上海电力的有力支持下，马耳他能源领域取得了显著进展。上海电力通过改进技术、提高管理能力，助力马耳他政府兑现"降低居民和商业用户电价 25%"的承诺，电价从高居欧盟前三降至倒数之一，实质性地改善了马耳他国家营商环境，使马耳他国家主权信用评级连续上调至"A+"。上海电力主导完成了 8 台机组的油改气改造，不仅为马耳他贡献了全岛首台天然气机组，还对内燃机进行改造，对烟气系统进行升级改造，使马耳他完全告别了重油发电，全厂效率从原来的46.7% 提升至 50.0%，氮氧化物、一氧化碳等排放值远低于欧盟标准，处于世界领先水平。[2]

2018 年 4 月 13 日，上海电气集团与沙特国际电力和水务公司在上海签订了迪拜水电局光热四期 700 兆瓦电站项目总承包合同。该项目采用的是全球领先的"塔式+槽式"集中式光热发电技术，成为迄今为止全球规模最大的光热电站。[3]

上海企业在共建绿色"一带一路"过程中不断探索新的合作模式，开启"三方合作"的新篇章。中国国家电力投资集团所属上海电力股份有限公司与马耳他政府携手为黑山共和国建设了莫祖拉风电项目，该项目总装机容

① 李媛：《上海电力助力马耳他能源转型》，《中国能源报》2018 年 7 月 9 日，第 12 版。
② 《"一带一路"绿色发展案例报告（2020）》，https://sthjt.nmg.gov.cn/sthjdt/ztzl/lsydyl/202209/P020220913368097410288.pdf，最后访问日期：2024 年 4 月 7 日。
③ 《上海电气集团与西门子签订迪拜 700MW 光热发电项目主机设备合同》，https://www.nengyuanjie.net/article/20738.html，最后访问日期：2024 年 4 月 7 日。

量 46 兆瓦。该分公司作为黑山莫祖拉风电项目的风机技术提供商，采用全球应用成熟的大叶轮低风速风机和 EnOS 平台智能物联技术，助力项目成为具有"创新技术+低成本资金"特质的全球风电开发与管理最佳实践。莫祖拉风电站年发电量占黑山全国发电总量的 5%，主要满足巴尔和乌尔齐尼两座城市的用电需求，对黑山经济社会绿色发展有深远的影响，使黑山向意大利及欧洲大陆输电成为可能，有望实现黑山成为南欧电网枢纽中心的愿景。莫祖拉风电项目将有力推动黑山实现能源发展战略，加快 2030 年可持续发展目标 7（SDG7）："确保人人获得负担得起的、可靠和可持续的现代能源"，同时也对黑山政府履行加入欧盟发展绿色能源义务的承诺具有重要意义。①

上海企业推动共建的莫祖拉风电项目把中国制造、中国标准和中国投资带到了欧洲，而中国、马耳他和黑山"三国共赢"模式开创了"一带一路"绿色能源合作的新模式，共建绿色"一带一路"的多方参与、多赢模式正在从构想变为现实。黑山莫祖拉风电项目作为马耳他与中企携手在第三方市场共建的行业标杆和示范性项目②，为中企和许多国家合作共建新项目提供了实践路径，极大地拓展了绿色"一带一路"三方共建模式。

（三）绿色贸易和资金融通层面

上海的国际金融中心地位为服务绿色"一带一路"建设提供了独特的绿色金融服务，绿色资金融通带动绿色贸易蓬勃发展，使绿色低碳产业的中间品贸易快速增长。2017 年 3 月 1 日印发的《上海市工业绿色发展"十三五"规划》，提出要支持节能环保产业的区域联动和产业链延伸发展，要求充分把握"一带一路"倡议和"长江经济带"等带来的建设机遇和发展机遇，推动绿色制造、绿色科技及绿色服务"引进来"和"走出去"。2021年 10 月发布的《上海加快打造国际绿色金融枢纽服务碳达峰碳中和目标的

---

① 《"一带一路"绿色发展案例报告（2020）》，https：//sthjt. nmg. gov. cn/sthjdt/ztzl/lsydyl/202209/P020220913368097410288. pdf，最后访问日期：2024 年 4 月 7 日。

② 叶琦：《中企参与的黑山莫祖拉风电站项目投入试运营》，《人民日报》2019 年 7 月 2 日，第 3 版。

实施意见》指出，要发挥上海在新发展格局中的"中心节点"和"战略链接"作用，充分利用上海的现有优势，比如金融资源高度集聚、科技和产业融合发展的基础雄厚，以及对外开放程度高等优势，率先探索绿色金融改革创新，更好地参与到绿色金融国际合作进程中，到 2025 年形成国际一流绿色金融发展环境，在全球绿色金融合作中的角色更加重要，基本建成具有国际影响力的碳交易、定价和创新中心，基本确立国际绿色金融枢纽地位。总部位于上海的"绿色技术银行"，是我国为推动绿色技术服务于共建"一带一路"高质量发展而建立的国际性合作平台。"绿色技术银行曼谷中心"作为该平台的首个海外分支机构，以绿色技术为纽带，在东盟和南亚地区加快推广绿色解决方案。①

2022 年 7 月 8 日印发的《上海市碳达峰实施方案》指出，要服务绿色"一带一路"建设，支持共建国家开展清洁能源开发利用和应对气候变化能力建设，深化与各国在绿色技术、绿色装备、绿色金融、绿色服务和绿色基础设施建设等方面的交流与合作，积极推动上海本市的风电、核电、新能源汽车等低碳产品与装备"走出去"。

上海市经济和信息化委员会等七部门在 2020 年联合印发的《临港新片区创新型产业规划》中指出，要实施绿色制造、推动绿色发展，以高技术含量、高可靠性、高附加值为核心特性，建设国家级绿色再制造和面向"一带一路"的高端智能再制造创新示范区。上海通过定位于加强绿色再制造技术创新和发展绿色再制造设计，充分释放体制机制的系统性创新能力，拓展绿色再制造新模式，服务共建国家制造业绿色发展。②

（四）绿色科技和标准融合层面

上海作为我国科技创新程度最高的地区之一，将建设"具有全球影响

① 《中泰绿色科技创新合作蓬勃开展》，http://world.people.com.cn/n1/2023/0810/c1002-40053976.html，最后访问日期：2023 年 11 月 20 日。
② 上海经信委：《上海：建设国家级绿色再制造和面向"一带一路"的高端智能再制造创新示范区》，《表面工程与再制造》2020 年第 6 期。

力的科技创新中心"目标与"一带一路"科技合作实践相结合①，为绿色"一带一路"建设提供现实载体并增强共建国家的科技创新联动能力和要素整合能力，以基础资源、关键技术和创新人才的开放共享，为共建国家实现高水平、可持续、全领域的绿色发展提供公共产品。

上海市发展和改革委员会、上海市科学技术委员会于 2020 年 12 月 21 日印发《上海市构建市场导向的绿色技术创新体系实施方案》，指出上海要深化与世界知识产权组织、联合国环境署等国际组织的交流合作，加强高校、科研机构与国际组织合建绿色技术研发推广机构，依托上海合作组织、"一带一路"绿色联盟，构建绿色领域国际合作网络，积极参与全球环境治理。《上海市碳达峰实施方案》提出积极开展绿色贸易合作，服务绿色"一带一路"建设、国内外交流合作。

上海在绿色技术"走出去"路径上的起步早于国内很多省份。2018 年 5 月 1 日，在哈萨克斯坦的著名石油城市阿克套，巴安水务建设的 5 万吨/天海水淡化项目剪彩仪式成功举办。巴安水务的"绿色海水淡化技术"将极大地提高当地居民的用水安全、生活质量和绿色发展水平。上海在绿色生物制造技术、绿色节能建筑材料、环境治理以及生态修复等绿色农村发展技术的"一带一路"合作方面走在全国前列。在新能源领域，上海加强适合沿线国家实际的太阳能、风能、海洋能、生物质能、水能等可再生能源及煤、油、气等传统能源清洁高效利用技术的研发和示范推广合作，并借鉴中国国内减排经验，加强对沿线国家重点行业节能减排先进技术的推广及应用。②

2021 年科技部批准了第三批"一带一路"联合实验室建设名单。"一带一路"联合实验室是参照国家重点实验室建设的国家对外科技合作创新最高级别平台，旨在通过双方科学家的务实合作，为"一带一路"创新之路建设提供有力的科技支撑。中科院上海光学精密机械研究所牵头的中俄激光

---

① 邹磊：《上海加强与"一带一路"沿线国家科技创新合作研究》，《科学发展》2018 年第 3 期。
② 徐珺、张云伟、崔园园等：《上海科技创新中心建设与"一带一路"倡议协同基础条件与框架重点》，《科学发展》2018 年第 5 期。

科学"一带一路"联合实验室、上海药物研究所牵头的中国-塞尔维亚天然产物与药物发现"一带一路"联合实验室、微小卫星创新研究院牵头的中国-葡萄牙星海"一带一路"联合实验室成功入选科技部第三批"一带一路"联合实验室建设名单,上海获批的"一带一路"联合实验室数量继续在全国各省市中保持前列。

上海在绿色技术转移方面以构建平台、整合资讯、链接全球的方式,为"一带一路"绿色技术转移做了大量工作。上海创新中心(以色列)构建了"寻找—研发—匹配—转移—孵化—投资—产业"全链条技术转移生态;上海通过与沿线国家共建实体化、市场化运作的技术转移服务机构,以博览会、洽谈会的形式推进中国向阿拉伯国家、南亚及东南亚相关国家的技术转移。[①] 上海推进绿色技术转移的方式还包括建设科技园区、搭建科技创新合作网络、围绕重点绿色科研领域共建联合实验室、开展密集的多层次的科技交流,在广泛的人员交流、机构交流中不断推动绿色技术在共建国家的转移转化。

由上海市标准化协会主办的"标准联通'一带一路'国际研讨会"于2016 年 11 月 10 日在上海举行。[②] 当今世界主要发达国家已将标准化工作上升到国家战略高度,标准之争在大国博弈中的地位越发凸显,以标准抢占经济、科技竞争制高点的角逐日益激烈。绿色"一带一路"建设承载着绿色标准的"走出去"和"扩散"任务,因此在坚持"共商共建共享"原则的基础上,与共建国家共同制定各领域、各行业的"游戏规则",推动中国绿色标准"走出去",发挥标准的引领作用。

上海市能效中心编制的《绿色产业园区指标体系及评价方法》已经成为共建"一带一路"产业园区进行绿色评价的指导原则。[③] 上海自贸区设立的"一带一路"技术贸易措施企业服务中心,率先探索打造互联互通监管

---

① 范晓、薛霞:《上海参与"一带一路"科技合作研究》,《青海科技》2021 年第 2 期。
② 章桂宝:《标准联通"一带一路"国际研讨会在上海举行》,《船舶标准化与质量》2016 年第 6 期。
③ 参见中能世通(北京)投资咨询服务中心《"一带一路"中国建设的典型工业园区绿色化研究》,https://www.efchina.org/Reports-zh/report-cip-20200731-zh,最后访问日期:2023 年 11 月 20 日。

合作新模式，在标准计量、认证认可等方面开展多双边合作，力求减少"一带一路"建设过程中面临的技术性和标准性壁垒①，把绿色技术及标准作为监管部门的新领域。

（五）上海绿色发展的辐射区域

上海拥有得天独厚的地理区位、改革开放的体制机制优势和融汇中西的人才聚集优势。根据最新的国际机构排名，上海在全球科研城市列表中位居第三，超过波士顿都市圈和旧金湾区，上海-苏州集群位列世界科技创新集群第六。② 上海也是我国科技创新、体制创新、政策创新和绿色发展的前沿城市，技术转移服务覆盖全球 35 个国家及地区，建设了 10 个海外分中心。

2016 年，《上海市人民政府关于促进本市展览业改革发展的实施意见》提出，要配合国家重大战略，提升展会国际化水平，举办绿色展会。上海的海外板块长期以来形成了稳固的"四大根据地"，主要有南太平洋市场、东南亚市场、非洲市场和南美市场，此外还涵盖了美国和中国香港地区等高端市场。上海服务"一带一路"建设的项目涵盖绿色能源、生态环保、绿色制造、绿色园区、绿色交通五个类别，分布于东南亚、大洋洲、欧洲、非洲、南美五个地区。上海在绿色发展领域展开重点合作的国家有新加坡、以色列、俄罗斯等。

上海在"一带一路"园区合作目标引领下，积极发挥自身全球城市的优势，利用丰富的园区实践经验和城市综合优势，积极布局海外园区建设，对国内其他地区和"一带一路"沿线节点城市具有示范意义。上海海外园区建设经验表明，以绿色发展为导向、以绿色实践为引领的园区建设在园区顺利"出海"过程中发挥了关键作用，绿色基础设施"硬联通"、绿色标准"软联通"和绿色福祉"心联通"将在这一过程中集中得到体现。

---

① 翟鲁：《上海自贸试验区创新方式服务"一带一路"建设　推动标准互认助力企业走出去》，《上海质量》2017 年第 5 期。

② 张瑜燕：《以上海科技创新合作为例，推动共建"一带一路"高质量发展》，《华东科技》2023 年第 55 期。

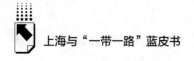

三 上海服务绿色"一带一路"建设的机制与路径

上海在共建绿色"一带一路"进程中具有重要地位。作为我国经济最发达的城市和对外开放的高地，上海在落实国家重大战略上均发挥了积极作用，如长三角一体化发展战略、长江经济带发展战略、上海自贸区提升战略等。2017年10月发布的《上海服务国家"一带一路"建设发挥桥头堡作用行动方案》明确指出，上海要在"一带一路"建设中发挥"桥头堡"作用。在服务绿色"一带一路"建设中，上海同样以发挥"桥头堡"作用为引领、以区位优势为抓手打造绿色开放优势，为共建国家人民带来了实实在在的绿色福祉。上海服务绿色"一带一路"建设的机制与路径见图1。

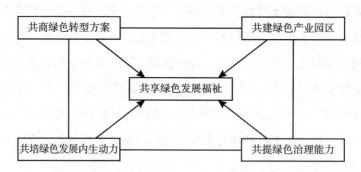

图1　上海服务绿色"一带一路"建设的机制与路径

（一）共商绿色转型方案

上海作为富集绿色发展要素的城市，借助人才优势、知识优势、金融优势和服务业优势，与共建国家就绿色转型方案展开充分研讨。一方面，共建国家在绿色转型上的认识不足、研究能力有限、资金不足，寻找科学且适用的技术及路线面临很多困难；另一方面，中国企业在"走出去"过程中缺乏相应的国别经验，也缺乏对当地生态环境的认知，等等。上海在共商绿色转型方案的意识引领下，在服务绿色"一带一路"建设中取得了卓越成果。

（二）共建绿色产业园区

上海借鉴新加坡在苏州工业园区的经营与海外布局方略，在园区绿色建设和绿色园区建设中发挥了积极的引领作用。境外园区在能源资源节约和高效利用、污染治理、绿色制造、绿色消费、绿色创新等领域的进展情况，直接影响"一带一路"绿色发展的口碑和声誉。当前，六成以上的境外园区位于碳排放强度较大的共建国家，所面临的资源承载力和环境容量都较为有限，因此绿色发展是境外园区的重要主题。上海整合自身在咨询、建筑、设计等领域的人才优势，在成本方面形成相对优势，助力打造海外标志性园区项目，为绿色"一带一路"建设赢得好口碑。

（三）共培绿色发展内生动力

共建国家的绿色发展最终要靠其内生绿色发展能力来实现跃升，即通过中国技术转移、人员交流、产业链合作等方式来实现从"输血"到"造血"的转变。上海在培育共建国家的绿色发展内生动力方面发挥了重要作用，以绿色金融、绿色科技和绿色培训为一体的绿色能力建设，为共建国家在知识储备、技能转化和产业培育方面提供外部援助，将中国经验成熟、技术适用、成本有效的能力培育体系推广至共建国家，为其培育绿色发展内生动力提供了推力。

（四）共提绿色治理能力

绿色治理能力的提升体现为对绿色标准的把握、对绿色监管体系的完善和对绿色生产-绿色消费全生命周期的管控。上海具备借鉴国际先进环评制度的基础，在推进"一带一路"项目规划与建设时，将源头严防、过程严管、后果严惩贯穿于项目立项、建设和运行的全过程。上海在绿色环保管理体系中始终坚持绿色环保与减污降碳协同监管的目标，从而最大限度地实现绿色与增长共赢。

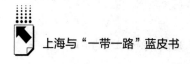

（五）共享绿色发展福祉

绿色"一带一路"建设将共享绿色发展福祉作为发展的最终目标，协同各国应对气候变化的国家自主贡献目标，推进绿色低碳高质量发展。上海在共建国家推广/部署的绿色技术、绿色产业、清洁能源、绿色基础设施等，为东道国的绿色低碳转型奠定了基础，在激发本地绿色经济活力的同时提升了共建国家进行绿色发展的能力与意愿。上海在帮助共建国家培育绿色技术人才的同时，也提升了东道国的绿色就业水平，产生了经济-就业-减排的协同效应。未来，随着上海区位优势、技术优势、机制优势的不断积累与转化，上海将在绿色"一带一路"建设中发挥越来越重要的作用。

四　上海服务绿色"一带一路"建设经验总结

上海在服务绿色"一带一路"建设过程中，无论是在行业层面，还是在系统层面，均积累了大量成功经验。首先，上海紧扣绿色"一带一路"建设的顶层设计和总体框架的要求，找准地方定位，以绿色发展为抓手，将自身的区位优势与高水平对外开放相结合，不仅实现了自身的发展，而且有效服务于国家战略。其次，上海将自身所积累的各类优势进行综合、集成，并使其发挥同频共振效应，以最大限度服务于国家战略。最后，上海牢牢把握机制创新这个法宝，不仅在项目层面尝试机制创新，而且在城际合作上积极进行机制创新，为国内其他地方高效务实地参与绿色"一带一路"建设提供借鉴。

（一）紧扣绿色"一带一路"建设顶层设计和总体框架的要求，找准地方定位

上海在服务绿色"一带一路"建设过程中，紧扣绿色"一带一路"建设顶层设计和总体框架的要求，以高标准、可持续、惠民生为目标，在绿色

互联互通层面、绿色产业合作层面、绿色贸易和资金融通层面、绿色科技和标准融合层面均积极寻找地方定位，从而能够开展务实而高效的项目合作。作为一个具有区位优势的国际化大都市，上海在服务绿色"一带一路"建设时，高度重视将区位优势持续转化为开放优势，对自身的定位始终着眼于借助既有的开放渠道，抓住绿色发展合作机遇。上海在服务绿色"一带一路"建设中，将系统性、综合性和集成性作为重要目标来布局绿色合作项目，为国内其他地方高效参与绿色"一带一路"建设提供借鉴。

（二）发挥地方优势，服务国家战略

上海所拥有的金融优势、科技优势、地理优势、国际化优势、历史文化优势、人才优势、政策优势等，在服务绿色"一带一路"建设过程中发挥了重要的作用。这些优势并非单独发挥作用，而是在上海市政府的精心组织和配合下发挥共振作用，为共建国家接受中国的绿色合作项目奠定了良好的认知基础，为提升国家软实力做出了重要贡献。当前，西方发达国家加大了对共建"一带一路"发展中国家绿色发展相关资源的投放力度，大国针对第三国绿色市场的争夺日益激烈。我国其他地方需要借鉴上海经验，以地方优势服务国家战略，拓展我国在绿色发展领域的周边市场和国际市场。

（三）以创新推动机制化建设

绿色"一带一路"建设是一个系统性工程，需要机制化建设保驾护航。上海在服务绿色"一带一路"建设过程中，始终坚持机制创新的工作方法。比如，对绿色标准的导向、对绿色金融的关键性支撑、对绿色园区的一体化打造等，均充分体现了发挥地方创新能力来进行机制化建设的努力。绿色"一带一路"建设是一个新事物，需要以全新的思维、视角和工作方法加以推进，创新机制是必然结果。如何在紧扣绿色"一带一路"建设顶层设计和总体框架的要求的基础上，充分发挥地方各类优势，并将这些探索进行系统化集成，是各地方在服务绿色"一带一路"建设过程中需要深入探索的议题。

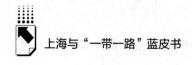

五　对策建议

上海在服务绿色"一带一路"建设中发挥了重要的地方支撑作用。在共建"一带一路"高质量发展过程中,上海应注重成功经验的推广和拓展,持续推进地方的部门联动机制,同时创建与国内其他地方的优势互补机制,将共享绿色发展福祉作为价值内核贯穿全过程,不断扩大绿色"一带一路"建设的地理和行业辐射范围。

(一)持续推进地方的部门联动机制

上海在服务绿色"一带一路"建设过程中,注重各部门的联动和既有优势的整合,成功将区位优势转化为绿色开放优势,积累了丰富的经验。下一个十年,上海仍须采用部门联动机制,将各类新生优势不断转化为新的开放优势,为绿色"一带一路"建设行稳致远贡献地方力量。

(二)创建与国内其他地方的优势互补机制

上海作为我国的开放前沿,须注重将自身绿色发展优势与国内其他地方的比较优势相结合,继续发挥引领和带动作用。通过高效参与绿色"一带一路"建设,带动长三角地区和内陆地区以各自的比较优势嵌入"一带一路"绿色价值链。以上海为连接点,构建国内国际双循环所需的绿色商品流与服务流大有可为。

(三)将共享绿色发展福祉作为价值内核贯穿全过程

无论是在国家层面还是在地方层面,绿色"一带一路"建设的价值内核都是共享绿色发展福祉。只有共享绿色发展福祉,才能为共建和共商提供源源不断的驱动力;只有坚持共享绿色发展福祉,才能从根本上区别于西方发达国家与全球南方国家的合作模式;只有共享绿色发展福祉,才能为"民心相通"奠定坚实基础。

（四）不断扩大绿色"一带一路"建设的地理和行业辐射范围

随着全球低碳转型进程的加速推进，越来越多的国家需要绿色发展机遇，越来越多的行业也将嵌入绿色转型内容。上海所具备的国际化经验、技术优势和机制优势，与全国其他地方相比具备领先优势，需要将这种领先优势加速转化为开放优势，从地理范围和行业范围两个方面拓展绿色"一带一路"建设的内容，以既有的海外绿色合作项目为点，连点成线，连线成面。

参考文献

刘卫东：《共建绿色丝绸之路：资源环境基础与社会经济背景》，商务印书馆，2019。

刘卫东：《共建绿色丝绸之路：科学路径与案例》，商务印书馆，2023。

习近平：《论坚持推动构建人类命运共同体》，中央文献出版社，2018。

习近平：《习近平谈"一带一路"》，中央文献出版社，2018。

习近平：《论把握新发展阶段、贯彻新发展理念、构建新发展格局》，中央文献出版社，2021。

解振华、潘家华：《中国的绿色发展之路》，外文出版社，2018。

中共中央宣传部：《习近平外交思想学习纲要》，人民出版社，2021。

中华人民共和国国务院新闻办公室：《新时代的中国绿色发展》，人民出版社，2023。

周亚敏：《以绿色区域治理推进"一带一路"建设》，社会科学文献出版社，2016。

B.8
推动共建"一带一路"
高质量发展的投融资机制建设

陈逸豪*

摘 要： "一带一路"倡议提出十年来，上海积极参与共建"一带一路"高质量发展的投融资机制建设，成为我国对"一带一路"共建国家和地区进行投资的重要力量。上海在金融机构建设、金融开放创新、金融合作交流机制、投融资工具和渠道及金融监管与风险防控层面取得了突出的成绩，为共建"一带一路"高质量发展的投融资机制建设提供了系统性支持。总体来看，上海推动共建"一带一路"高质量发展的投融资机制建设具有坚持政策引领、聚焦绿色发展、布局基础设施的显著特点，能够为共建"一带一路"高质量发展的投融资机制在全国范围内的建设提供宝贵的上海经验。

关键词： 投融资机制 渠道创新 机构建设

"资金融通"是共建"一带一路"的重要支撑。① 投融资机制为共建"一带一路"资金融通提供了重要保障，也是共建"一带一路"的重要任务。投融资机制建设，包括金融机构、投融资工具、跨境合作平台、风险监

---

* 陈逸豪，经济学博士，中国社会科学院世界经济与政治研究所助理研究员；主要研究方向为世界经济、国际投资、产业经济。
① 国务院新闻办公室：《共建"一带一路"：构建人类命运共同体的重大实践》，https://www.gov.cn/zhengce/202310/content_ 6907994. htm，最后访问日期：2023 年 11 月 8 日。

管和跨境资本流动的金融服务五方面的内容。① 自"一带一路"倡议提出以来,上海贯彻落实党和国家对共建"一带一路"高质量发展的投融资机制的安排,统筹建设国际金融中心、上海自贸区等,结合自身在金融领域的竞争优势,以高层级政策为指引、以关键领域内的创新为突破口,建立起一整套践行"创新、协调、绿色、开放、共享"新发展理念的高水平投融资机制。

一 上海在"一带一路"投融资领域的总体情况

自 2013 年"一带一路"倡议提出以来,上海作为该倡议的重要金融中心,积极参与共建"一带一路"投融资机制建设。企业通过该投融资机制,实现了"引进来"和"走出去"的规模持续扩大。在吸引外资方面,上海作为我国的重要窗口,为包括"一带一路"共建国家和地区(以下简称"共建国家和地区")在内的外资提供了广阔的发展空间。截至 2022 年末,上海已经吸引了 192 个国家和地区的企业来沪投资,累计认定了 891 家跨国公司地区总部和 531 家外资研发中心。值得一提的是,47 家来自新加坡、土耳其等共建国家的企业已经在上海设立了地区总部。②

在对外投资方面,上海始终是我国对共建国家开展投资的重要力量。从 2013 年至 2023 年 6 月,上海对共建国家累计投资额为 336.73 亿美元,累计承包工程合同额达到了 811.25 亿美元。③ 2021 年,上海对"一带一路"沿线国家(地区)的直接投资备案投资额为 22.31 亿美元,同比增长

---

① 国家开发银行、联合国开发计划署:《融合投融资规则 促进"一带一路"可持续发展——"一带一路"经济发展报告(2019)》,https://www.yidaiyilu.gov.cn/wcm.files/upload/CMSydylgw/201911/201911061030039.pdf,最后访问日期:2023 年 11 月 8 日。

② 《解码魔都 | 从沙漠电站到资金融通 "一带一路"闪耀上海元素》,http://www.sh.xinhuanet.com/20230927/929436f8a2e14ac78ef8b0b4bf993ca1/c.html,最后访问日期:2023 年 10 月 31 日。

③ 《共建"一带一路"·权威访谈 | 为"一带一路"提供高水平开放平台、高能级服务支撑——专访上海市副市长华源》,http://www.news.cn/2023-10/05/c_1129900358.htm,最后访问日期:2023 年 10 月 31 日。

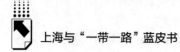

4.16%，占全国同期对"一带一路"沿线国家（地区）总投资额的9.24%；同时，新签承包工程项目合同额为48.36亿美元，占全市对外总投资额的61.03%，占全国同期在"一带一路"沿线国家（地区）总签约合同额的3.61%。[①]

上海在"引进来"和"走出去"过程中取得的显著成就，与高效投融资机制的支持密不可分。这一机制为各类市场主体进行跨境投资提供了充足的资金来源、便利的资金流通手段以及充分的资金安全保障。作为国际金融中心，上海为共建"一带一路"高质量发展的投融资机制建设提供了关键助力。

二　上海服务共建"一带一路"投融资机制建设成效

在建设上海国际金融中心的过程中，上海市以金融改革创新、推进金融开放、强化金融合作为工作重点，在服务共建"一带一路"高质量发展的投融资机制建设中取得了丰硕成果。具体而言，上海在金融机构建设、金融开放创新、金融合作交流机制、投融资工具和渠道、金融监管与风险防控五方面取得了突出成绩。

（一）金融机构建设取得丰硕成果

金融机构在"一带一路"投融资机制建设中发挥着重要作用，它们不仅是项目的直接资金来源，还是企业投资决策的重要智囊、项目运营建设的合作伙伴和金融合作机制的重要参与者。上海广泛采用引进、出海、合作新设等方式，促进金融机构的跨国联系，为"一带一路"投融资机制建设提供市场主体的支持，从而在金融机构建设方面取得了丰硕成果。

---

① 商务部：《中国对外投资合作发展报告2022》，http://images.mofcom.gov.cn/fec/202304/20230412163007708.pdf，最后访问日期：2023年10月31日。

上海新设了一批重要的金融机构和组织，服务国际金融中心和"一带一路"建设。在重要的金融机构与组织方面，金砖国家新开发银行、全球清算对手方协会（CCP12）、人民币跨境支付系统（CIPS）、中保投资公司、国家开发银行上海总部、中国人寿上海总部、进出口银行"一带一路"金融研究院等国际性、功能性金融机构和组织落户上海，为高站位服务共建"一带一路"的投融资机制建设在机构层面奠定了坚实的基础。①

上海积极吸引共建国家和地区的金融机构来沪建立分支机构，取得了显著成果。在系列政策的引领下，② 截至2023年6月，已有14个共建国家在上海设立了5家法人银行、13家分行和6家代表处。③ 2021年9月，阿联酋阿布扎比第一银行上海分行获批开业，成为促进"一带一路"金融机构合作的重要成果之一。④

上海金融机构还通过多种渠道出海，为共建国家和地区的金融市场建设服务。例如，上海证券交易所（以下简称"上交所"）通过参股和联合入股的方式，参与了巴基斯坦、孟加拉国、哈萨克斯坦等国的交易所建设。同时，总部位于上海的交通银行在共建国家和地区设立了8家境外行，以满足

① 《对市政协十三届二次会议第0726号提案的答复》，https://jrj. sh. gov. cn/JYTADF231/ 20200916/5ab54284d4bc4ae2bda0f3cb42ac76dc. html，最后访问日期：2023年10月31日。

② 如上海市推进"一带一路"建设工作领导小组办公室于2017年10月发布的《上海服务国家"一带一路"建设发挥桥头堡作用行动方案》提出："吸引集聚'一带一路'单边和多边金融机构"；上海自贸试验区管委会于2018年6月21日出台的《中国（上海）自由贸易试验区关于扩大金融服务业对外开放 进一步形成开发开放新优势的意见》提出："推进'一带一路'沿线国家金融机构在上海自贸试验区设立分支机构"；《上海国际金融中心建设"十四五"规划》提出"吸引'一带一路'沿线国家和地区金融机构来沪设立法人或分支机构"等。详见《上海自贸区出扩大金融开放25条举措：吸引外资金融机构集聚》（https://www. thepaper. cn/newsDetail_ forward_ 2209707）、《上海市人民政府关于印发〈上海国际金融中心建设"十四五"规划〉的通知》（https://www. shanghai. gov. cn/nw12344/20210824/4cdd2059783a 4e64b8a329e08c66ce67. html），最后访问日期：2023年11月8日。

③ 《上海自贸区十周年：金融开放创新发挥"头雁"效应》，http://www. jjckb. cn/2023-09/ 28/c_ 1310743660. htm，最后访问日期：2024年4月14日。

④ 《上海银保监局关于阿联酋阿布扎比第一银行上市股份公司上海分行开业的批复》（沪银保监复〔2021〕721号），https://finance. sina. com. cn/roll/2021 - 09 - 27/doc - iktzqtyt 8384398. shtml，最后访问日期：2023年11月20日。

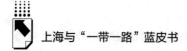

企业的投融资需求。① 这些举措都体现了上海金融机构在"一带一路"倡议中的积极参与和贡献。

（二）金融开放创新突飞猛进

上海致力于构建"一带一路"投融资中心和国际金融中心，为此深化金融基础设施改革，并进行外汇管理体制改革。这些举措促进了投融资的便利化以及人民币的国际化。

为了促进投融资的便利化，上海进行了金融服务创新。在金融基础设施方面，跨境银行间支付清算有限责任公司在上海落户，运营人民币跨境支付系统（CIPS），为人民币跨境清算提供了便利。截至 2023 年 10 月，CIPS 系统吸引了 37 家共建国家的直接参与者，以及 480 家间接参与者，涵盖了 82 个共建国家，实际业务覆盖 131 个共建国家。② 这使上海在人民币跨境收付方面占据了重要地位，2022 年前三季度，上海与"一带一路"沿线经济体的人民币跨境收付占全国总量的 34%，位居全国前列。③ 此外，上海通过自由贸易账户发生跨境收付折合人民币 25.4 万亿元，同比增长 4.5%。④ 2013~2022 年，上海与"一带一路"地区跨境人民币结算额年均增长 49.6%。⑤

上海通过金融科技创新为投融资提供便利。2020 年，跨境人民币贸易融资转让服务平台在上海上线。该平台将金融科技与贸易融资业务相结合，

① 《交通银行发挥经营综合化、服务全球化优势 为高质量共建"一带一路"贡献金融力量》，http：//www.bankcomm.com/BankCommSite/shtml/jyjr/cn/7158/7162/2661320.shtml，最后访问日期：2023 年 10 月 31 日。

② 《践行"一带一路"倡议，CIPS 境外合作取得新突破》，http：//www.cips.com.cn/cips/zxzx/gsxw/60344/index.html，最后访问日期：2023 年 10 月 31 日。

③ 《人民银行上海总部：上海跨境人民币结算额保持全国第一》，https：//www.cnfin.com/cmjj-lb/detail/20221109/3739940_1.html，最后访问日期：2023 年 10 月 31 日。

④ 《人民银行上海总部：上海跨境人民币结算额保持全国第一》，https：//www.cnfin.com/cmjj-lb/detail/20221109/3739940_1.html，最后访问日期：2023 年 10 月 31 日。

⑤ 《党的十八大以来上海国际金融中心建设情况》，https：//www.shio.gov.cn/TrueCMS/shxwbgs/2022n_10y/content/1f7b25e3-2cbb-495a-a08a-e668b3737947.html，最后访问日期：2023 年 11 月 8 日。

以数字化方式降低跨境贸易企业和中小型外贸企业的融资成本,为企业发展提供了极大便利。

上海依托上海自贸区进行外汇管理体制改革,为投资便利化服务。在资本项目方面,上海自贸区开展了多项试点,如跨国公司跨境资金集中运营管理、高新技术企业外债便利化试点等。① 这些试点业务拓宽了包括共建国家的企业在内的外国企业在华融资的渠道,并提高了资金利用效率。

(三)金融合作交流机制多元化

在推进国际金融中心建设的过程中,上海积极服务于共建"一带一路"高质量发展的大局,致力于健全国际投融资体系,打造多元化的金融合作交流机制。

在区域间合作方面,上海合作组织建立了金融合作机制,为共建"一带一路"项目的融资打造了高质量平台。自"一带一路"倡议提出以来,上海合作组织银联体在金融机制建设、项目融资等领域开展深入合作,为共建"一带一路"高质量发展的投融资机制建设发挥了重要作用。各成员行签署了一系列协议文件,如《上合银联体成员行支持与发展上合组织区域内经济合作的中期联合行动计划(2022~2027年)》,为金融领域的合作确立基本准则、工作重点及关键任务。在资金供应方面,中方分别于2018年和2021年宣布设立上合银联体首期、二期专项贷款,为区域内成员国参与共建"一带一路"提供稳定的资金支持和保障。截至2022年8月底,国家开发银行在上合组织银联体框架下开展了63个合作项目,累计向成员行和伙伴行发放146亿美元的贷款,成为该区域内项目融资的重要来源。②

---

① 裴长洪:《上海自贸试验区引领新发展格局构建的经验和启示》,载《中国自由贸易试验区建设十周年:回顾与展望》,《国际经济合作》2023年第4期,第1~6页。

② 《国家开发银行已向上合组织银联体项目发放贷款146亿美元》,https://news.cctv.com/2022/09/14/ARTIXjXulhhd7nt7gqmcrWJw220914.shtml,最后访问日期:2023年10月31日。

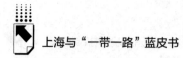

在国际合作层面，上海积极主办与共建国家的投资论坛，为国家间和城市间投融资合作发掘潜在机遇。例如，2021年，上海市人民政府外事办公室与中国驻特立尼达和多巴哥大使馆及特立尼达和多巴哥投资促进局共同举办了"中国-特立尼达和多巴哥投资合作论坛"。此外，"陆家嘴论坛"也成为国内外金融高端对话交流的重要平台，进一步促进了国际金融合作与交流。

（四）投融资工具和渠道丰富

上海基于在金融市场建设领域的优势，充分利用上交所等平台，推动债券和股权交易市场创新，进而为共建国家的投资项目提供多元化和丰富的投融资渠道。这种创新不仅促使市场主体拓展其投融资途径，也增强了金融市场的活力和韧性。

在债券市场方面，上交所采用多种策略以满足各类项目和市场主体的投融资需求。具体而言，通过发行"熊猫债"和启动"债券通"渠道，上交所成功地提供了一系列金融产品，满足了市场需求。值得一提的是，2018年证监会发布《关于开展"一带一路"债券试点的指导意见》，为"一带一路"债券的发行提供了制度支持。随后的试点工作更是深化了债券市场的创新与发展，其中，由境外机构在中国境内发行的人民币计价债券"熊猫债"便是创新的典型案例。至2023年9月底，上交所累计发行的"一带一路"债券已达34单，总融资规模高达310亿美元，[①] 显示出市场的活跃度和吸引力。同时，上交所也致力于推进国际资本市场的互联互通，其"债券通"渠道的"北向通"和"南向通"分别于2017年和2021年上线，为境外投资者提供参与"一带一路"相关债券交易的机会，进一步提升市场的国际化程度。截至2023年10月，来自新加坡、马来西亚、泰国等共建国家的163家境外机构主体参与到上交所平台的银行间证券交易市场中来，持

---

① 《上交所：支持"一带一路"出海企业推动金融合作和资金融通》，https://www.yidaiyilu.gov.cn/p/000GBHH6.html，最后访问日期：2023年10月31日。

债规模近万亿元人民币。[①]

在股权交易市场方面,上交所为参与"一带一路"建设的国内外企业提供优质股权融资平台。2023 年,46 家通过 IPO 或再融资方式在上交所上市的企业累计实现 418 亿元的股权融资,[②] 显示股权市场在助力"一带一路"建设中的重要作用。此外,上交所还积极与共建国家开展合作,推动指数研发和 ETF 互通等股权市场的互联互通合作。

同时,上海的政策性银行和商业银行在为各类融资项目提供资金支持方面也发挥了关键作用。政策性银行如中国进出口银行上海支行,截至 2023 年 10 月其"一带一路"贷款余额已达 2.2 万亿元人民币,覆盖超过 130 个共建国家。[③] 商业银行如浦发银行和交通银行也积极参与其中,为共建国家的相关企业提供信贷支持。

除传统机制外,上海的金融机构在金融创新方面也取得了显著成果。部分金融机构利用其专业化和国际化优势,成功实现了国际金融机构间的跨国协调。此外,通过利用自由贸易账户的优势,这些机构还降低了国际化银团在人民币融资服务中的汇兑成本,从而提高了融资效率。例如,2021 年中国工商银行上海市分行与法国巴黎银行等境外银行合作,成功为一家在印度尼西亚的工业园区项目筹组了双币种国际银团,这一实践为我国金融机构配合使用多种金融产品、服务民营企业"走出去"提供了有益的参考。[④]

---

① 刘羽佳、潘洁:《深化资金融通合作之路 推动"一带一路"共同繁荣》,https://www.gov.cn/yaowen/liebiao/202310/content_ 6908677. htm,最后访问日期:2023 年 10 月 31 日。

② 黄思瑜:《"一带一路"十周年:沪市逾 260 家公司参与融资、指数化投资路径打通》,《第一财经日报》2023 年 10 月 18 日,第 3 版。

③ 《进出口银行上海分行支持共建"一带一路" 以政策性金融力量谱写高质量发展新篇章》,https://www.shanghai.gov.cn/nw31406/20231020/e90c85b3c59f408ab9552452da5cf6e9. html,最后访问日期:2023 年 10 月 31 日。

④ 《中国(上海)自由贸易试验区第十一批金融创新案例发布会召开》,https://jrj. sh. gov. cn/CXAL157/20221124/c8591ce062bd4ef5af18d0807ef989ad. html,最后访问日期:2023 年 10 月 31 日。

（五）金融监管与风险防控能力提升

上海在推进共建"一带一路"投融资便利化的同时，重视跨境资本流动带来的风险的防控工作。结合自由贸易账户建设，上海在跨境融资宏观审慎管理制度方面采取一系列创新措施，为全国相关工作的开展积累了宝贵的经验。

上海从系统性角度出发，以风险管控为主，在平台构建、监管机制、风险监测等方面进行了多元化的机制创新。在平台构建方面，上海在"一线审慎监管、二线有限渗透"原则指导下，建立起"电子围网式"的自由贸易账户管理机制，既为自由贸易账户同境外账户的资金流动提供便利，又对自由贸易账户与境内账户间的资金流动进行强监管，以隔离风险。在监管机制上，上海推进系统化创新：变跨境资本流动的事前审批为事后监管，降低资本跨境流动的时间成本；创新性地提出包含期限风险转换因子、境外融资杠杆率、宏观审慎调节参数等指标在内的分账核算境外融资管理规则，以及包含其他结构类参数的分账核算境外融资宏观调控触发机制，为事中事后监管提供了客观可靠的评价体系；[1] 管理规则和宏观调控触发机制的建立，使上海能够通过调节指标体系的参数来对跨境资金流动带来的风险进行较为精准和科学的调控。[2]

三　上海推动共建"一带一路"高质量发展的投融资机制建设特点

（一）坚持政策引领

上海推动共建"一带一路"高质量发展的投融资机制，呈现"顶层设

① 《中国人民银行上海总部关于印发〈中国（上海）自由贸易试验区分账核算业务境外融资与跨境资金流动宏观审慎管理实施细则（试行）〉的通知》（银总部发〔2015〕8号），https：//jrj.sh.gov.cn/ZCWJ158/20150701/0031-104593.html，最后访问日期：2023年10月31日。
② 许非、秦鹏：《跨境投融资便利化的上海实践》，《中国金融》2022年第9期，第18~20页。

计引领-高站位政策谋划-系统化具体政策措施支持"的政策体系特点。政策体系的整体性与系统性保障了上海建设"一带一路"投融资中心的科学性。

党和国家为上海"一带一路"投融资中心的建设指明了方向。《"一带一路"融资指导原则》强调了各类金融机构、合作平台、区域金融市场、融资工具、投融资监管方面的重要价值和建设重点,① 为上海国际金融中心的构建划定了核心功能。"十三五"规划设置专章"推进'一带一路'建设",提出"建立以企业为主体、以项目为基础、各类基金引导、企业和机构参与的多元化融资模式"②,为上海服务"一带一路"投融资机制的设计指明了方向。"十四五"规划提出"创新融资合作框架""建立健全'一带一路'金融合作网络",③ 为新时期上海服务"一带一路"投融资机制建设提出了新的要求。《国务院关于推进上海加快发展现代服务业和先进制造业建设国际金融中心和国际航运中心的意见》等政策文件,为上海国际金融中心的建设提供了根本指引。

在党和国家纲领性文件的基础上,上海立足"一带一路"建设和国际金融中心建设需要,对投融资机制建设进行了系统性谋划。上海市政府先后出台《上海市国内合作交流"十三五"规划》《上海国际金融中心建设行动计划(2018~2020年)》《上海服务国家"一带一路"建设发挥桥头堡作用行动方案》《上海国际金融中心建设"十四五"规划》《关于加快推进上海全球资产管理中心建设的若干意见》等文件,从投融资机制的各要件出发,对协调国内外资源、构建高质量体制机制进行了具体安排。这些整体性的安排,为上海各部门工作的开展提供了具体指引。

---

① 《"一带一路"融资指导原则》,https://www.yidaiyilu.gov.cn/wcm.files/upload/CMS ydylgw/201705/201705161021052.pdf,最后访问日期:2023年10月31日。

② 《中华人民共和国国民经济和社会发展第十三个五年规划纲要》,https://www.gov.cn/ xinwen/2016-03/17/content_5054992.htm,最后访问日期:2023年10月31日。

③ 《中华人民共和国国民经济和社会发展第十四个五年规划和2035年远景目标纲要》,https://www.gov.cn/xinwen/2021-03/13/content_5592681.htm,最后访问日期:2023年10月31日。

在整体规划的基础上,上海各部门均制订行动计划,有效推进服务"一带一路"投融资机制建设。上海市地方金融监督管理局、中国人民银行上海总部、上交所等部门,在自身职责范围内,在强化上海跨境资金流动监管、推进人民币国际化、创新"一带一路"投融资机制、建设"一带一路"投融资平台等方面,采取了一系列措施,保障了"一带一路"投融资机制的高效运转。

(二)聚焦绿色发展

发展绿色金融,是上海服务共建"一带一路"高质量发展的投融资机制建设的突出亮点。上海通过设计绿色金融产品、支持绿色投资项目在海外落地实施等方式,使投融资机制同可持续发展目标相结合,以此践行新发展理念。

上海重视以政策引导绿色金融发展。《上海加快打造国际绿色金融枢纽服务碳达峰碳中和目标的实施意见》提出发行绿色"熊猫债"、促进绿色和可持续发展领域投资等系列做法,从金融市场体系、金融产品、金融组织机构转型、绿色金融保障体系等方面对绿色金融的发展做出系统安排。[①] 2022年12月16日,上海银保监局和上海市发改委等八部门联合印发《上海银行业保险业"十四五"期间推动绿色金融发展服务碳达峰碳中和战略的行动方案》,定下到2025年绿色融资余额和绿色保险保障金额突破1.5亿元人民币的发展目标。[②]

上海以上交所为核心平台,推动绿色投融资机制建设。上交所积极开发新的绿色金融产品,拓宽绿色金融融资渠道,取得显著成效。截至2023年11月8日,上交所托管绿色债券数量达到590只,托管市值达2819.44亿

---

① 《上海市人民政府办公厅关于印发〈上海加快打造国际绿色金融枢纽服务碳达峰碳中和目标的实施意见〉的通知》,https://www.shanghai.gov.cn/nw12344/20211019/a201939175c8417c9cda322f556bbbaf.html,最后访问日期:2023年10月31日。

② 《上海:到2025年,绿色融资余额和绿色保险保障金额突破1.5万亿元》,https://jrj.sh.gov.cn/ZXYW178/20230110/34662210f3ac45d3aaa1f3452b344b99.html,最后访问日期:2023年10月31日。

元;绿色资产支持证券 288 只,托管规模 392.33 亿元;另有 31 只绿色 ETF,编制 103 个绿色指数。[1] 融资渠道的拓宽,为上交所绿色金融产品吸引力的提升提供了助力。在绿色金融产品之外,上交所发布《上海证券交易所"十四五"期间碳达峰碳中和行动方案》,从股权融资服务、绿色债券发展、绿色投资产品、绿色金融国际合作、绿色金融宣传研究等方面提出了系统性要求。[2]

在绿色投融资机制的支持下,上海企业在共建国家和地区的投资项目成为绿色投资的标杆项目。国家电投上海电力黑山莫祖拉风电项目、上海电建阿根廷高查瑞光伏电站项目作为重点案例,入选《绿色"一带一路"典型项目案例库建设与应用研究》。[3] 迪拜 700 兆瓦光热发电项目获得国家主席习近平的肯定,称其为"世界上规模最大、技术最先进的光热发电站"[4],创下多个"世界规模之最"[5]。

(三)布局基础设施

上交所作为"一带一路"投融资机制中的重要平台机构,为共建国家和地区的基础设施建设提供了重要支持,成为企业参与共建"一带一路"的重要媒介。

---

[1] 上海证券交易所"绿色证券专栏",http://www.sse.com.cn/services/greensecurities/home/,最后访问日期:2023 年 11 月 8 日。

[2] 上海证券交易所:《上海证券交易所"十四五"期间碳达峰碳中和行动方案》,http://www.sse.com.cn/services/greensecurities/home/info/c/greensecurities01.pdf,最后访问日期:2023 年 10 月 31 日。

[3] 国家发展和改革委员会一带一路建设促进中心:《绿色"一带一路"典型项目案例库建设与应用研究》,https://www.efchina.org/Attachments/Report/report-lceg-20211015/%E7%BB%BF%E8%89%B2-%E4%B8%80%E5%B8%A6%E4%B8%80%E8%B7%AF-%E5%85%B8%E5%9E%8B%E9%A1%B9%E7%9B%AE%E6%A1%88%E4%BE%8B%E5%BA%93%E5%BB%BA%E8%AE%BE%E4%B8%8E%E5%BA%94%E7%94%A8%E7%A0%94%E7%A9%B6.pdf,最后访问日期:2023 年 10 月 31 日。

[4] 习近平:《携手前行,共创未来》,http://politics.people.com.cn/n1/2018/0719/c1024-30156330.html,最后访问日期:2023 年 11 月 20 日。

[5] 毛悦庆:《最现场 | 直击迪拜 950MW 光热光伏混合项目建设一线》,http://cnste.org/html/xiangmu/2022/1125/9862.html,最后访问日期:2023 年 10 月 31 日。

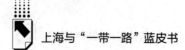

上交所支持企业积极投身共建"一带一路"基础设施建设。在上市企业方面,据粗略统计,包括8家建筑央企在内的13家建筑业沪市公司深度参与了共建国家的基础设施建设项目。① 上海建工在"一带一路"倡议提出十年间,在58个国家承建200多个项目,在柬埔寨的道路、桥梁、港口建设中扮演重要角色。上海电气广泛承接海外基础设施建设,马来西亚沙捞越州500kV超高压输电工程项目是中国先进技术走向海外的标杆工程。华建集团在10年间推动113个海外项目落成。② 上港集团投资建设及运营的以色列海法新港,为该国60年来迎来的首个新码头。在债券发行方面,陕西建工集团、中国葛洲坝集团等基础设施投资建设领域的龙头企业在上交所债券市场发行"一带一路"公司债券,以此参与共建国家和地区的基础设施建设。

四 上海推动共建"一带一路"高质量发展的投融资机制建设展望

在已有成绩的基础上,上海可以立足国际金融中心的建设,在金融机构的构建与国际合作、融资规则标准建设、融资渠道创新等多方面组合发力,更好地服务共建"一带一路"高质量发展的投融资机制建设。

在金融机构的建设与国际合作层面,上海可以探索建立共建国家商业银行共同体和产业基金共同体,实现共建国家重点金融机构在投融资业务方面的交流与协同。以信息沟通和投融资合作为抓手,在金融机构层面实现对投融资项目的风险控制、政策协调与资金保障。可加大对国际金融机构与共建国家重要商业银行的吸引力度,鼓励其在沪设立分支机构或子公司,为拓宽投融资国际合作渠道打下基础。

---

① 林淙:《通路通商 联运联情 沪市公司助力共建"一带一路"》,https://company.cnstock.com/company/scp_gsxw/202310/5134921.htm,最后访问日期:2023年10月31日。
② 《共建"一带一路" 上海国企积极助力海外基础设施建设》,https://finance.sina.com.cn/jjxw/2023-11-02/doc-imztfnvq4674440.shtml,最后访问日期:2023年10月31日。

在融资规则标准建设层面,上海可以依托自身在投融资机制所涉机构、资金、管理、数据、风控、人才等方面的优势,作为先行试点,将《"一带一路"融资指导原则》加以细化,制订"一带一路"融资规则体系的上海方案。为此,一方面可以依托上交所同其他经济体金融机构的既有合作关系,协同构建基于金融数据与金融科技的风险控制规则,构建融资主体和融资项目统一的风险评估与风险监管机制;另一方面可以加强人员交流,以人员和项目上的合作,带动金融基础设施的互联互通,进而实现投融资机制的畅通和风险控制水平的提升。

在融资渠道创新层面,上海可探索吸引私人资本与社会资本参与"一带一路"投融资建设的方式。一是对上海本地企业以 PPP 模式参与共建国家和地区的项目建设给予支持与鼓励,支持本地企业向国际联合投资体寻求投融资合作;二是支持上海金融机构"走出去",与东道国银行等金融机构开展合作,同东道国金融机构合作发行"一带一路"债券或发放贷款;三是丰富专项债券的种类,探索发行数字经济债券、民生项目债券等专项债券,促进企业丰富在共建国家开展投资项目的种类。

B.9
基于全球价值链重构视角的
"一带一路"国际产能合作研究

杨　超*

摘　要： 国际产能合作是上海参与共建"一带一路"的关键内容和重要抓手。过去十年来，全球产业链、供应链和价值链进入深度调整期，与此同时，"一带一路"国际合作从无到有、蓬勃发展。上海结合自身的产业优势主动融入"一带一路"倡议，积极抓住全球产业链重构带来的机遇，成为国内参与推进"一带一路"国际产能合作的先行者。上海在"一带一路"国际产能合作中经历了摸索期、融入期和成长期三个阶段，合作项目主要涉及能源、港口、交通运输、隧道、地铁、民用建筑等大型基础设施建设项目，项目的合作模式以 BOT、合资和承包为主，参与企业类型以国有企业为主。未来，国际产能合作将继续面临地缘政治形势复杂、融资难融资贵和国际产能合作经验不足、信息获取难度大等挑战，应鼓励项目建设主体做好重大项目评估工作，完善风险补偿机制，加大资本市场支持力度，有序推进国际产能合作。

关键词： 国际产能合作　"一带一路"　全球价值链重构

---

* 杨超，经济学博士，中国社会科学院亚太与全球战略研究院助理研究员；主要研究方向为世界经济。

2023 年是"一带一路"倡议提出 10 周年。截至 2023 年 10 月，在"五通"政策的推动下，中国已与 152 个国家和 32 个国际组织签署 200 余份共建"一带一路"合作文件，共建"一带一路"从夯基垒台、立柱架梁到落地生根，已经成为深受欢迎的国际合作平台。以"一带一路"建设 3 周年、5 周年、8 周年之际召开的三次"一带一路"建设工作座谈会为节点，共建"一带一路"主要经历了"大写意"阶段（2013~2017 年）、"工笔画"阶段（2018~2022 年）和高质量发展阶段（2023 年以来）。[①] 对于上海而言，2023 年是上海自贸区设立 10 周年。作为中国对外开放的重要门户，上海凭借自身独特的优势，深度融入共建"一带一路"。从 2013 年 1 月到 2023 年 6 月，上海对"一带一路"共建国家（以下简称"共建国家"）累计投资 336.73 亿美元，累计承包工程合同额 811.25 亿美元，[②] 为共建"一带一路"贡献了上海力量，形成了宝贵的"上海经验"。

国际产能合作是上海参与共建"一带一路"的重要内容和抓手，贯穿于推进"一带一路"倡议的各个阶段。2015 年，时任国务院总理李克强曾对国际产能合作有过明确的表述："中国拥有大量中端产品、生产线和装备产能，性价比高，适应发展中国家需求。发达国家则拥有高端的技术和装备。推动国际产能合作，把中方和发达国家的优势结合起来，生产关键技术设备，能以较低价格和较高质量满足广大发展中国家需求，带动中国产业升级和发达国家扩大出口。"[③] 在过去 10 年里，上海通过国际产能合作，快速跟进"一带一路"倡议，全程参与了"一带一路"建设，既满足了部分共建国家和地区起步和进一步发展的需求，又带动了上海的产业升级。

[①] 《共建"一带一路"十周年：成就与展望》，https://www.yidaiyilu.gov.cn/p/325456.html，最后访问日期：2023 年 11 月 20 日。

[②] 何欣荣、李海伟、桑彤：《为"一带一路"提供高水平开放平台、高能级服务支撑（共建"一带一路"·权威访谈）专访上海市副市长华源》，http://politics.people.com.cn/n1/2023/1006/c1001-40089497.html，最后访问日期：2023 年 11 月 21 日。

[③] 李源、郝亚琳：《李克强与法国总理瓦尔斯共同会见记者》，http://cpc.people.com.cn/n/2015/0701/c64094-27237082.html，最后访问日期：2023 年 11 月 20 日。

在"大写意"阶段，中央层面的主要工作是与共建国家签署合作协议、完善基础设施，为后续的经贸合作夯实基础。上海市积极响应"一带一路"倡议，通过启动"一带一路"伙伴关系计划，与新加坡、阿联酋、罗马尼亚等14个国家的经贸部门或节点城市签署经贸合作伙伴框架协议，^① 鼓励共建国家在沪设立使领馆；上海与共建国家和地区的商会、行业协会和企业发起"一带一路贸易商企业联盟"，并以展会、论坛为平台，促进企业参与中国与共建国家的经贸合作。这些都是积极推进政策沟通、民心相通的重要体现，为后续上海参与共建"一带一路"奠定了合作基础。"大写意"阶段恰逢上海自贸区正式挂牌，也为上海的自贸区建设提供了重要的推动力。

在"工笔画"阶段，共建"一带一路"以具体的项目建设为重点。2016年5月，为落实《国务院关于推进国际产能和装备制造合作的指导意见》，国家发展改革委与上海市政府签署协议，建立推进国际产能和装备制造合作委市协同机制。上海针对共建国家的市场需求，围绕电力、通信、汽车、装备制造，以及钢铁、化工、轻纺、航空航天、船舶和海洋工程等重点行业，通过成套设备出口、投资、收购、承包工程、建设境外经贸合作区等方式，促进设备、技术、标准和服务等一体化"走出去"，其中共建国家和地区是上海市国际产能合作重点布局的区域。在这一阶段，上海参与"一带一路"国际产能合作取得显著成效，共建"一带一路"先行区作用凸显。数据显示，截至2021年底，上海对共建国家和地区的对外投资额、进出口额和新签对外承包工程合同额占全市比重分别提高至11.4%、22.4%和61.0%，与"一带一路"沿线国家经贸合作紧密程度显著上升。^②

① 《今年一季度"一带一路"沿线国家在沪合同外资达10亿美元》，https://www.sh-italent.com/Article/201705/201705070001.shtml，最后访问日期：2023年11月20日；仅2016年，上海共支持印度尼西亚上海技术设备商品展、波兰和土耳其中国贸易博览会等在"一带一路"沿线国家举办经贸展会53个（吴卫群：《构筑合作网络，助推经济动能转换 今年一季度"一带一路"沿线国家在沪合同外资达10亿美元》，https://news.youth.cn/gn/201705/t20170507_9684460.htm，最后访问日期：2023年11月20日）。

② 《推进更高水平对外开放 提升上海国际贸易中心能级》，https://sww.sh.gov.cn/swdt/20221123/53afbe49c6ed4b33b34f3943cb0f4455.html，最后访问日期：2023年11月20日。

当前，共建"一带一路"正处于迈向高质量发展的关键阶段，上海仍将在国际产能合作领域发力。《上海市国民经济和社会发展第十四个五年规划和二〇三五年远景目标纲要》提出，要通过开拓多元化贸易市场，深耕发达经济体等传统市场和开拓"一带一路"相关国家合作空间等方式，增强上海国际贸易中心的枢纽功能；通过推动设施联通，推进国际空港、海港与"一带一路"相关国家互联互通，推动资金融通，建设"一带一路"投融资中心，支持金砖国家新开发银行与共建国家加强投融资领域的战略合作，进一步优化"一带一路"先行区服务功能。

一 全球价值链重构与上海参与"一带一路"倡议

过去十年来，"一带一路"国际合作从无到有、蓬勃发展，与此同时，这一时期也伴随着全球产业链、供应链和价值链的深度调整。在"一带一路"倡议提出之初，全球经济刚走出 2008 年金融危机和欧洲主权债务危机的阴霾。新兴经济体和发展中国家融入全球价值链的程度参差不齐，一些经济体尽管融入了全球化分工体系，但长期徘徊在全球价值链的下游，有的经济体甚至从未进入全球价值链的分工体系。2013 年，由于美国退出量化宽松政策，收紧美元流动性，全球金融和资本市场进入动荡期，新兴经济体，尤其是那些处于全球价值链分工边缘地带的欠发达经济体的对外贸易和经济增长受到巨大冲击。大部分共建国家也面临经济增长动能不足、全球价值链参与程度低等问题。在多重背景下，中国提出的"一带一路"倡议，为破解经济全球化面临的困境给出了中国方案，得到广大发展中国家的响应。

（一）大国博弈、世纪疫情双重冲击下的全球价值链重构

中美两国的贸易摩擦对于全球价值链具有重要影响。自美国奥巴马政府提出"重返亚太"战略以来，中美经济政治摩擦交替出现，呈现愈演愈烈、不断升级的态势。2010 年，中国国内生产总值首次超过日本成为仅次于美

国的世界第二大经济体。2018年,特朗普政府推行"制造业回流"发展战略,对全球价值链产生实质性影响。具体表现为美国政府对华进口商品加征惩罚性关税,使部分在华外资企业转向东南亚,加大对该地区的投资力度,以规避中美贸易摩擦对美进出口业务的影响。拜登政府继承并延续了特朗普政府对华强硬姿态,拉拢盟友对中国实行"小院高墙"政策,寻求对中国高科技领域的脱钩断链。2020年,新冠疫情加速了全球价值链重构的进程。

(二)全球价值链重构对上海经济的影响

全球价值链重构对上海经济的可能影响主要体现在以下两个方面。一是从存量角度看,对在沪经营的跨国公司而言,其经营决策不再完全以效率为中心,供应链安全和地缘政治考虑所占比重越来越大。部分外资企业在母国政府支持下,实行"中国+1"战略,减少生产、销售、研发对中国市场的依赖,这将减少上海外资的存量规模,外资对上海经济增长的贡献将进一步下降。二是从流量角度看,全球价值链重构有可能会增加东南亚国家对跨国资本的吸引力。上海相关行业(如高科技行业)在大国博弈、"小院高墙"政策的影响下,引进外资的难度进一步加大。

在全球价值链重构背景下,在沪外资企业的活跃度并没有显著降低。第一,在沪外资企业进出口总额占上海进出口总额的比重没有显著降低。2010年,在沪外资企业进出口总额为1.6万亿美元,占上海进出口总额的67.7%;2022年,在沪外资企业进出口总额为2.08万亿美元,占上海进出口总额的61.1%,占比仅出现小幅下降。第二,从全国范围看,在沪外资企业进出口总额占全国外资企业进出口总额的比重在不断上升。2010年,在沪外资企业进出口总额占全国外资企业进出口总额的15.6%,2022年该比重上升至18.4%,因此就活跃度而言,在沪外资企业相对于全国其他地区有所上升。图1给出了2010~2022年在沪外资企业活跃度变化情况。可以看出,在沪外资企业活跃度没有明显下降,因此需要在更长时期内跟踪观察全球价值链重构对上海的影响。上海深度参与"一带一路"国际产能合作,一方面有助于发挥上海在高端装备、建筑工程、港口等领域的优势,抵消全球价值链重构对上海经济的冲击；另一方面可以改善中国海外资产的结构，贯通国内国外供应链，稳定中国在全球产业链供应链中的地位。

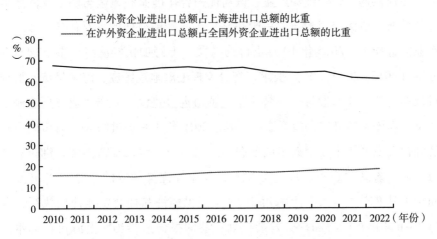

图1 2010~2022年在沪外资企业活跃度变化情况

资料来源：笔者根据中经网数据制作。

二 上海参与推进"一带一路"国际产能合作

全球价值链重构对中国参与推进"一带一路"国际产能合作而言，既带来了机遇，又带来了挑战。十年来，以"五通"为指引，上海市从专项财税支持政策、融资支持、中介机构以及政府服务等方面入手，全方位参与"一带一路"国际产能合作。上海结合自身的产业优势主动融入"一带一路"倡议，积极抓住全球产业链重构带来的机遇，成为国内参与推进"一带一路"国际产能合作的先行区。

（一）上海参与"一带一路"国际产能合作的过程

过去十年来，上海在"一带一路"国际产能合作中经历了摸索期、融入期和成长期三个阶段。不同阶段的工作重点随着"一带一路"发展需求

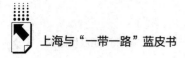

的变化而有所不同。

1. 摸索期：识别优势产业，积极参与国际产能合作

在摸索期，识别优势产业、识别优先合作国家和地区与确定国际产能合作模式，成为上海参与"一带一路"国际产能合作的主要任务。在优势产业的选择上，2015年10月出台的《关于上海加快发展海洋事业的行动方案（2015~2020年）》要求，充分发挥上海地理区位、海洋经济、海洋科技等优势，全面参与"一带一路"滨海港口建设、海洋产业发展、海上经贸、海洋资源开发和海洋事务合作。2016年1月通过的《上海市国民经济和社会发展第十三个五年规划纲要》指出，上海市支持能源、港口、电力、通信、高端装备、建筑工程、服务业等优势领域的企业"走出去"。同年1月发布的《关于上海市2015年国民经济和社会发展计划执行情况与2016年国民经济和社会发展计划草案的报告》指出，上海市推动本市企业参与相关地区的基础设施和产业园区建设，大力支持高端装备制造等优势产业"走出去"开展国际产能合作。因此，高端装备制造、港口、产业园区等基础设施建设成为上海市初步确定的优势产业。从国家和地区角度看，东南亚、南亚和西亚被确定为"一带一路"国际产能合作的主要区域。中外合资、建设-经营-转让、公私合作模式成为上海企业和共建国家国际产能合作的主要模式。

2. 融入期：以"五通"为指引，深度融入"一带一路"国际产能合作

上海在能源、航运、产业园区、高端装备制造等多个领域，深度融入"一带一路"国际产能合作。在能源领域的国际产能合作中，上海市依托上海国际能源交易中心、上海石油天然气交易中心等平台，在原油期货、能源现货、碳交易、技术交易等领域与共建国家和地区对接。2018年3月，中国原油期货在上海国际能源交易中心正式挂牌交易，有利于深化"一带一路"能源合作，提升我国在"一带一路"市场以及国际石油市场上的影响力；上海电气在巴基斯坦运营的塔尔煤田煤电一体化项目保障当地400万户家庭用电需求。在航运领域，2015年7月，由上海航交所开发编制的"一带一路"航运贸易指数正式对外试运行，对于提高航运运价和运量的透明度，以及提高上海在"一带一路"国际产能合作中的影响力具有重要意义。2017 年 5 月，联合国国际海事组织亚洲技术合作中心在上海成立，将进一步增强上海代表我国参与全球海事技术标准制定的话语权。在产业园区领域，上海鼎信投资（集团）有限公司负责建设的中国印尼综合产业园区青山园区、上海国际港务（集团）股份有限公司投资建设的以色列海法新港，成为上海"一带一路"国际产能合作的标志性项目。在高端装备制造领域，上海企业制造的设备被广泛用于公路、建筑工程、有色金属开采中，获得参与"一带一路"国际产能合作国家的青睐。上海企业主导的国际产能合作项目不仅满足了共建国家的能源需求、基建需求，创造了就业岗位，也有利于优化上海的产业结构，提高上海的影响力。

3.成长期：统筹推进"硬软联通"，为国际产能合作保驾护航

在成长期，上海市丰富了"五通"政策的内涵，兼顾"软联通"和"硬联通"，从政策沟通、设施联通、贸易畅通、资金融通、民心相通、国际城市合作、完善风险防范和海外权益保障机制等方面，为国际产能合作保驾护航。比如，《上海市国民经济和社会发展第十四个五年规划和二〇三五年远景目标纲要》强调为企业"走出去"提供综合性跨境金融支持，建设"一带一路"投融资中心，加强与共建国家和地区在投融资领域的战略合作；建设国际再保险中心，发展国际再保险业务，增强上海再保险市场承接全球风险的能力，为"一带一路"海外项目提供全面风险保障；与在沪外资企业开展第三方市场合作，全面带动装备、技术、标准和服务"走出去"。未来，"软联通"必将成为影响"一带一路"国际产能合作可持续发展的重要因素。

（二）上海参与"一带一路"国际产能合作的典型案例

共建国家发展水平参差不齐，各国之间工业化程度差距较大，处于工业化的不同发展阶段，形成了不同的优势产业，这恰好与上海在装备、技术、资金等方面存在优势互补进而形成需求对接。上海企业参与"一带一路"国际产能合作，既满足了相关共建国家的产业发展需求，也符合上海企业向

全球价值链高端攀升的诉求。

1. 案例一：巴基斯坦塔尔能源一体化项目

塔尔能源一体化项目在巴基斯坦信德省的塔尔地区，是中巴经济走廊框架下产能合作的重点项目。该项目由上海电气集团股份有限公司（以下简称"上海电气"）建设和运营，于2019年开工建设，2022年12月投入运营。

巴基斯坦能源危机。由于历届政府投资不足，巴基斯坦的能源危机已经持续多年。缺电问题对巴基斯坦的宏观经济影响较大，巴基斯坦的产出、出口和就业等指标低迷，与能源不足有很大关系。据巴基斯坦学者测算，缺电至少导致巴基斯坦的 GDP 减少 2%。[①] 缺电问题还对巴基斯坦的社会、政治产生了重大影响。

塔尔能源一体化项目突出体现了产能合作双方的优势互补。巴基斯坦的优势是：煤炭资源丰富，上海电气负责建设和运营的塔尔能源一体化项目中，塔尔煤田是亚洲最大的煤田，蕴藏约 1750 亿吨褐煤资源，面积超过9000 平方公里。该煤矿年生产能力为 780 万吨，拥有两座 660 兆瓦高参数超临界火力发电机组的燃煤电站。项目投产后，预计每年可向巴基斯坦国家电网提供约 90 亿度电力，满足当地近 400 万户家庭用电需求。[②]

上海电气是中国最大的能源装备和工业装备制造业企业集团。从2015 年开始，上海电气将"一带一路"国际产能合作的机遇与企业的装备制造业转型升级战略相结合，坚持技术创新，激发新动能。特别是上海电气自主研发的百万千瓦超超临界二次再热发电技术的成功，对于我国火电技术和装备制造业服务"一带一路"建设、实施"走出去"战略具有重要意义。

[①] Rashid Aziz and Munawar Baseer Ahmad, "Pakistan's Power Crisis", Special Report, United States Institute of Peace, June 2015.

[②] "Shanghai Electric Achieves Financial Close on Large-scale Coal Project in Pakistan", https://www.powerengineeringint.com/coal-fired/shanghai-electric-achieves-financial-close-on-large-scale-coal-project-in-pakistan/, Mar 6, 2020.

合作模式与合作过程。塔尔能源一体化项目是上海电气在巴基斯坦首个BOT（建设-经营-转让）项目，据该煤电一体化项目负责人介绍，在该项目中，投入商业运行的燃煤电站项目所使用的电站锅炉、汽轮机组、发电机等主机设备以及主要辅机设备均由上海电气生产制造。[①]

上海电气负责建设和运营的塔尔能源一体化项目是上海参与"一带一路"国际产能合作的典范。该项目符合将上海电气建设为具有国际竞争力和品牌影响力的跨国集团的目标，与此同时，该项目有利于东道国巴基斯坦的发展，助力该国降低能源成本、改善能源结构、增强能源安全。

2. 案例二：中国印尼综合产业园区青山园区

中国印尼综合产业园区青山园区由上海鼎信投资（集团）有限公司（以下简称"上海鼎信"）控股、印尼八星投资有限公司参股合资组建的实体具体实施开发，该园区主要从事镍铁、不锈钢、新能源汽车电池材料等产业，从不锈钢上游原料的开采、冶炼，到下游板材加工、钢管制造、精线加工及码头运输，该园区打造了不锈钢产业完整的产业链，已发展为全球重要的不锈钢生产基地。

印度尼西亚基础设施发展严重滞后。长期以来，印度尼西亚物流成本高、基础工业落后，通信条件不尽如人意，落后的基础设施已经对国民经济发展形成掣肘，降低了对跨国公司的吸引力。中国印尼综合产业园区青山园区项目突出体现了产能合作双方的优势互补。印度尼西亚是镍的主要矿物供应商，是世界上镍储量最大的经济体之一，镍储量约为2100万吨，约占全球储量的22%，该国也是世界上最大的镍生产国。2021~2025年，仅印度尼西亚的镍产量就将占全球镍产量的一半，在全球镍产业链中占据重要位置。印度尼西亚利用镍储量优势吸引了全球跨国公司对其电池供应链进行投资。2014年，该国禁止镍矿石出口，要求行业内的企业在国内加工矿石，进而增加镍相关产业的国内附加值。

---

① 蒋超：《中企建设的巴基斯坦塔尔一区块燃煤电站项目投入商运》，http：//ydyl. china. com. cn/2023 - 02/10/content_ 85099116. htm，最后访问日期：2023 年 11 月 20 日。

上海鼎信是青山实业旗下的集团公司,该公司在不锈钢生产方面已经拥有从原材料到成品的完整供应链,以及与之配套的生产服务体系。早在2009年,该公司就开始在印度尼西亚布局镍矿相关产业,成为印度尼西亚镍产业的龙头外商投资企业。

合作模式与合作过程。园区由上海鼎信持股49.69%、印尼八星集团公司持股25.31%、苏拉威西矿业投资有限公司持股25.00%合资设立。① 该园区开发业主为印尼经贸合作区青山园区开发有限公司,主要承担土地购买、性质变更并批租给园区内引入的项目公司,并进行园区行政、社会管理,承担园区安全保卫和环保等职能。

上海鼎信投资青山园区,为中国参与"一带一路"国际产能合作创建了新的范式,是中国民营企业参与"一带一路"国际产能合作的典范。在印度尼西亚投资的上海企业结合自身优势,通过产业链延伸,将国内和国外的镍产业链关联起来。从这个案例可以看出,"一带一路"国际产能合作有利于中国在关键矿物、关键能源上供应链的安全和稳定。

以上两个案例分别从能源、产业园区等角度,阐述了上海企业如何参与"一带一路"国际产能合作。除此之外,表1还列出了上海企业与以色列、蒙古国、新加坡、柬埔寨等的产能合作项目。从中可以看到,上海企业参与的项目主要涉及能源、港口、交通运输、隧道、地铁等大型基础设施领域,合作模式以BOT、合资和承包为主,企业类型以国有企业为主。

表1　上海参与"一带一路"国际产能合作的典型案例

参与企业	合作国	合作模式	项目名称
上海电气	巴基斯坦	BOT	巴基斯坦塔尔能源一体化项目
上海鼎信	印度尼西亚	合资	中国印尼综合产业园区青山园区项目

---

① 《中国印尼综合产业园区青山园区2016年年度报告》,https://decent-china.com/public/uploads/files/20180212/1518414991109735.pdf,最后访问日期:2023年11月21日。

参与企业	合作国	合作模式	项目名称
上海国际港务(集团)股份有限公司	以色列	BOT	以色列海法新港项目
上海振华重工(集团)股份有限公司	蒙古国	承包	AGV 无人驾驶跨境运输项目
上海电力建设有限责任公司	菲律宾	BOT	菲律宾考斯瓦根 4×135 兆瓦燃煤电站
上海建工集团股份有限公司	柬埔寨	BOT	柬埔寨金边市第三环线项目
上海隧道工程股份有限公司	新加坡	BOT	新加坡深水排污隧道 DTSS2 - T11 项目
上海宝冶集团有限公司	柬埔寨	承包	房建、工业及民用建筑项目
上海城建(集团)公司	新加坡	BOT	新加坡轨交汤申线 T225 项目

资料来源：笔者根据上市公司官方网站、企业年报以及上海市政府发布的信息整理。

三 全球价值链重构背景下上海参与"一带一路"国际产能合作面临的机遇与挑战

(一)机遇

政策沟通、设施联通、贸易畅通、资金融通是"一带一路"国家间经贸合作的主要方向，其中基础设施互联互通、贸易畅通、资金融通为上海企业参与"一带一路"国际产能合作提供了机遇。

1. 基础设施互联互通机遇

一些共建国家基础设施相对落后。从铁路里程看，"一带一路"多数国家铁路里程与国土面积之比在 1% 以下，与发达国家 5% 的水平相比差距较大，[①] 基础设施仍存在较大的投资缺口。随着"一带一路"倡议的持

---

① 上海证券交易所：《我国上市公司参与"一带一路"建设的机遇与挑战》，http://www.sse.com.cn/aboutus/research/report/c/4306268.pdf，最后访问日期：2023 年 11 月 21 日。

续推进，上海基础设施类相关企业将获得较多的商业机会。该类企业"走出去"还有望带动上海建材行业的发展。上海的港口、工程机械、电力、通信等领域的专用设备制造业公司也将获益于这些共建国家基础设施的互联互通。

2.贸易畅通机遇

贸易畅通是"一带一路"国际产能合作的重要前提条件。上海的交通运输、园区物流和能源资源相关行业的国际产能合作将受益于贸易畅通带来的机遇。首先，上海是国际航运中心，也是海上丝绸之路、长江经济带交汇的节点城市，其海上交通运输将受益于贸易畅通带来的人流量和物流量的增加。其次，一些共建国家矿产资源丰富，与上海具有互补性，为上海的资源类、能源类企业参与国际产能合作提供了机遇。

3.资金融通机遇

国际产能合作项目往往所涉资金量大，项目周期长，资金融通对于"一带一路"国际产能合作意义深远。在"一带一路"倡议初期，开发性金融是资金融通的主要形式，上海企业主导的国际产能合作也受益于该融资模式。随着共建"一带一路"进入高质量发展阶段、市场化机制逐步建立后，商业性金融机构的参与才会愈加深入。上海的商业银行可以通过产业链上下游的具体项目，开展国际结算、贸易融资等国际银行业务，全方位为上海企业参与国际产能合作提供资金融通服务。

（二）挑战

1.地缘政治形势复杂的挑战

"一带一路"市场容量大，国际产能合作的机会较多，但在大国博弈加剧的背景下，共建"一带一路"面临日益复杂的地缘政治形势。近年来，美国动用金融和贸易制裁工具，阻碍共建国家的经济合作和贸易往来。在经济泛安全化的影响下，全球产业链供应链的发展将由效率优先转向安全优先，美国主导的产业链供应链"去风险化"和"去中国化"将对"一带一路"框架下的价值链形成产生不利影响。地缘政治形势的紧张可能导致相关国家和地区的政治不稳定和社会动荡,增加投资风险和市场不确定性。这可能对上海企业在这些地区的投资和贸易活动产生一定的负面影响。

2.融资难融资贵的挑战

亚、非等共建国家项目建设需求巨大,与此同时,大部分国家是发展中经济体,可用于国际产能合作的资金不多。亚洲开发银行的研究显示,2020年以前亚洲地区每年基础设施投资需求高达7300亿美元,而我国的政策性银行、亚洲基础设施投资银行、丝路基金以及国际性金融机构等提供的融资规模仅为每年3500亿美元,远不能满足"一带一路"建设的融资需求。① 因此,参与"一带一路"国际产能合作对上海企业的要求较高,有的需要提供信贷甚至带资承包。

3.国际产能合作经验不足、信息获取难度大

上海企业参与国际产能合作历史较短,尤其是针对大型和特大型国际产能合作项目的管理经验比较欠缺,对运营环节的管理仍需继续积累经验。此外,一些"一带一路"沿线国家的信息透明度较低,关键政策和关键信息的获取难度大。据"透明国际"测算,这些国家的平均透明度指数仅为35分,而全球平均为44分。② 这一区域的不透明状态为上海乃至全国的企业参与国际产能合作增加了成本和难度,主要表现为项目调研成本高、招投标隐性成本高,以及项目运营难度大。

四 政策建议

(一)做好重大项目评估工作,有序推进国际产能合作

建议在上海市推进"一带一路"建设工作领导小组领导下,组织有关

---

① 上海证券交易所:《我国上市公司参与"一带一路"建设的机遇与挑战》,http://www.sse.com.cn/aboutus/research/report/c/4306268.pdf,最后访问日期:2023年11月20日。

② 上海证券交易所:《"一带一路":全球价值链重塑》,https://cn.accaglobal.com/content/dam/acca/articles/files/93.CN-OBOR%20REPORT1515665094.pdf,最后访问日期:2023年11月21日。

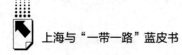

高校、智库做好国别、地区、产业方面的研究，鼓励项目建设主体在重大国际产能合作项目实施前，多层次、多渠道、多学科论证项目的可行性，谨慎评估项目的风险与收益。在项目完成后，应做好政治、经济、社会等方面的评估工作，形成效果评估报告并备案，必要时向社会公开评估报告，提高项目的透明度。建议设立"一带一路"国际产能合作案例库，广泛收集代表性项目的成功经验和失败教训，为后续参与国际产能合作的企业提供参考。

（二）完善风险补偿机制

部分"一带一路"国际产能合作项目具有较高的政治收益和社会收益，具有较大的正外部性，但对于企业而言，盈利与否具有很大的不确定性，具体项目的盈亏需要企业承担，这对上海企业乃至全国其他省份的企业参与"一带一路"国际产能合作有积极影响。因此，在"一带一路"国际产能合作过程中，建议对"一带一路"的项目做具体分类，将纯商业项目和政策类项目分开，并针对每类项目建立风险补偿机制，进而理顺共建"一带一路"的"企业账"和"政治账"之间的关系。

（三）加大资本市场支持力度

建议通过上海自贸区创新国际产能合作的体制机制。在上海自贸区内建立"一带一路"国际债券市场，为共建国家在境内发行人民币债券提供便利。可考虑推动共建国家交易所互联互通，加快资本市场双向开放，协助上市公司利用当地资本市场融资，并与共建国家就资本市场运作经验进行交流，必要时帮助其完善证券交易基础设施。

B.10
全球产业安全视角下的
共建"一带一路"高质量发展

倪红福 王 涵*

摘 要： 当前,"百年未有之大变局"加速演进,新一轮科技革命和产业变革深入发展,在全球产业链和各国分工关系受到外部不确定性冲击等风险叠加背景下,全球产业结构和布局发生深刻调整,全球产业链和产业安全问题日益突出。"一带一路"倡议自提出以来,已经在区域产业链和产业安全问题改善方面取得积极进展,主要表现为:中国与共建"一带一路"国家产业国际竞争力不断增强,产业控制力稳步增强,产业发展环境日益优化。上海作为我国"一带一路"建设的"桥头堡",充分发挥对外直接投资优势、与共建"一带一路"国家贸易结构互补优势、数字技术和科技创新合作优势,为推进高质量共建"一带一路"国际产业安全合作做出了突出贡献。

关键词： 全球产业安全 产业结构 产业布局 "一带一路"

习近平总书记在党的二十大报告中指出:"我国发展进入战略机遇和风险挑战并存、不确定难预料因素增多的时期,各种'黑天鹅'、'灰犀牛'

---

* 倪红福,经济学博士,中国社会科学院经济研究所习近平经济思想研究室主任,中国社会科学院大学应用经济学院执行院长,主要研究方向为宏观经济模型及其应用、产业经济、国际经济、全球价值链理论及其应用等;王涵,中国社会科学院大学博士研究生,主要研究方向为国际经济。

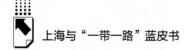
事件随时可能发生。"① 当今全球经济增长动能不足、治理体系尚不完善、全球安全局势动荡、全球生产与贸易的形态和格局正在经历深刻改变，这给传统产业安全带来了前所未有的新挑战。2013 年，面对全球发展趋势和各国的期望，中国以人类的前途命运和整体利益为出发点，提出"一带一路"倡议，有力促进了共建"一带一路"国家间的经济合作和人文交流。然而，在当前风险叠加背景下，产业安全问题已经是动态化和常态化问题，有效降低风险冲击、增强维护产业安全的应对能力对高质量共建"一带一路"尤为重要，也是中国和共建"一带一路"国家深化国际产能合作与实现产业链合作共赢的核心措施。

一 十年来"一带一路"产业安全与合作取得的成就

2013 年提出的"一带一路"倡议开启了中国与世界深度互动的新模式，在各方的共同努力下，共建"一带一路"从中国倡议走向了国际实践，逐渐成为市场相通、产业相融、创新相促、规则相连的重要平台。"一带一路"倡议涵盖了全球地理跨度最大、包容性最强的新兴经济带，在新兴经济区域，贸易和投资呈现迅速增长趋势，为区域产业链和产业安全发展奠定了稳固基础。

当前，比较普遍的观点是从产业竞争力和产业控制力的角度来理解产业安全。一个国家产业是否安全的判定标准是该国是否能够主导或控制其产业的增长，是否具有足够的产业竞争力，以及是否能够抵御现实或潜在的外部威胁或干扰。为此，当下全球贸易中的产业链与产业安全问题主要可以分为两类：一是从出口层面看，产业链与产业安全问题包括贸易壁垒和贸易摩擦导致的安全问题与本国出口竞争力减弱引发的产业安全问题；二是从进口层面看，涉及的产业安全问题包括进口产品的不公平竞争和垄断行为导致的安

---

① 习近平：《高举中国特色社会主义伟大旗帜 为全面建设社会主义现代化国家而团结奋斗——在中国共产党第二十次全国代表大会上的报告》，人民出版社，2022。

全问题、与能源资源和大宗农产品进口相关的安全问题以及高技术核心部件和关键设备对外依赖产生的安全问题。

（一）产业国际竞争力不断增强

共建"一带一路"国家众多，各国的要素禀赋、产业比较优势不尽相同，与中国兼具差异性与互补性。2016 年，习近平总书记在推进"一带一路"建设工作座谈会上强调，推动国际产能和装备制造合作，本质上是通过提高有效供给来催生新的需求，实现世界经济再平衡。① 总体而言，中国正在与共建"一带一路"国家通过产业互补和深化产能合作来提高双方产业国际竞争力。

首先，产能合作在推进过程中存在区域差异。共建"一带一路"国家的自然资源禀赋、产业基础及经济发展水平各不相同，因此产业发展呈现显著的区域差异。中东欧国家正处于市场需求增大、经济蓬勃发展阶段，经济活力较强、发展潜力较大。东亚地区的韩国近年来支柱产业为电子工业、通信产品以及造船和汽车制造业；蒙古国的支柱产业是畜牧业，其工业以畜产品加工为主。西亚国家的主要自然资源是石油，对机械设备、轻工业等工业品的进口依赖程度较高。南亚国家的发展基础较为薄弱，工业化基础设施相对滞后，劳动力价格低廉而资源丰富，主要运输渠道为铁路和公路。

其次，产能合作领域稳步拓展。中国与共建"一带一路"国家共同努力，致力于创建协同并进、互利互惠的合作框架，不断加强在传统和新兴领域的合作，如数字经济、新能源汽车、5G 等领域，促进各方优势互补，有力推进了各国产能合作、产业链布局优化和产业结构升级。

最后，经贸合作区多元化发展。境外经贸合作区在发展过程中不断创新产能合作模式，包括成立保税区、经济特区、"园中园"等，这为加强各方产业合作发挥了重要的示范引领作用。

---

① 《习近平：让"一带一路"建设造福沿线各国人民》，http：//www.xinhuanet.com//world/2016-08/17/c_ 1119408654.htm，最后访问日期：2024 年 4 月 15 日。

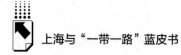

自 2013 年起，上海积极利用其在金融、技术、资源等方面的独特优势，并通过"一带一路"建设所搭建的双边和多边平台，充分发挥其引领和促进作用，为中国与共建"一带一路"国家产业国际竞争力的进一步提升做出了贡献。上海为"数字丝绸之路""创新丝绸之路""健康丝绸之路"提供了便捷的国内外信息沟通渠道、经验丰富的国际化人才和高水平的数据、金融、科技、商务服务，上海还将在充分发挥自身产业优势的基础上，进一步在生物医药、生命科学、能源和旅游等领域推进相关企业合作项目，对中国与共建"一带一路"国家共同加强信息沟通和技术交流、提升产业国际竞争力和创新发展动能有重大意义。2021 年 9 月 28 日，在第四届进博会即将开幕之际，"中欧班列—上海号"列车正式启动。至今，该线路已经实现了中欧线、中俄线和中亚线三条主要线路的全面覆盖，东方丝路已经运营了140 多列中欧班列，将价值 45 亿多元的货物安全传送于欧亚大陆之间。"上海号"运载的货品已从初期的汽车配件、玻璃器皿、服装鞋帽等低附加值商品，逐步转向液晶平板、光伏组件等高附加值商品，慕尼黑首列更是搭载了高货值的高端工业产业线设备，成为产业转型升级的一个缩影。[①] 2024 年2 月 19 日，上海首个企业"丝路电商"发展计划的首批业务成果落地，绿地集团与迈瑞医疗、哈萨克斯坦 IP 集团、韩国大有集团等全球知名企业签约，携手推进"一带一路"合作，助力优质中国商品走向海外。[②] 此外，以上海自贸区扩区为契机，以进博会为载体，打造一批跨境电子商务、国际软件和信息服务外包以及云计算、大数据、人工智能等产业集聚区。

（二）产业控制力稳步增强

随着全球生产网络和贸易体系的发展，现代经济活动已经形成了相对复

---

① 《东方国际运营的"中欧班列—上海号"助力放大进博会溢出效应》，https：//www.shanghai. gov. cn/nw31406/20231023/195decae9db24716bb3a2aee8933df49. html，最后访问日期：2024 年 2 月 26 日。
② 《上海首个企业"丝路电商"首批成果签约》，https：//www. shanghai. gov. cn/nw4411/20240220/c67214ce6a1741c09a0132b1114a85cb. html，最后访问日期：2024 年 2 月 26 日。

杂、互为嵌套的全球研发、生产、供应与贸易网络。在相互依赖的全球经济体系中，要实现本国的产业安全，就需要有强大的产业控制能力。而要强化产业控制力、提高一国产业安全水平，就需要加快推动产业链、供应链和价值链的优化、转型和升级，使三者形成保障产业安全的合力。

上海政府积极采取举措推进"一带一路"产业合作。2017 年 4 月 26 日，《上海市人民政府关于进一步扩大开放加快构建开放型经济新体制的若干意见》发布，指出要创新国际合作模式，服务国家"一带一路"建设；坚持"引进来"和"走出去"有机结合，创新国际化融资模式、产业核心技术研发、经贸投资合作；搭建"一带一路"开放合作新平台，建立综合性对外投资促进机构和境外投资公共信息服务平台，打造"一带一路"产权交易中心与技术转移平台；加强与"一带一路"沿线主要节点城市的经贸合作关系。①

在"一带一路"倡议的积极推动下，上海企业勇于探索，在共建"一带一路"国家进行投资，成功推动了一系列具有地区影响力的重大项目的建设。此举不仅显著加速了上海企业国际化的发展步伐，而且对共建"一带一路"国家的产业安全与发展起到了积极作用。2019 年 8 月，上海电力开始在土耳其投资总额为 17 亿美元的胡努特鲁电厂项目，其中上海电力占股比例高达78.21%。这一项目作为中国在土耳其的最大直接投资，计划安装两台总装机容量为 1320 兆瓦的超超临界发电机组，预计投产后年发电量将达到 90 亿千瓦时。此项目的成功建设对土耳其能源供应的多元化和稳定性具有深远影响，同时展示了"上海品牌"在国际能源领域的重要影响力和专业水准。②

（三）产业发展环境日益优化

首先，在"一带一路"倡议下，中外合作伙伴已共同建立了超过 20 个专业领域的多边对话合作机制，这些机制涵盖了媒体、金融、能源、港口、

---

① 《上海市人民政府关于进一步扩大开放加快构建开放型经济新体制的若干意见》，https：//www. yidaiyilu. gov. cn/p/21220. html，最后访问日期：2023 年 11 月 21 日。
② 《中国在土耳其最大直接投资项目上海电力胡努特鲁电厂正式开工》，https：//mp. weixin. qq. com/s/bG0PKikGu95u3Xnd6XAxSA，最后访问日期：2024 年 4 月 15 日。

铁路等多个领域。此外,各国还依托世界经济论坛、中国-中东欧国家合作、中国-太平洋岛国经济发展合作论坛等多边合作机制平台,不断深化务实产业合作。

其次,随着"一带一路"倡议的发展蓝图逐渐清晰,中国和共建"一带一路"国家致力于构建协同、互利共赢的合作格局。这有效促进了各国产业链的优化布局和产业结构的升级并改善了各国的产业发展环境。共建"一带一路"国家共同推进国际产能合作,深化农业、资源能源、工程机械、钢铁、建材等传统行业的合作,探索数字经济、新能源汽车、5G 等新兴产业的合作,与有意愿的国家开展三方、多方市场合作,以促进各方优势互补、互惠共赢。

截至 2023 年 6 月底,中国已同 40 多个国家签署了产能合作文件,中国企业与共建"一带一路"国家政府、企业合作共建的海外产业园超过 70 个,中国国际矿业大会和中国-东盟矿业合作论坛等已成为共建"一带一路"国家开展矿业产能合作的核心平台。① 上海合作组织农业技术交流培训示范基地在推动共建"一带一路"国家农业科技发展方面发挥了重要作用。该基地通过组织农业技术交流、培训活动,加强了国家间在农业领域的经贸合作,推动了农业科技创新和农业现代化的进程。

最后,共建"一带一路"国家着力建设自由贸易区,拓宽贸易领域,优化贸易结构,解决贸易投资自由化、便利化问题,消除贸易投资壁垒。为了促进区域内的经济均衡与可持续发展,中国积极与共建"一带一路"国家拓展产业合作领域,优化营商环境,致力于建立公正平等的贸易体系。在这一过程中,中国与共建"一带一路"国家间的经贸合作取得了显著成果。从 2013 年至 2022 年,中国与共建"一带一路"国家的进出口总额累计达到了 19.1 万亿美元,年均增长率达到了 6.4%。同时,双方在双向投资领域的合作也日益深化,累计投资金额超过 3800 亿美元,其中中国对外直接投资额超过

---

① 《〈共建"一带一路":构建人类命运共同体的重大实践〉白皮书(全文)》,https://baijiahao.baidu.com/s? id = 1779334848385869455&wfr = spider&for = pc ,最后访问日期:2024 年 6 月 11 日。

2400 亿美元。中国企业在共建"一带一路"国家承包工程新签合同额和完成营业额累计分别达到了 2 万亿美元和 1.3 万亿美元。2022 年，中国与共建"一带一路"国家进出口总额近 2.9 万亿美元，占同期中国外贸总值的45.4%，较 2013 年提高了 6.2 个百分点；中国民营企业对共建国家进出口总额超过 1.5 万亿美元，占同期中国与共建国家进出口总额的 53.7%。①

2018 年，专注于农产品线上批发平台的上海复星国际成功收购俄罗斯重要的 B2B 农产品交易平台 Prod. Center 20% 的股权。完成收购后，复星国际将更有效地推进平台国际化进程，这对推进中俄贸易投资合作发挥了积极作用。② 2018 年 4 月，上海黄金交易所与莫斯科交易所集团签订《谅解备忘录》，③ 双方同意加强信息共享，组织黄金市场参与者联席会议、培训和人员交流。此举开启了中俄两国在黄金交易所领域合作的新篇章。

二 "慢全球化"背景下的全球产业格局和安全问题

（一）全球产业结构和布局发生深刻调整

当今世界正经历"百年未有之大变局"，新一轮科技革命和产业变革深入发展。随着逆全球化思潮兴起，大国博弈、贸易摩擦升级及西方国家制造业"回流"等导致国际政治经济格局急剧变动，全球产业链和各国分工关系受到外部不确定性冲击，在此背景下，全球产业结构和布局发生深度调整。④

首先，全球经济从"快速全球化"进入"慢全球化"阶段。全球贸易

① 《〈共建"一带一路"：构建人类命运共同体的重大实践〉白皮书》，http://www.scio.gov.cn/zfbps/zfbps_ 2279/202310/t20231010_ 773682_ m.html，最后访问日期：2023 年 11 月 21 日。
② 《媒体：中国复星国际购得俄罗斯最大网络农贸平台 20% 的股份》，https://sputniknews.cn/20180816/1026144164.html，最后访问日期：2023 年 11 月 21 日。
③ 《上海黄金交易所与莫斯科交易所集团签订〈谅解备忘录〉，开启跨市场合作新篇章》，https://www.sge.com.cn/xwzx/NewsCenter_ sge/5144571，最后访问日期：2023 年 11 月 21 日。
④ 倪红福：《全球产业结构和布局调整的主要特征及应对思路》，《人民论坛》2023 年第 17 期。

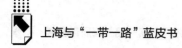
额占全球 GDP 的比重并没有下降，仍然处于较高位置。全球贸易额占全球 GDP 的比重从 1970 年的 24.97% 上升到 2021 年的 56.53%，增加了一倍多。① 2008 年全球金融危机后全球贸易额占全球 GDP 的比重出现了短暂的大幅下降，而后迅速恢复，并在 2018 年基本达到了 2008 年的峰值水平。由于 1986~2008 年全球贸易额快速增长，我们称这一时期为"超级全球化"。1986~2008 年，"超级全球化"期间贸易的爆炸式增长持续时间超过 20 年，显然，这种快速的经济全球化不可能永远持续下去，也就是说，"全球化放缓"时期是不可避免的。根据国际货币基金组织（IMF）的数据，2008 年全球金融危机爆发后，全球需求疲软，全球贸易增速大幅下滑。2010~2018 年简单平均增速只有 5.0%，这一时期全球 GDP 增速为 3.8%。国际货币基金组织在 2023 年 10 月《世界经济展望报告》（WEO）中预测，全球经济增速将从 2022 年的 3.5% 放缓至 2023 年的 3.0% 和 2024 年的 2.9%，低于 3.8% 的历史（2000~2019 年）平均水平。②

其次，总体产业结构日益服务化，但近年来制造业比重稳定甚至出现上升趋势。第一产业国民收入占总体国民收入的比重不断下降，第二产业比重呈波动式下降趋势，第三产业占比呈现显著上升的发展态势，即总体产业结构日趋服务化。与此同时，全球产业结构不断升级，智能化、绿色化、服务化水平不断提高。

再次，全球产业结构呈现高科技化趋势，高技术制造业逐渐成为推动各国制造业发展的重要动力。世界银行数据显示，2022 年中国制造业增加值为 4.98 万亿美元，占全球制造业比重为 29.47%，占本国 GDP 比重为 27.7%③，制造业规模连续 13 年居世界首位，其中高技术制造业占规模以上

① 《贸易额（占国民生产总值（GDP）比例）》，https：//data.worldbank.org.cn/indicator/ NE.TRD.GNFS.ZS，最后访问日期：2023 年 11 月 21 日。

② 《IMF：预计 2023 年全球经济增速为 3.0%，低于历史平均水平，分化依旧严重》，https：// export.shobserver.com/baijiahao/html/665340.html，最后访问日期：2023 年 11 月 21 日。

③ 《制造业，增加值（现价美元）-China》（https：//data.worldbank.org.cn/indicator/NV. IND.MANF.CD？locations＝CN）、《制造业，增加值（占 GDP 的百分比）-China》（https：// data.worldbank.org.cn/indicator/NV.IND.MANF.ZS？locations＝CN），最后访问日期：2023 年 11 月 21 日。

工业增加值比重为 15.5%，装备制造业占规模以上工业增加值比重为 31.8%，已培育 45 个国家先进制造业集群。[①]

最后，全球产业链布局日益数字化、智能化，数字经济重塑全球经济格局。2021 年，全球 47 个主要经济体数字产业化规模为 5.7 万亿美元，占 GDP 的比重为 6.8%；产业数字化规模为 32.4 万亿美元，占 GDP 的比重约为 38.2%。[②]

（二）全球产业链和产业安全问题日益突出

当前，国际形势复杂多变，对国际贸易流向及规模产生了较大影响，全球制造业和产业链供应链格局日益趋向区域化、本土化、多元化和数字化。中国制造业参与全球价值链的程度进一步加深，在全球价值链的多数领域占据生产主体地位。2013~2022 年，中国与共建"一带一路"国家进出口总额累计达 19.1 万亿美元，年均增长 6.4%，双向投资累计超过 3800 亿美元，这些都为我国制造业"走出去"提供了广阔空间。[③]

在过去几十年里，产业链的全球化布局以效率提升和成本降低为基本逻辑，在全世界范围内寻找最优生产方案。由于其全球分布及高效运作，所有积极参与全球产业链的国家都驶入了经济发展快车道。然而，国际经济政治格局演变给全球产业链供应链带来了重大挑战，产业安全风险日益上升为重要议题，各国都开始谋求建立独立自主、安全可控的产业体系，全球分工和生产网络体系也发生了深刻变化，主要表现在以下三个方面。第一，国际经贸规则重构推动区域化布局。2008 年全球金融危机以来，经济全球化进入速度放缓、格局分化、规则重构的调整期。随着《区域全面经济伙伴关系协定》（RCEP）、《全面与进步跨太平洋伙伴关系协定》（CPTPP）、《美墨

---

① 《去年我国全部工业增加值超 40 万亿元　制造业规模连续 13 年居世界首位》，https://www.gov.cn/xinwen/2023-03/19/content_ 5747420.htm，最后访问日期：2023 年 11 月 21 日。

② 中国信息通信研究院：《全球数字经济白皮书（2022 年）》，http://www.caict.ac.cn/english/research/whitepapers/202303/P020230316619916462600.pdf，最后访问日期：2023 年 11 月 21 日。

③ 《〈共建"一带一路"：构建人类命运共同体的重大实践〉白皮书（全文）》，http://www.scio.gov.cn/zfbps/zfbps_ 2279/202310/t20231010_ 773682_ m.html，最后访问日期：2023 年 11 月 21 日。

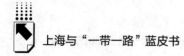

加协定》（USMCA）等大型区域自贸协定的签署和实施，不同区域内的经济贸易合作正在加强，各自的产业链供应链网络也变得更加紧密。第二，产业链供应链区域化、本土化趋势凸显。近年来，美国、欧盟、日本等发达经济体力图重振制造业，纷纷鼓励制造业企业回流。特别是新冠疫情更加凸显了供应链安全的重要性，发达国家考虑到应急安全、基本保障、经济发展、社会稳定等因素，纷纷通过法律规定、经济补贴以及政治手段，促使本国企业加大对本国投资力度，使全球产业链供应链呈现本土化或本国化趋势。第三，跨国公司战略调整推动多元化发展。短期来看，跨国公司全球布局不会出现大范围变化，但可能呈现收缩态势。长期来看，跨国公司将主动进行供应链布局调整，实施多元化战略以达到安全和效率的平衡。

近年来，在贸易摩擦、地缘政治冲突以及全球突发性公共卫生事件等外部冲击下，全球化生产模式的脆弱性和不确定性进一步加剧。人们对全球供应链的看法从乐观转向悲观，呼吁重新进行生产布局。许多人意识到，全球产业链的相互依赖性太强，这也导致全球贸易和产业链的脆弱性凸显。

总之，当前世界大变局加速演变，全球动荡源和风险点增多，贸易风险进一步加剧。全球范围内呈现贸易保护主义趋势，各国市场监管与要求越发严苛，地缘政治矛盾日益复杂，中美在关键领域供应链方面的博弈加剧，各国对外贸可能引发的知识产权保护、国家安全、信息安全等的顾虑不断增加。习近平总书记强调：“必须增强忧患意识，坚持底线思维，居安思危、未雨绸缪，敢于斗争、善于斗争，通过顽强斗争打开事业发展新天地。”①这些变化无论是对宏观的国家经济安全、中观的产业格局还是对微观的企业的供应链调整，都构成了巨大的风险和挑战，也会影响“一带一路”高质量发展。

---

① 《习近平在学习贯彻党的二十大精神研讨班开班式上发表重要讲话》，https：//www.gov.cn/xinwen/2023-02/07/content_ 5740520. htm，最后访问日期：2023 年 11 月 21 日。

三　上海推进"一带一路"产业
安全合作的机遇和风险挑战

（一）主要机遇

1.上海的对外直接投资优势及与共建"一带一路"国家贸易结构互补优势，推动国际产业安全与协同发展

上海是连接国内外市场和国内外产业的主要通道之一。据上海海关统计，2013~2022年，上海市进出口贸易额从2013年的27417.08亿元上升到2022年的41902.74亿元，增长52.83%，实现稳中有进。其中，出口贸易额从2013年的12679.03亿元上升到2022年的17134.21亿元，增长35.14%；进口贸易额从2013年的14738.05亿元上升到2022年的24768.53亿元，增长68.06%（见表1）。十年间，上海口岸对共建"一带一路"国家进出口总额累计达到27.92万亿元，占上海口岸外贸比重超1/3。[①] 2013~2022年，上海市对外直接投资规模呈现稳步增长的良好势头。据统计，2022年，中国对外直接投资流量1631.2亿美元，位居全球第二。2022年末，中国境内投资者在共建"一带一路"国家设立境外企业1.6万家。截至2022年底，上海市对外直接投资存量为1364.4亿美元，较上年增加61.1亿美元，占中国非金融类对外直接投资存量总额的5.9%，占地方对外直接投资存量的15.5%。[②]

与此同时，共建"一带一路"国家大多是发展中国家，面临基础设施薄弱、投资不足、产业发展竞争力落后、产业结构不合理、产业发展不均衡

---

①　《市政府新闻发布会问答实录（2023年11月14日）》，https://www.shanghai.gov.cn/nw9820/20231114/9f5790c2342b4fea886a32b726e546b6.html，最后访问日期：2023年11月21日。

②　《商务部、国家统计局和国家外汇管理局联合发布〈2022年度中国对外直接投资统计公报〉》（http://hzs.mofcom.gov.cn/article/date/202309/20230903443704.shtml）、《2022年度中国对外直接投资统计公报》（http://images.mofcom.gov.cn/hzs/202310/20231027112320497.pdf），最后访问日期：2023年11月21日。

等困境。在此背景下,共建"一带一路"国家亟须吸引海外投资。上海可以充分利用自身资源优势,抓住共建"一带一路"国家急需外商直接投资的机遇,加强与共建"一带一路"国家的投资合作和产业合作,实现各国互利共赢,为共建"一带一路"国家维护产业安全提供了重要保障。

与此同时,"一带一路"涉及地域广阔、国家众多,上海着力于服务共建"一带一路"国家间的产业合作发展,通过共建国家产业协调形成"一带一路"系统内部相对完整且互补的产业体系。这有助于共建国家根据本国资源禀赋和技术优势,进行产业布局优化和产业分工协作,将极大地提升共建国家的产业效率与产业效能,进而造福于人民。例如,作为中国装备制造业的领军企业,上海电气积极践行"一带一路"倡议。截至2022年12月,上海电气在巴基斯坦、迪拜、塞尔维亚等35个国家构建了145个办事机构或分支机构,累计承接海外项目100余个,包括光热、光伏、核电、储能、垃圾发电、燃机、煤电等领域的项目;累计发电1.2万亿度,减少碳排放3500万吨,海外员工数量超6000人。[①] 由上海电气总包建设的迪拜太阳能复合发电项目,是当前世界规模最大、技术标准最高的光热项目之一。由上海电气启动并运营管理的巴基斯坦塔尔能源整合项目,在2023年2月正式并入电网并开始发电,成为巴基斯坦规模最大的电厂。上海电气项目不仅满足了多国的能源资源需求,还促进了全球产业布局和合作,同时也创造了大量的市场就业机会。

表1 上海市对外贸易情况 (2013~2022年)

单位:亿元,%

年份	进出口		出口		进口	
	贸易额	同比	贸易额	同比	贸易额	同比
2013	27417.08	-0.5697	12679.03	-2.9027	14738.05	1.5289
2014	28667.99	4.5625	12916.37	1.8719	15751.62	6.8772

---

① 《共建"一带一路",上海国企以中国技术、中国标准助力海外基础设施建设》,https://www.shanghai.gov.cn/nw31406/20231101/84b42e0d01a3418184d10859d1b9a35c.html,最后访问日期:2023年11月21日。

年份	进出口		出口		进口	
	贸易额	同比	贸易额	同比	贸易额	同比
2015	28060.88	-2.1177	12228.56	-5.3251	15832.33	0.5124
2016	28664.37	2.7116	12105.46	-0.4794	16558.92	5.1770
2017	32237.82	12.4577	13120.31	8.3845	19117.51	15.4349
2018	34009.93	5.4951	13666.85	4.1690	20343.08	6.4050
2019	34046.82	0.1021	13720.91	0.4081	20325.91	-0.1034
2020	34828.47	2.2741	13725.37	0.0037	13725.36	0.0037
2021	40610.35	16.4530	15718.67	14.5599	24891.68	17.6810
2022	41902.74	3.1967	17134.21	9.0421	24768.53	-0.4934

资料来源：《上海市国别当月和累计表 RMB》，http://shanghai.customs.gov.cn/shanghai_ customs/423405/fdzdgknr8/423468/1879297/4253392/4253423/index.html，最后访问日期：2023 年 11 月 21 日。

2. 上海数字技术发展促进供需对接、优化升级产业结构，为保障"一带一路"产业安全提供机遇

当前，全球产业链加速重构，面临深刻调整。借助数字制造技术和数字化转型打造竞争新优势是保障产业链稳定安全的有力抓手。一方面，共建"一带一路"国家大多是发展中国家，大部分处于生产方式相对粗放的工业化、城市化和现代化发展初级阶段。中国拥有强大的生产制造供给能力，上海通过发挥平台经济优势促进中国与共建"一带一路"国家供需对接，通过节约交易成本、实现信息共享、提升生产质量和效率，推动共建"一带一路"国家产能转型和产业链稳定运行。另一方面，数字制造技术的发展在重塑传统制造业生产方式的同时，也改变了不同国家参与国际分工的比较优势。上海通过将数字技术与传统产业融合，减少了各国产业间的信息不对称，实现产业结构间的资源精准配置和灵活投放，促进产业裂变升级，为各国产业融合发展与产业结构优化升级注入了新动力，保障产业安全发展。

近年来，上海"数字丝绸之路"建设取得新进展。2022 年上海积极探索两头在外的"数据加工服务+跨境数据流动"模式，加快推动信息飞鱼国际数据港核心承载区建设。[①] 上海在推进"数字丝绸之路"建设方面，通过积极推动新型商业模式如共享经济、数字贸易、跨境电子商务、移动支付等发展，促进了数字技术与各类产业的深度融合，为偏远地区企业提供了突破地域限制、参与全球产业竞争的机遇，为共建"一带一路"国家创造了更多的商业机会和经济发展空间，从而对国际产业竞争格局产生了深远的影响。上海"数字丝绸之路"建设在显著提升共建"一带一路"公共服务的整体质量、扩大覆盖范围的同时，还有助于通过数字技术的创新应用，催生更多的就业机会和岗位，推动可持续发展和人民福祉的提升。上海应充分利用数据要素积极推动构建产业链信息合作机制和共享平台，利用数字技术实现对产业链的事前监测预警和事中优化处置，实现信息互联互通。

3. 上海科技创新合作为共建"一带一路"产业安全积蓄高质量发展新动能

在技术进步加速迭代的当今社会，科技创新与技术实力的杠杆效应日益凸显，其对生产体系的智能化、自动化改造，能提升生产要素边际生产力、节约企业用工成本以及助力新旧动能转换，让社会资源配置更有效率，这是加速产业高级化与高质量发展的重要推动力，为产业安全蓄势赋能。

十年来，上海市实施多项促进科技创新与产业发展的政策措施，形成了一系列科技创新项目，不仅有效推动了上海企业的国际化进程，而且对于共建"一带一路"国家共同推进新兴技术与"卡脖子"技术的攻坚克难、保障产业安全产生了积极的影响。

2019年10月18日，上海自贸区临港新片区管委会发布促进产业发展16条政策和40条支持措施，这些措施聚焦人工智能、集成电路、生物医药以及航空航天四大关键领域的产业发展，力求全面提升区域产业的整体竞争力，增强科技创新与产业整合的核心能力。其目标在于构建一个以突破关键核心技术为引领的世界级前沿产业集群和开放型产业体系。

---

① 《〈共建"一带一路"：构建人类命运共同体的重大实践〉白皮书（全文）》，http://www.scio.gov.cn/gxzt/dtzt/49518/32678/，最后访问日期：2023年11月21日。

2021 年，科技部批准了第三批共 20 家"一带一路"联合实验室建设名单。中国-俄罗斯激光科学"一带一路"联合实验室、中国-塞尔维亚天然产物与药物发现"一带一路"联合实验室、中国-葡萄牙星海"一带一路"联合实验室成功入选，上海获批数量继续在全国各省市中保持前列。

截至 2023 年 6 月底，中国与 80 多个共建"一带一路"国家签署了《政府间科技合作协定》①，涵盖了技术转移中心、联合实验室建设、科技园区合作以及科技与人文交流等多个关键领域的科技创新合作项目。由中国主导发起的"一带一路"国际科学组织联盟的成员单位数量已增至 78 家，②旨在加强中国与各国在科技创新领域的深入合作，共同攻克新兴技术和关键核心技术难题，促进联合资源开发和高技术的商业化应用，以应对全球性的科技挑战。

（二）风险挑战

1. 国际环境恶化与竞争加剧

当前全球宏观经济治理面临不确定性，大国博弈空前激烈，国际力量对比深刻调整，世界进入新的动荡变革期，复杂的国际环境给上海服务共建"一带一路"产业安全带来新的风险。

首先，美西方国家与中国的产业链"脱钩"是当前最大的产业安全风险。美国先后提出对华"脱钩"和"去风险"，既要摆脱重要供应链对中国的依赖，又要维持地区间的稳定关系。美国将中国定位为"战略竞争对手"后以"去风险"名义对中国实施选择性脱钩战略，即在非战略产业领域保持相对稳定的贸易关系，但在战略产业领域通过持续征收高关税或行政干预等手段对中国实现渐进性脱钩。美国主要在技术、产业、投资与贸易的关键领域和战略产业领域采取选择性战略脱钩策略，同时邀请欧洲国家和日、韩

---

① 《〈共建"一带一路"：构建人类命运共同体的重大实践〉白皮书（全文）》，http：//www. scio. gov. cn/zfbps/zfbps_ 2279/202310/t20231010_ 773682_ m. html，最后访问日期：2024 年 4 月 15 日。

② 《"一带一路"国际科学组织联盟（ANSO）第三届全体大会顺利召开》，http：//www. anso. org. cn/ch/news/ansoxw/202311/t20231128_ 764727. html，最后访问日期：2024 年 4 月 15 日。

等国家到美国设立工厂,切断中国与发达国家的贸易联系和技术合作,试图保持美国在诸多战略产业部门的主导地位,减少其产业链供应链对中国的依赖,这在很大程度上会影响中国重要产业的安全稳定。与此同时,美国通过控制核心技术和关键资源出口危及中国产业安全。通过不断地收紧对华高尖端技术的出口、撤离跨国公司和将高科技闭环集中在西方国家,美国试图迫使中国转移产业供应链并降低全球参与度,与中国保持技术差距,来维持其在战略产业领域的优势,降低其他国家对中国的依存度。

其次,从国际政治环境看,不少共建"一带一路"国家面临较为严峻的地缘政治局势。共建"一带一路"国家位于东南亚、南亚、中亚、欧洲和非洲等多个地区,这些国家在政治体制和政治环境上都存在显著的差异,其中一些国家面临复杂的国内和国际安全风险,特别是东南亚、中东和中亚等地区是大国间地缘政治博弈的关键区域,其中一些国家呈现国内政局不稳定、政权更迭频繁、传统安全风险与非传统安全风险交织的局面,加大了中国与当地政府建立和维系长期互信与合作关系的难度,严重降低了诸多合作协议的落地效率和推进速度。此外,共建"一带一路"国家涉及众多复杂的法律体系,包括大陆法系、伊斯兰法系、英美法系等,如何在这些法律体系中实现平衡以达成法律共识,也是一个颇具挑战性的议题。

最后,国际市场竞争面临不确定性。外部的国际竞争加剧导致产业链面临供给风险,大量来自国外的高品质工业品和农产品涌入中国市场,这无疑会对中国的工业和农业造成冲击甚至挤压中国产业发展空间。尽管在短期内,中国作为主要的工业品供应国的地位不会被取代,但随着东南亚等地区的国家代工龙头企业的兴起,部分产业链上游的资源和配套设施可能会转移到这些国家。在面对国际市场优质产品的市场竞争时,如果中国企业安于现状而不寻求创新,可能面临被市场淘汰的风险,这无疑会加剧中国产业链的不稳定性。

2. 部分劳动密集型产业向发达国家回流

在全球价值链重构背景下,美国、欧盟、日本等发达经济体力图重振制造业,纷纷实行各种优惠政策鼓励制造业企业回流。这将进一步对中国产业发展特别是产业链供应链安全带来一定的压力。由于人工成本上涨、资源环境压力等因素影响，一些发达国家开始考虑应急安全、基本保障、经济发展、社会稳定等因素，纷纷通过法律规定、资金补贴、土地补偿以及政治手段，促使本国企业加大对本国投资力度，使全球产业链供应链呈现本土化或本国化趋势。例如，美国政府鼓励半导体关键零部件生产商在美国设厂生产，实施生产垄断，在战略性产业上形成对中国的打压。另外，自动化、人工智能技术的进步可以替代部分低技术劳动力，这可能会影响跨国公司寻找低成本劳动优势的全球产业布局，转向本地化和替代离岸外包，加速发达国家的制造业回流。全球制造业回流和产业链本土化导致国际供应链成本和贸易成本不断上升，叠加俄乌冲突、美联储连续大幅加息、国际能源等大宗商品价格攀升等因素，全球粮食、能源、资源价格和供给风险不断累积。纺织服装、汽车零部件制造和电子产品零部件加工等我国原本具有优势的劳动密集型产业，既面临发达国家产业回迁的压力，也受到来自周边发展中国家的竞争压力，无疑给"一带一路"产业安全与合作发展带来一定的压力。

3. 产业关键技术面临"卡脖子"风险

虽然在国际分工体系下，中国制造业可以发挥资源丰富、产业链完备等优势，但是在"慢全球化"趋势和全球制造业竞争日益激烈的背景下，中国产业安全面临技术创新不足和关键技术不独立、不自主的风险，导致创新动力不足，制造业发展方式亟须升级。首先，从总体上看，尽管中国经济依托以制造业为核心的发展模式实现了近20年的持续发展，但目前仍处在全球产业链技术附加值中低端环节，长此以往，中国产业链可能面临低端锁定的风险。其次，在高新技术产品方面，中国出口的多是已经进入标准化生产并且附加值较低的计算机与通信技术领域的产品，而进口的多是电子技术、计算机集成制造技术、航空航天技术、光电技术和生物技术等新兴领域的高附加值产品。此外，近年来我国加快科技创新和产业创新的发展速度，逐步增强自主研发和独立创新意识，力求提升在全球产业价值链中的地位，却遭到市场封堵和强力压制。美国视中国为最主要的战略竞争对手，对中国进行经济围堵，拉拢盟友组建"排华"经贸小圈子，企图将中国排挤出现行经济

体系,孤立于世界市场之外。为遏制中国"一带一路"建设,美国陆续推出"美洲增长倡议""美国中亚战略""经济繁荣网络计划"等。2022 年 5 月,"印太经济框架"(IPEF)正式启动,在这一框架之下,美国推动与日澳印"四边机制"方面的合作关系,深化与印太地区国家在基础设施、能源开发和数字经济等领域的合作关系,强化美国贸易主导权并凸显"盟友"、伙伴关系,干扰和冲击中国"一带一路"倡议。外部环境深刻变化,国内部分产业面临产业转移和贸易转移双重风险,我国产业转型升级的压力增大。

四 上海推进高质量共建"一带一路"产业安全的对策建议

面对全球产业结构深度调整,要充分发挥我国全球最完整产业体系供给优势和超大规模市场优势,增强上海在全球资源分配、科技创新策源、高端产业引领以及开放枢纽门户四大关键领域的核心功能,增强上海在全球经济体系中的作用,推动国内外市场深度融合,确保"国内大循环"的稳固地位及国内国际"双循环"的顺畅推进,加速构建新发展格局,形成参与全球竞争的新优势。

(一)加速上海自贸区科研创新和技术攻关,驱动产业向高附加值转型

发挥上海自贸区持续创新和科技支撑的优势,组织力量开展集成研究、协同攻关,分阶段突出重点,分步组织实施技术攻关,最大限度地发挥科技对产业的支撑作用。要加快把上海建设为全球科技创新中心,积极促进一批瞄准世界科技前沿、掌握关键核心技术的创新型企业发展。营造良好的科研环境和创新文化氛围,通过财税金融政策,鼓励企业和社会资本资助基础研究,多途径加大基础研究投入力度;完善上海科技创新体制机制,推动重点领域项目、人才、资金一体化配置,促使产业进入研发设计、供应链管理、营销服务等高附加值环节。

（二）积极推动区域产业链重构，深化与共建"一带一路"国家的产业链合作

结合上海市生产性服务业发展相对较快、抗风险能力较强的优势，通过推进产业链招商、供应链合作，以项目对接等方式吸引发达国家生产性服务企业来上海投资，探索承接产业转移的新路径。抢抓《区域全面经济伙伴关系协定》（RCEP）生效实施的机遇，通过构建相互联通的政策平移机制、持续加强区域内产业链供应链合作，形成区域高水平价值链。倡导对接国际先进规则标准，打造高标准自由贸易区，使人员、货物、资金、数据安全有序流动，实现上海与共建"一带一路"国家更高水平互联互通和更深层次交流合作。

（三）加快推动产业链供应链数字化、智能化、绿色化转型

上海的产业定位历来就是服务国家战略。新一代信息技术向高速、高效和智能化趋势发展，能源技术向低碳化、分布式和智能化持续转变，交通技术向超高速化、智能化、绿色化和共享化持续变革，数字化转型渗透到制造与服务价值链的各个环节。在此背景下，要深入学习贯彻习近平总书记考察上海重要讲话精神，着眼产业基础高级化、产业结构现代化、产业创新生态化，加快培育一批有自主知识产权和国际竞争力的创新型领军企业，为上海深化"五个中心"建设、强化"四大功能"提供有力支撑，更好地服务国家战略需求。推进制造业数字化转型，充分发挥工业互联网平台全要素、全产业链、全价值链的连接优势，推动人工智能、工业互联网等新兴数字技术在制造领域的广泛应用。上海须持续优化营商环境，加大促进科技成果转化的资金投入力度，为企业提供更精确的需求预测、更迅速的资源对接和更高效的服务支持。

（四）聚焦自由贸易试验区建设，提升我国产业链国际竞争力

实施自由贸易试验区提升战略不仅有助于优化区域内的整体营商环境，

而且有助于推进制度型开放，在开放倒逼改革中优化制度体系。上海自贸区作为中国高水平开放和高质量发展的"桥头堡"，要提升国际规则对接能力、全球要素资源配置能力、高端产业引领能力和临港新片区差异化探索能力。进一步扩大上海高水平对外开放，有助于促进区域内要素和产品的自由流动，加强区域内成员方之间的分工合作，促进区域内市场扩容，进而推动区域内产业链供应链发展。

地区和国别报告

B.11

"一带一路"倡议下上海与东南亚国家数字经济合作实践与前景

东艳 张琳 谢红*

摘 要： 上海作为中国最具活力和开放性的城市之一，与东南亚国家在数字经济领域的合作日益密切。中国与东南亚国家在数字经济领域的合作是全方位拓展与东南亚国家互利合作的重要举措。中国加入DEPA和CPTPP，尽早对接高标准数字贸易规则，有助于与东南亚国家合作的创新发展。中国与东南亚国家数字经济合作框架不断完善，签署多项谅解备忘录和合作计划，在数字基础设施、智慧城市、产业数字化、跨境电商和数字治理等方面取得积极进展。上海与东南亚国家的数字经济合作具有良好基础，未来有望进一步深化。上海应继续先行先试数字规则，做好政策压力

---

* 东艳，经济学博士，中国社会科学院世界经济与政治研究所研究员，研究方向为世界经济；张琳，经济学博士，中国社会科学院世界经济与政治研究所助理研究员，*China & World Economy* 编辑，研究方向为世界经济；谢红，计算机软件硕士，中国人民大学信息学院讲师，研究方向为信息技术、数字经济。

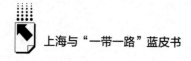

测试与风险评估。

关键词： 上海　东南亚国家　数字经济　"丝路电商"

中国申请加入《数字经济伙伴关系协定》（DEPA）和《全面与进步跨太平洋伙伴关系协定》（CPTPP），尽早对接高标准数字贸易规则，有利于促进中国与东南亚国家的数字经济合作。上海与东南亚国家在数字经济领域合作日益密切。上海是中国最富有活力和开放性、创新性的城市之一，与东南亚国家在数字经济领域的合作日益密切。上海作为对外开放的"桥头堡"，应当在数字规则领域先行先试，做好政策的压力测试与开放的风险评估。

一　"一带一路"倡议下中国与东南亚
国家数字经济合作进展

推进与东南亚国家的数字经济合作，是全方位拓展与东南亚国家互利合作、丰富中国与东南亚国家经贸合作内涵的重要举措。东南亚是共建"一带一路"的重点地区，中国-东盟贸易投资合作规模持续扩大。根据2024年2月东盟秘书处发布的报告，2009年以来，中国一直保持着东盟第一大贸易伙伴的地位；自2020年起，东盟已连续4年成为中国第一大贸易伙伴。2022年，中国与东盟进出口规模达6.52万亿元人民币，增长15%。[①] 2023年前10个月，中国与东盟贸易总值为5.23万亿元人民币，占中国外贸总值的15.2%。[②] 截至2023年7月，中国同东盟国家累计双向投

---

① ASEAN Secretariat Information Paper, "Overview of ASEAN - China Comprehensive Strategic Partnership", February 2004, https://asean.org/wp - content/uploads/2024/03/Overview - of - ASEAN-China - Comprehensive - Startegic - Partnership - Feb - 2024. pdf? trk = public _ post _ comment=text.

② 《今年前10个月我国与东盟贸易总值为5.23万亿元》，https://baijiahao.baidu.com/s? id = 1781896135243791075&wfr=spider&for=pc，最后访问日期：2023年12月5日。

资额超过 3800 亿美元。① 中国与东南亚国家在数字经济领域的合作有助于双方更有效地把握数字经济机会，推进产业转型，促进经济增长，创造就业机会。

中国与东南亚国家数字经济合作框架不断完善。2017 年 5 月 14 日，国家主席习近平在第一届"一带一路"国际合作高峰论坛上提出建设"数字丝绸之路"，提出"要坚持创新驱动发展，加强在数字经济、人工智能、纳米技术、量子计算机等前沿领域合作，推动大数据、云计算、智慧城市建设，连接成 21 世纪的数字丝绸之路"②。2017 年 12 月 3 日，在第四届世界互联网大会上，中国、老挝、沙特阿拉伯、塞尔维亚、泰国、土耳其、阿联酋等国家相关部门共同发布了《"一带一路"数字经济国际合作倡议》，拓展了数字经济领域的合作。③

近年来，中国与东南亚国家的数字经济合作快速推进，引领了"数字丝绸之路"建设。2020 年 11 月 12 日，中国-东盟领导人会议发表《中国-东盟关于建立数字经济合作伙伴关系的倡议》，旨在加强双方在数字经济领域的合作，共同推动数字经济发展，促进数字技术创新和应用。2023 年，第三届中国-东盟数字部长会议举行，中国-东盟共同发布了《落实中国-东盟数字经济伙伴关系行动计划（2021～2025）》，通过经验交流、项目合作等方式，携手推进数字化转型，共同迈向可持续发展的数字未来。

中国与东盟国家在数字基础设施与智慧城市建设、产业数字化转型、跨境电商、数字人才培养，以及数字治理等方面的合作取得了积极进展。在数字基础设施和智慧城市建设方面，中国与东南亚国家共同建设了基于区块链

---

① 《国际观察：推进中国-东盟经贸合作高质量发展》，https://baijiahao.baidu.com/s?id=1777519700461948164&wfr=spider&for=pc，最后访问日期：2023 年 12 月 5 日。

② 习近平：《携手推进"一带一路"建设——在"一带一路"国际合作高峰论坛开幕式上的演讲》，http://www.xinhuanet.com/politics/2017-05/14/c_1120969677.htm，最后访问日期：2023 年 12 月 5 日。

③ 《〈"一带一路"数字经济国际合作倡议〉发布》，https://www.cac.gov.cn/2018-05/11/c_1122775756.htm?isappinstalled=0，最后访问日期：2023 年 12 月 5 日。

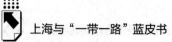
的中国-东盟企业征信平台、中国-东盟北斗/GNSS 中心、中国-东盟跨境地质灾害北斗监测系统等，这些创新合作平台利用先进技术提升了东盟国家的数字化水平。中国与东南亚国家共同建设了新型智慧城市协同创新中心、数字产业园等，为东南亚国家的智慧城市建设提供了技术支持和相关经验。在跨境电商合作方面，中国与东南亚国家共同打造了集"交易、通关、金融和物流"于一体的外贸服务平台，为双方的跨境电商合作提供了便利。在产业数字化转型合作方面，"数字丝绸之路"促进了中国与东南亚国家的电子商务合作和互联互通，推动了区域内的经济发展和人文交流。2017 年 11月 3 日，马来西亚数字自由贸易区正式启用，为初创公司和数字企业提供了孵化中心，创建了有利于创新和增长的环境。

二　上海与东南亚国家数字经济合作现状

（一）上海具有发展数字经济的良好基础

上海数字基础设施较为完备，数字经济发展在全国居于领先地位。上海作为中国的经济中心城市，2022 年 GDP 达到 44652.8 亿元，多年蝉联全国城市 GDP 榜首，2023 年前三季度 GDP 达到 33019.23 亿元，同比增长6.0%。[①] 上海城市数字经济发展同样名列前茅。2022 年 12 月 30 日发布的《中国城市数字经济发展报告 2022》对全国 52 个重点城市数字经济竞争力水平进行了量化分析，北京、上海、深圳位列前三。[②] 2023 年 11 月发布的《中国城市数字竞争力指数报告（2023）》量化分析了全国 32 个重点城市

---

①　上海市统计局：《2022 年上海市国民经济和社会发展统计公报》，https：//tjj. sh. gov. cn/tjgb/20230317/6bb2cf0811ab41eb8ae397c8f8577e00. html，最后访问日期：2023 年 12 月5 日。

②　《〈中国城市数字经济发展报告 2022〉正式发布》，https：//sh. cctv. cn/2022/12/31/ARTIbB6O3gc4l24CxUEDNPBK221230. shtml？spm = C41875. PATnCAOkLLgp. EZaDyz3Mr6MA. 22，最后访问日期：2023 年 12 月 5 日。

的数字化竞争力水平，上海以 89.17 分的总分排名第一。①

2022 年 9 月，上海数据集团有限公司（以下简称"上海数据集团"）成立，这是我国省级层面首家以数据为核心业务、具有功能保障属性的地方国企。根据规划，上海数据集团有四大业务：一是数据基础设施建设与运营，即负责数据采集、存储、共享、传输等基础设施的建设与运营；二是数字资产供给及交易，即基于特许经营和授权，向需求方提供合规、安全的数据产品；三是基于大数据分析，为企业、行业和城市数字化提供数据咨询、解决方案等增值服务；四是构建数据产业生态圈，强化投资功能，推动相关产业集群发展。②

2023 年 11 月 7 日，在第六届中国国际进口博览会上，上海临港新片区跨境数据科技有限公司与 PCIN LINK SYSTEM PTE. LTD 签约，国际数据港计划投资 2 亿美元建设上海临港-新加坡新型海光缆，实现沿"一带一路"自我掌控的海光缆体系。③ 这将进一步提升上海的数字化发展水平。

上海的数字治理水平全国领先。上海提出"整体性转变、全方位赋能、革命性重塑"的发展路径，加快推进国际数字之都建设。近年来，上海打造了 40 个市级重点"一件事"集成服务，累计办件量 1200 万件，受益企业群众超过 310 万人次。④ 在《中国城市数字治理报告（2023）》中，上海和北京的城市数字化治理水平位列第一梯队，遥遥领先于其他城市。⑤

---

① 俱鹤飞：《一把标尺衡量中国 32 个重点城市，上海排名第一》，https://www.jfdaily.com/staticsg/res/html/web/newsDetail.html? id = 680040&sid = 67，最后访问日期：2023 年 12 月 10 日。

② 《"新国企"折射各地高质量发展新动向》，https://www.jfdaily.com/staticsg/res/html/web/newsDetail.html? id = 539895&sid = 67，最后访问日期：2023 年 12 月 10 日。

③ 《上海交易团再签 33.55 亿元大单　浦东国企与进博会重点参展企业战略合作签约》，https://www.shanghai.gov.cn/nw4411/20231108/1f350c7bccf64192a886fac47a979786.html，最后访问日期：2023 年 12 月 10 日。

④ 《数字治理"点亮"智慧之城，数字赋能城市提质研讨会在沪举行》，https://baijiahao.baidu.com/s? id = 1782410113585504321&wfr = spider&for = pc，最后访问日期：2023 年 12 月 10 日。

⑤ 《〈中国城市数字治理报告（2023）〉发布：上海、北京数字化治理水平领跑》，https://finance.eastmoney.com/a/202311112901893736.html，最后访问日期：2023 年 12 月 5 日。

（二）上海数字经济成果丰硕

上海数字经济取得了丰硕的成果，为与伙伴国的合作奠定了良好的基础。2023 年 11 月 6 日，"数据共生 智能未来——2023 全球数字大会"在上海举行。大会指出，上海积极落实国家战略，在数据产业发展、要素市场建设等方面取得了一系列成果。全市数字经济核心产业增加值突破 6000 亿元，近年来平均增速超 10%；上海数据交易所挂牌数据 1700 多个，交易金额超 7.6 亿元，签约数商 500 多家，均居全国第一。[①]

临港和虹桥是上海东、西两个示范区，两翼齐飞将推动上海数字经济进一步发展。2023 年 10 月 27 日，国际数据经济产业园在临港新片区揭牌，到 2025 年，产业园将重点打造形成 10 个高能级国际数据合作平台，50 个以上数据便捷流动和国际合作创新场景，集聚 100 家头部企业，达到 1000 亿元的数据产业规模。[②] 虹桥国际中央商务区目前已集聚数字贸易企业超7000 家；2003 年 1~9 月，虹桥保税物流中心（B 型）跨境电商进口业务实现销售订单 645.65 万单（占全市 43%），交易总额超过 12 亿元人民币（占全市近 30%）。[③]

（三）上海与东南亚国家在数字经济领域合作不断深化

上海作为中国最富有活力和开放性、创新性的城市之一，与东南亚国家在数字经济领域的合作日益密切。2022 年，上海市对东盟进出口 5660.1 亿元，增长 5.2%，增速高于全市外贸总体增速 2 个百分点。[④] 除越南外，上

---

① 杨欢：《2023 全球数字大会在青浦举行，共话数字经济新发展蓝图》，http：//news. xinmin. cn/2023/11/07/32515357. html，最后访问日期：2023 年 12 月 12 日。

② 周渊：《国际数据经济产业园揭牌，到 2025 年临港将实现千亿级数据产业规模》，https：//www. whb. cn/commonDetail/546324，最后访问日期：2023 年 12 月 12 日。

③ 《市政府新闻发布会问答实录（2023 年 11 月 14 日）》，https：//www. shanghai. gov. cn/nw9820/20231114/9f5790c2342b4fea886a32b726e546b6. html，最后访问日期：2023 年 12 月 12 日。

④ 《上海市 2022 年外贸进出口规模再度刷新历史记录》，https：//www. chinanews. com. cn/cj/2023/01-19/9939058. shtml，最后访问日期：2023 年 12 月 12 日。

海对东南亚十国的进出口均为正增长（见表1）。其中，马来西亚是上海最大的贸易国，进出口总额为1172.7亿元，同比增长1.8%；印度尼西亚同比增长最快，达到39.0%；马来西亚、越南、印度尼西亚、新加坡、泰国的进出口总额为5184.8亿元，占东盟的91.6%。

表1 2022年上海市对东南亚十国进出口数据

东南亚十国	进出口		出口		进口	
	人民币（亿元）	同比增长（%）	人民币（亿元）	同比增长（%）	人民币（亿元）	同比增长（%）
马来西亚	1172.6741	1.8211	337.5658	17.7210	835.1083	-3.4500
越南	1110.2752	-12.5175	337.0506	-4.2918	773.2246	-15.6767
印度尼西亚	1036.6935	38.9905	338.5551	26.3435	698.1384	46.0816
新加坡	998.3184	8.0321	534.8252	19.3710	463.4932	-2.6393
泰国	866.7949	4.7637	365.9019	6.7487	500.8930	3.3597
菲律宾	342.1855	1.5317	133.6850	0.0074	208.5006	2.5337
柬埔寨	66.5182	1.3788	36.9756	3.8659	29.5426	-1.5710
缅甸	39.5474	16.7057	30.1437	16.5554	9.4037	17.1904
老挝	24.7469	1.9979	2.3806	19.6322	22.3663	0.4224
文莱	2.3868	2.3067	1.8467	22.9678	0.5401	-35.0202

资料来源：上海海关。

上海互联网企业积极开拓东南亚市场。上海互联网企业发展迅速，实力雄厚。根据中国互联网协会2022年11月2日发布的《中国互联网企业综合实力指数报告（2022）》，上海共有18家企业入围中国互联网综合实力前百家企业名单（见表2）。

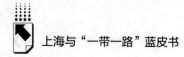

表 2　上海 18 家企业入围中国互联网综合实力前百家企业名单

企业名称	主要业务和品牌
上海寻梦信息技术有限公司	拼多多
携程集团	携程旅行网、去哪儿、天巡
哔哩哔哩股份有限公司	哔哩哔哩
上海米哈游网络科技股份有限公司	米哈游、miHoYo、原神
东方财富信息股份有限公司	东方财富、东方财富证券、天天基金
上海识装信息科技有限公司	得物
上海钢银电子商务股份有限公司	钢银电商、钢银数据、钢银云 SAAS
波克科技股份有限公司	波克城市、猫咪公寓、爆炒江湖
东方明珠新媒体股份有限公司	百视 TV、百视通、东方购物
上海连尚网络科技有限公司	WiFi 万能钥匙
网宿科技股份有限公司	网宿科技
优刻得科技股份有限公司	Ucloud、安全屋、优云智联
汇付天下有限公司	斗拱、汇来米、聚合支付
上海东方网股份有限公司	东方新闻、纵相新闻、东方智库
恺英网络股份有限公司	蓝月传奇、敢达争锋对决、XY.COM 游戏平台
上海巨人网络科技有限公司	征途系列游戏、球球大作战、帕斯卡契约
上海益世界信息技术集团有限公司	商道高手、我是大东家、金币大富翁
上海莉莉丝科技股份有限公司	小冰冰传奇、万国觉醒、剑与远征

　　资料来源:《〈中国互联网企业综合实力指数报告(2022)〉正式发布》,https://www.isc.org.cn/article/14404172954071040.html,最后访问日期:2023 年 12 月 12 日。

　　上海互联网企业为上海市经济提供了重要支撑和源源不断的发展活力。上海市互联网协会发布的《2022 年上海互联网企业综合实力指数报告》显示,2021 年上海市互联网综合实力前 50 家企业的互联网业务收入达 5923.6 亿元,同比增长 25.7%,占上海市 GDP 规模的比重达 13.7%,成为上海市数字经济发展的重要组成部分和驱动力。[①]

　　作为上海互联网企业的排头兵,拼多多、携程、哔哩哔哩等积极开拓东南亚国家市场。2023 年 8 月,拼多多跨境平台 Temu 正式推出了其在东南亚地区的第一个站点——菲律宾站,迈出了进军东南亚市场的第一步。菲律宾

---

　　① 俱鹤飞:《上海首次公布互联网行业前 50 强,业务收入规模近 6000 亿元,这些企业上榜》,https://export.shobserver.com/toutiao/html/554835.html,最后访问日期:2023 年 12 月 12 日。

属于高购买力的新兴电商市场，Temu 选择它作为东南亚首站，既是经过一番市场调研和深思熟虑后做出的重要决定，也是挖掘东南亚电商市场增量的首选。① 中国与东南亚国家互为重要客源市场和旅游目的地，东盟十国已经有8 个国家对中国旅客实施免签、落地签政策。2020 年前后，哔哩哔哩正式走向海外，首站冲向东南亚。2020 年以来，哔哩哔哩海外业务已经成功落地泰国、马来西亚、越南等东南亚国家，2022 年在新加坡、印度尼西亚、菲律宾等地也陆续开启招聘工作。② 截至 2022 年底，哔哩哔哩已有 24 部国创动画作品在海外上线，并有 15 部纪录片登陆海外市场，累计获得 107 个国内外奖项。③

上海高校与东南亚国家合作培养人才。人才培养是促进数字经济发展的关键因素之一，近年来，上海与东南亚国家的教育交流日益增多，人才培养力度加大。上海多所高校依托自身优势，与东南亚国家的高校及企业建立了合作关系，共同培养具有国际视野的各类人才，为"一带一路"的高质量发展奠定了坚实的人才基础。2023 年 5 月 22～25 日，联合国教科文组织教师教育中心和中国-东盟中心共同组织了"2023 东盟教育官员职业教育、数字教育上海行"，来自泰国、印度尼西亚、老挝、马来西亚、缅甸、越南和柬埔寨等东南亚国家的驻华教育官员来沪考察，并出席了"挑战与机遇——联合国教科文组织教师教育中心与东盟国家教育发展合作"座谈会。④ 上海交通大学与东盟的新加坡、泰国、马来西亚、菲律宾、越南等国家的高校和科研机构签署了合作交流协议。学校每年赴东盟国家参加联培项目、交流交换和国际会议的师生约 718 人次。2010 年以来，全校录取东盟各国来华留学生5589 人次，包括 2022 级在内的来华留学生有 520 人。2019 年，在新加坡建立

---

① 《拼多多 Temu 登陆东南亚，跨境电商行业大震荡》，https：//baijiahao. baidu. com/s? id = 1775525383533924582&wfr=spider&for=pc，最后访问日期：2023 年 12 月 12 日。

② 《社媒又添"猛将"？继 TikTok 之后，B 站出海争战东南亚》，https：//www. sohu. com/a/ 612562409_ 121379848，最后访问日期：2023 年 12 月 12 日。

③ 《钛动案例 | 优质素材配合高留存投放策略，看 Bilibili 如何"破圈"东南亚》，https：// news. sina. com. cn/shangxunfushen/2023-09-04/detail-imzkpswf9225973. shtml，最后访问日期：2023 年 12 月 12 日。

④ 白羽：《第一教育：东盟国家驻华教育官员来沪参加教育发展合作座谈会》，https：// www. shnu. edu. cn/ff/e9/c16a786409/page. htm，最后访问日期：2023 年 12 月 12 日。

上海交通大学新加坡研究生院，开展 MBA 学位和非学历教育。学校与新加坡国立大学、新加坡南洋理工大学联合培养博士并联合授予博士学位。[①]

三 上海与东南亚国家数字经济合作潜力分析

（一）影响双边数字经济合作的因素：一个综合分析框架

数字经济具有规模经济、范围经济、网络效应、长尾效应等特征，数字经济概念的内涵和外延尚未在全球范围内达成共识，这给区域性、跨国数字经济概念的界定带来了一定的难度。联合国贸发会议《数字经济报告 2019》指出，数字经济是"以数字化信息数据作为关键生产要素，以数字技术为核心驱动力，依托全球高速信息网络，通过数字技术与实体经济的深度融合"[②]。中国信息通信研究院的报告指出，2025 年以数字经济为基础的跨国资本流动，将会为世界经济带来 11 兆美元的增长。世界 47 个主要国家的数字经济在 2021 年已经实现 38.1 兆美元，相当于 GDP 的 45%。[③] 以联合国贸发会议的定义为基础，中国和东盟双方提出了各自对数字经济的理解。2016 年 9 月，G20 杭州峰会发布的《二十国集团数字经济发展与合作倡议》指出，数字经济是"以使用数字化的知识和信息作为关键生产要素、以现代信息网络作为重要载体、以信息通信技术的有效使用作为效率提升和经济结构优化的重要推动力的一系列经济活动"[④]。2019 年，东盟制定了《〈东盟数字一体化框架〉行动计划 2019~2025》，明确了六大优先领域，即无缝贸

---

① 《上海交大参加第 15 届中国-东盟教育交流周活动》，https://dzb.sjtu.edu.cn/Data/View/5985，最后访问日期：2023 年 12 月 15 日。

② UNCTAD, Digital Economy Report 2019, Value Creation and Capture：Implications for Developing Countries, 2019.

③ 中国信息通信研究院：《全球数字经济白皮书（2022）》，https://zjjcmspublic.oss-cn-hangzhou-zwynet-d01-a.internet.cloud.zj.gov.cn/jcms_files/jcms1/web1585/site/attach/0/6664194994074dafac78f75ed2c0eeda.pdf，最后访问日期：2023 年 12 月 5 日。

④ 《二十国集团数字经济发展与合作倡议》，http://www.g20chn.org/hywj/dncgwj/201609/t20160920_3474.html，最后访问日期：2023 年 12 月 15 日。

易、保护数据、数字支付、数字人才、创业精神和协调行动。2023 年上半年东盟实施了《东盟经济共同体蓝图 2025》,在电子商务、无纸化贸易、数字支付、网络安全等领域取得了显著进展。① 虽然双方对数字经济的定义不尽相同,但仍然存在很大的交叉;根据双方的政策规划、产业发展和实践经验,我们可以进一步筛选出上海与东盟数字经济合作的重点领域,如电子商务、信息通信基础设施、数字技术、数字人才等。

上海是中国数字城市中最具竞争力的城市之一,在信息基础、数字经济、民生服务、数字低碳、数字创新等多个维度都处于全国领先地位,在数字基础设施建设、数字资源利用效率、数字经济发展与升级、数字公共服务以及数字治理等领域也走在全国前列,是我国数字经济对外合作的标杆。上海与东南亚国家之间的数字经济合作形式多样,包括电子商务的国际贸易合作、数字网络和 ICT 基础设施的对外投资与合作项目、数字人才交流与教育合作、数字技术的合作,以及数字治理的规制融合与规则对接等。

两个经济体之间的合作水平既取决于双方各自的数字经济发展水平,还取决于两者之间合作成本的高低。前者取决于各自的生产函数,根据数字经济定义,数据是数字经济生产最重要的生产要素;数字人才也是重要的生产要素,数字技术可能会通过影响全要素生产率系数进而影响最终的产出;而后者成本的高低取决于两个经济体之间的"制度距离"。根据经典的国际贸易理论和国际投资理论,两者间的制度距离越近,则成本越低,比如地理位置相近、政府治理程度较高、文化和语言接近等。值得注意的是,考虑到数字经济的特性,地理距离远近对数字经济合作的影响力显著下降。因此,与数字经济相关的制度性因素,主要包括数据流动规则、数字治理能力等。东南亚地理范围广泛,国家众多,根据世界银行的收入划分标准,东盟十国中,高收入国家有文莱和新加坡;中高收入国家有泰国和马来西亚;中低收入国家有越南、老挝、缅甸、菲律宾、柬埔寨和印度尼西亚。中国与东南亚国家

---

① 《东盟经贸 | 东盟经济共同体建设稳步推进》,http://asean.china-mission.gov.cn/dmdt/202307/t20230717_11114200.htm,最后访问日期:2023 年 12 月 15 日。

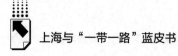

之间的数字经济双边合作会因国家不同，具有异质性。中国与一些东南亚国家之间数字经济发展差异很大，因优势互补形成合作；而中国与另外一些东南亚国家数字经济发展水平均较高，更易形成双向贸易、投资以及技术合作。①

表3　中国与东南亚国家数字经济合作的影响因素及指标

	指标/含义	资料来源
一国国内数字经济发展的影响因素		
1. 数据要素	—	N. A.
2. 数字技术	数字专利规模	N. A.
	数字和计算机相关论文发表数量	N. A.
3. 数字人才	高等教育入学率	《上海统计年鉴》(2012~2022年)
	国民数字素养	World Development Indicator
4. 数字基础设施	人均互联网带宽	《上海统计年鉴》(2012~2022年)、World Development Indicator
	信息通信管线长度	《上海统计年鉴》(2012~2022年)
5. 数字产业规模	信息服务业总产值、营业收入	《上海统计年鉴》(2012~2022年)
6. 数字市场规模	家庭宽带接入户	《上海统计年鉴》(2012~2022年)
	宽带使用人口比例	World Bank/国际电信联盟(ITU)、全球移动通信系统协会(GSMA)
7. 数字治理能力	电子政府指数	联合国
两国之间数字经济合作的影响因素		
1. 数字出口规模	数字服务出口规模	
2. 数字规则限制	DTRI	
3. 双边经济关系		"中国-东盟贸易指数"(http://urumqi. customs. gov. cn/customs/302249/zfxxgk/ 2799825/302274/myzs75/3840284/3840291/ 3846055/index. html)
4. 双边政治关系		"中国与大国关系分值表(1950~2023年12月)"(www. tuiir. tsinghua. edu. cn/info/1145/ 6075. htm)

---

① 根据中国信息通信研究院《全球数字经济白皮书（2022年）》。根据以上分析，本报告将影响双边数字经济合作的因素，按照一国国内数字经济发展的影响因素和两国之间数字经济合作的影响因素两个维度进行划分，并进一步结合现有可获得的公开数据，梳理了相关的具体指标（见表3，https：//www.xdyanbao.com/doc/bmfwl7s8ny？bd_ vid=8200148683815803208）。中美欧形成全球数字经济发展的三极格局，中国数字经济规模居全球第二，数字经济高速增长。

（二）上海市数字经济发展的前景分析

根据《中国数字经济发展报告（2022 年）》，数字经济的范畴包括数字产业化和产业数字化。[①] 受数据所限，本报告用信息通信产业（包括电子信息制造业、电信业、软件和信息技术服务业、互联网行业等）数据考察上海市数字经济的总体规模。2021 年，上海信息传输、软件和信息技术服务业营业收入达 11237.30 亿元，是 2018 年营业收入的 2.2 倍（见表 4）。其中，软件和信息技术服务业实现营业收入 5302.26 亿元，与 2018 年相比增长了 42.6%；互联网和相关服务实现营业收入 4978.52 亿元，比 2018 年相比增长 7.6 倍。2021 年，上海制定了《上海市软件和信息服务业发展"十四五"规划》，规划中明确到"十四五"末期，"经营收入超过 15000 亿元，年均增长高于全市服务业平均水平，增加值占全市生产总值的比重达到8%左右，其中软件业营收达 7700 亿元，信息服务业营收达 7000 亿元，网络安全营收超 300 亿元"[②]。此外，在产业创新、企业发展、人才建设、产业布局等多个领域均制定了发展目标。

表 4　上海规模以上服务业企业主要指标：信息传输、软件和信息技术服务业（2018~2021）

单位：亿元

		资产总计	营业收入	利润总额	税金总额
2021 年	信息传输、软件和信息技术服务业	20869.12	11237.30	937.71	282.52
	电信、广播电视和卫星传输服务	2283.87	956.52	81.22	15.66
	互联网和相关服务	8034.43	4978.52	38.41	106.82
	软件和信息技术服务业	10550.81	5302.26	818.09	160.04

---

① 中国信息通信研究院：《中国数字经济发展报告（2022 年）》，http://www.caict.ac.cn/kxyj/qwfb/bps/202207/P020220729609949023295.pdf，最后访问日期：2023 年 12 月 18 日。

② 《上海市软件和信息服务业发展"十四五"规划》，https://www.askci.com/news/zszc/20220303/1753581745730.shtml，最后访问日期：2023 年 12 月 5 日。

续表

		资产总计	营业收入	利润总额	税金总额
2020 年	信息传输、软件和信息技术服务业	16013.72	8785.97	959.31	225.12
	电信、广播电视和卫星传输服务	2190.18	910.04	100.29	14.93
	互联网和相关服务	5386.32	3588.07	191.03	77.08
	软件和信息技术服务业	8437.21	4287.86	667.98	133.11
2019 年	信息传输、软件和信息技术服务业	12446.70	6598.58	785.52	178.60
	电信、广播电视和卫星传输服务	2033.92	892.29	94.46	11.87
	互联网和相关服务	3932.70	2522.84	202.14	60.06
	软件和信息技术服务业	6480.08	3183.44	488.92	106.67
2018 年	信息传输、软件和信息技术服务业	9474.55	5104.67	473.13	162.62
	电信、广播电视和卫星传输服务	1484.32	806.16	130.85	23.17
	互联网和相关服务	1517.70	578.98	105.10	21.36
	软件和信息技术服务业	6472.52	3719.53	237.19	118.09

资料来源：2019~2022 年《上海统计年鉴》。

上海市信息化基础设施包括多项指标，2010~2021 年均呈现高速增长。2021 年信息通信管线长度为 11959 沟公里（见表 5），与 2010 年相比增加了一倍；光缆线路长度为 713201.79 沟公里，而这一数值在 2015 年仅为 475024.56 沟公里，6 年间增长了 50%。[①] 2021 年，家庭宽带接入用户增加至 995 万户，IPTV 用户增加至 560 万户，有线数字电视用户增加至 753 万户，其中 IPTV 用户规模增长超过 3 倍，最为显著。此外，新型数字化基础设施建设，如涉及人工智能、区块链、第五代移动通信（5G）等也在快速推进和发展。在《上海市进一步推进新型基础设施建设行动方案（2023~2026 年）》中，推动 5G 移动通信网络和固定通信网络向"双万兆"探索演进、布局"天地一体"的卫

[①]《上海统计年鉴》（2022），表 15.18 "主要年份信息化基础设施建设情况"，https：//tjj. sh. gov. cn/tjnj/nj22. htm? d1 = 2022tjnj/C1518. htm。

星互联网、打造国际网络枢纽和工业互联网，成为未来5年上海市新型数字化基础设施建设的重点方向。从长期来看，数字基础设施能够为数字经济的扩容和产业数字化的升级赋能增效，优化产业结构和发展模式。

表5 信息化基础设施情况（2010～2021）

年份	信息通信管线长度（沟公里）	家庭宽带接入用户（万户）	IPTV用户（万户）	有线数字电视用户（万户）
2010	5821	440.0	130.0	220.0
2011	6258	530.7	153.0	262.2
2012	7003	626.8	178.0	365.5
2013	7866	494.0	198.0	525.0
2014	8860	600.0	200.0	604.0
2015	9975	620.0	177.0	662.0
2016	10459	720.0	230.0	698.0
2017	10741	745.0	317.0	706.0
2018	10967	804.0	398.0	715.0
2019	11215	890.0	561.0	724.0
2020	11574	919.0	565.0	750.0
2021	11959	995.0	560.0	753.0

资料来源：2011～2022年《上海统计年鉴》。

（三）东南亚国家数字经济发展的前景分析

2021年东南亚的数字市场呈现快速扩张的态势，高收入经济体如新加坡、文莱，中等收入经济体如马来西亚，其国内使用互联网的人口比例均已超过95%；印度尼西亚、越南、泰国等主要东南亚国家，以及低收入经济体柬埔寨、老挝等的互联网使用人口比例也超过了60%（见表6），说明互联网在东南亚国家得到广泛使用，这构成了数字经济的大市场基础。《e-Conomy SEA 2022——乘风破浪，走向机遇之海》中的数据显示，2022年东南亚网民数量为4.6亿，特别是从2019年到2022年网民规模快速增长，直接增加了1亿网民。[①] 此外，从固定宽带用户数（见表7）来看，相比2013

---

① 《东南亚 2022 年数字经济"逆风增长"，进军越南你真的准备好吗?》，https：// baijiahao.baidu.com/s? id＝1776271541787175956&wfr＝spider&for＝pc，最后访问日期：2023 年 12 月 5 日。

年，2022 年新加坡、印度尼西亚、泰国、马来西亚等东南亚国家的固定宽带用户数显著增加，这意味着消费者对数字服务和数字应用的潜在需求不断增加；从固定电话用户数来看，相比 2013 年，2022 年文莱、马来西亚、菲律宾等东南亚国家的固定电话用户数也有所增加，消费市场还有上升空间。

表6　东南亚十国使用互联网的人口比例（2010~2022）

单位：%

年份	新加坡	泰国	越南	马来西亚	菲律宾	老挝	文莱	柬埔寨	印度尼西亚	缅甸
2010	36.00	3.69	0.25	21.38	1.98	0.11	9.00	0.05	0.93	N. A.
2013	80.90	28.94	38.50	57.06	32.70	12.50	64.50	6.00	14.94	1.80
2014	82.10	34.89	41.00	63.67	34.70	14.26	68.77	14.00	17.14	7.40
2015	83.20	39.32	45.00	71.06	36.90	18.20	71.20	18.00	22.06	10.90
2016	84.45	47.50	53.00	78.79	39.20	21.87	90.00	32.40	25.45	16.00
2017	84.45	52.89	58.14	80.14	41.60	25.51	94.87	32.90	32.34	23.62
2018	88.17	56.82	69.85	81.20	44.10	36.30	95.00	N. A.	39.90	28.70
2019	88.95	66.65	68.66	84.39	43.03	47.03	95.00	52.31	47.69	30.64
2020	92.00	77.84	70.30	89.56	47.11	54.00	96.07	53.65	53.73	41.95
2021	96.92	85.27	74.21	96.75	52.68	62.00	98.08	60.15	62.10	44.02
2022	95.95	87.98	78.59	97.40	N. A.	N. A.	N. A.	N. A.	66.48	N. A.

资料来源：World Development Indicator。

国际电信联盟（ITU）发布的世界各国和地区信息通信发展指数是根据信息通信接入指数、使用指数和技能指数 3 大指数和 11 个细分指数综合计算而来，能够反映经济体数字化基础设施的发展及完善程度。在 2017 年报告的 176 个国家和地区中，新加坡排第 18 位，文莱排第 53 位，马来西亚排第 63 位，泰国排第 78 位，菲律宾排第 101 位，越南排第 108 位，印度尼西亚排第 111 位，柬埔寨排第 128 位，缅甸排第 135 位，老挝排第 144 位。[1]

① International Telecommunication Union, "Measuring the Information Society Report 2017", Geneva, 2017.

表 7 东南亚国家固定电话用户数和固定宽带用户数（2013～2022）

		2013 年	2014 年	2015 年	2016 年	2017 年	2018 年	2019 年	2020 年	2021 年	2022 年
柬埔寨	固定电话用户数	420942	361056	256387	227261	132911	88157	56445	55603	40296	38284
	固定宽带用户数	32648	66111	83504	97641	133633	166200	184379	233772	336243	509830
文莱	固定电话用户数	—	71644	76002	74213	83794	82588	86590	103885	112298	122204
	固定宽带用户数	27557	30259	34425	36120	41072	49452	54195	71078	79417	90186
印度尼西亚	固定电话用户数	30722651	26224974	10378037	10752912	11053303	8303511	9662135	9662135	9019476	8423990
	固定宽带用户数	3251800	3400000	3983000	5227393	6215923	8874116	10284364	11722218	12419416	13443856
老挝	固定电话用户数	701712	920756	962497	1266605	1125469	1482276	1453262	1364957	1300195	—
	固定宽带用户数	9025	16119	14550	24426	27217	45379	76280	122842	150755	—
马来西亚	固定电话用户数	4535800	4410200	4489500	4837200	6580800	7429000	7405100	7467900	8247100	8452900
	固定宽带用户数	2938800	3061000	3063800	2718800	2687800	2696000	2964500	3358800	3734100	4222800
菲律宾	固定电话用户数	3148835	3093236	3223787	3781962	4163282	4132435	4255808	4731196	4672737	4884608
	固定宽带用户数	2572800	2900000	2900000	2985452	3399291	3788489	6312883	7936574	9623734	8743997
新加坡	固定电话用户数	1967000	1996700	2016100	1998400	1991700	2001000	1911200	1891000	1901400	1906200
	固定宽带用户数	1493400	1474000	1486200	1591900	1475700	1493600	1504000	1509700	1526300	2232500
泰国	固定电话用户数	6056000	5690000	5309000	4706000	9955000	6059000	5415000	5003000	4634000	4368000
	固定宽带用户数	5192000	5440000	6229000	7219000	8208000	9189000	10108819	11478265	12420940	13229000
越南	固定电话用户数	6725329	6725329	7324947	5598017	4385427	4296301	3658005	3205775	3122490	2390671
	固定宽带用户数	5152576	6000527	7657619	9098288	11269936	12994451	14802380	16699249	19328191	21258478
缅甸	固定电话用户数	534810	526792	514920	514385	556112	520863	522605	523951	522141	535463
	固定宽带用户数	—	—	32921	89686	111567	129050	485853	688815	893039	1127251

资料来源：World Development Indicator。

187

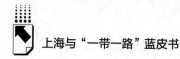
以电信、计算机和信息服务为代表观察过去十年东南亚国家的数字服务对外贸易情况,可以发现数字贸易的规模扩大十分显著,从 2010 年至 2021 年,电信、计算机和信息服务进出口总额增长了 3 倍多(见表 8),并且从期初的出口顺差,转为小幅贸易逆差,这体现出东南亚内部市场需求的不断增长和自身基础设施建设相对薄弱的客观现实。中国作为数字经济大国,未来与东南亚国家在数字经济合作、数字基础设施项目投资、数字贸易进出口领域有相当大的发展潜力与合作空间。

表 8　东南亚国家电信、计算机和信息服务的贸易额(2010~2021)

单位:百万美元

年份	电信、计算机和信息服务 进出口总额	电信、计算机和 信息服务出口额	电信、计算机和 信息服务进口额
2010	17258.88	9947.53	7311.34
2011	23436.89	12706.70	10730.19
2012	27835.52	14831.09	13004.43
2013	31730.50	16051.26	15679.24
2014	39338.15	16640.39	22697.75
2015	35571.85	17490.66	18081.20
2016	42765.93	22634.18	20131.76
2017	46225.12	23475.75	22749.37
2018	49492.14	26212.99	23279.15
2019	52502.01	25582.38	26919.62
2020	63583.23	29422.51	34160.73
2021	71259.88	31414.78	39845.10

资料来源:东盟统计局。

此外,联合国经济和社会事务部发布的《联合国电子政务调查报告》,构建了 193 个成员的电子政务排名情况,测度了一国通过数字技术赋能政务的治理能力。《2022 联合国电子政务调查报告——数字政府的未来》显示,新加坡全球排第 12 位,马来西亚和泰国分别排第 53 位和第 55 位,印度尼西亚排第 77 位,菲律宾和印度尼西亚同组别,属于第三集群;尽管文莱、柬埔寨的电子政务发展指数属于"高"组别,但平均电子参与指数较小。而 2022 年中国的在线服务指数为 0.8876,为"非常高"水平,继续保持全球领先水平。[①] 未来,东南亚国家不论是通过提高自身电子政务能力、全面创新数字政府框架、实现本地区的可持续发展,还是通过与中国开展数字技术、电子平台等合作,提高政府网上服务水平及数字化水平,都可以为中国和东南亚国家的数字经济合作赋予新的内容,创造新的增长点。

(四)双边数字经济合作展望及前景分析

一是高水平制度型开放的政策对接与引领。从国际比较的数据来看,中国数字经济领域的制度型开放迫在眉睫。2019 年,经合组织(OECD)公布了从 2014 年到 2018 年,全球 46 个经济体数字服务贸易限制指数,将影响数字服务贸易发展的主要限制措施划分为五大类,分别是基础设施和连通性、电子交易、支付系统、知识产权、其他影响数字化服务贸易的壁垒。指数的取值范围从 0 到 1,0 表示数字服务贸易和投资完全开放,1 表示完全不开放。[②] 此外,2018 年,欧洲国际政治经济学中心(ECIPE)提出了数字贸易限制指数,对全球 64 个国家和地区的数字贸易开放度进行了评价。[③] 数字贸易限制指数(DTRI)体系主要从四个方面对数字贸易开放度进行测量,分别是财政限制和市场准入、机构设立限制、数据限制、交易限制。中国与东南亚国家关于数字贸易开放的政策仍存在显著的差异,政策协调性不高。为了更好地对接国际数字贸易规则,构建开放型经济新体制,加速与东南亚国家数字合作的政策对接,推进数字经济领域的进一步开放,上海应当

---

① 联合国经济和社会商事务部:《2022 联合国电子政务调查报告——数字政府的未来》,中央党校(国家行政学院)电子政务研究中心译,https://www.hrssit.cn/Uploads/file/20230911/1694415901431178.pdf,最后访问日期:2023 年 12 月 5 日。

② 《数字服务贸易限制指数》,https://baike.baidu.com/item/%E6%95%B0%E5%AD%97%E6%9C%8D%E5%8A%A1%E8%B4%B8%E6%98%93%E9%99%90%E5%88%B6%E6%8C%87%E6%95%B0/60931909?fr=ge_ala,最后访问日期:2023 年 12 月 5 日。

③ 关于欧洲国际政治经济学中心"数字贸易评估项目"和数字贸易限制指数(DTRI)的详细情况,请参见 https://ecipe.org/dte/。

充分发挥“桥头堡”的作用，做好政策先行先试和压力测试，为中国加入《全面与进步跨太平洋伙伴关系协定》（CPTPP）和《数字经济伙伴关系协定》（DEPA）进程的推进做好准备。

二是在数字基础设施建设、数字贸易、数字技术创新等领域开展深度合作，共同推动区域数字经济的繁荣。要充分发挥上海在 5G 网络、数据中心、人工智能等数字基础设施建设方面的优势，东南亚国家则致力于提升数字基础设施水平，以支撑其数字经济发展。随着电子商务的快速发展，数字贸易和跨境电商已成为上海与东南亚国家合作的重要领域。上海可以利用其丰富的电商资源和经验，与东南亚国家共同推动数字贸易和跨境电商发展，促进双边贸易的便利化和增长。上海在人工智能、云计算、大数据等数字技术领域具有显著优势。通过与东南亚国家合作，共同推动这些数字技术的研发和应用，促进区域创新能力的提升。

三是全面深化数字经济领域的合作。上海与东南亚国家可以加强国际合作，共同应对国际竞争和挑战。通过加强与国际组织、跨国企业等的合作与交流，可以提升双方在全球数字经济领域的影响力和竞争力。数字经济领域的人才短缺是一个全球性问题。上海与东南亚国家通过加强在数字经济人才培养和交流方面的合作，共同培养具备国际视野和专业技能的数字经济人才，为双方的合作提供有力的人才保障。

四 结论和总结

在“一带一路”倡议的推动下，上海与东南亚国家在数字经济领域的深度合作为促进经济增长、产业转型、区域发展注入了新的活力。随着中国数字经济的蓬勃发展，上海作为制度创新和产业发展的前沿阵地，正日益发挥其重要作用。与此同时，东南亚国家正积极提升其数字基础设施水平，并寻求与外部伙伴紧密合作，以加速本国的数字经济发展步伐。在这一背景下，上海与东南亚国家之间的合作显得尤为重要。

展望未来，上海与东南亚国家在数字经济领域的合作前景十分广阔。上海作为高水平开放的"桥头堡",有望在数字经济领域发挥更加突出的引领作用。双方可以在政策对接、数字基础设施建设、数字贸易拓展、数字技术创新等方面进一步深化合作,共同推动区域数字经济繁荣。与此同时,上海还应继续发挥其先行先试的政策优势,在数字经济领域进行更多的探索和实践。通过与东南亚国家的深入合作,上海可以不断积累经验,为中国的数字经济发展提供宝贵的借鉴和参考。

B.12
上海参与共建"一带一路"高质量发展的能源实践研究

李 冰*

摘　要： "一带一路"倡议提出十年来，上海与共建国家和地区的能源合作实践成绩斐然。随着清洁能源转型的加速，气候与能源议题领域的结合日益紧密，国际关系理论界对环境与气候变化中次国家行为体的关切，也正在逐步延伸至能源合作领域，次国家行为体在国际能源合作中的参与实践正在引发更多的关注。上海参与共建"一带一路"十年间，五大主体助推其对能源合作的参与，其参与能源合作的特点体现在技术标准、装备贸易、交易市场、科技交流、理念传播、绿色转型六个方面。展望未来，在做好既有经验总结的同时，上海应进一步在友好城市、氢能合作、能源资源交易体系方面挖掘其在未来参与"一带一路"能源合作的潜力，进一步推进能源安全新战略在上海的贯彻落实。

关键词： "一带一路"　能源合作　城市外交　上海　次国家行为体

"一带一路"倡议提出十年来，中国与"一带一路"共建国家（以下简称"共建国家"）的经贸合作在规模、方式、水平上都上了一个新台阶。能源合作是中国同共建国家合作的重要领域。十年来，上海在共建国家投资

---

* 李冰，中国社会科学院亚太与全球战略研究院助理研究员，主要研究方向为能源政治、全球治理。

高达 300 多亿美元,对外承包工程合同额超 800 亿美元,货物贸易总额在 1.5 万亿美元以上。① 围绕"一带一路"能源合作取得的成就、面临的风险与挑战,学界已经从经贸、产业、制度、全球治理等多个维度进行了分析。本报告尝试将研究对象降到次国家行为体的层次,从上海这一特大城市的角度出发,研究其在过去十年如何参与"一带一路"能源合作,以及这种参与给其带来的影响,并提出相应对策建议。

一 国际能源合作中的次国家行为体参与

次国家行为体在国际合作中的地位日益提升。② 城市作为次国家行为体,在主权国家外交战略框架下,③ 结合城市发展利益,通过对外双多边互动,推动城市间关系的建立与维护,进而开展对外交往行为的过程即城市外交。④ 这一过程兼具官方外交和民间外交的双重特点。⑤ 党的二十大报告明确指出,中国共产党"积极推进人大、政协、军队、地方、民间等各方面对外交往"。城市对外交往是我国对外开放基本国策的重要组成部分,是积极参与全球治理的有效依托,是构建人类命运共同体的坚实保障。上海市第十二次党代表大会明确提出其目标是建设具有世界影响力的社会主义现代化国际大都市。这一目标的达成,离不开外向型城市的全局擘画,离不开城市外交的主动出击,离不开友好城市关系的有效支撑。

"一带一路"倡议提出十年来,能源合作始终作为关键领域发挥着

① 何欣荣、李海伟、桑彤:《为"一带一路"提供高水平开放平台、高能级服务支撑——专访上海市副市长华源》,《人民日报》2023 年 10 月 6 日,第 2 版。

② Marcel T. J. Kok, and Kathrin Ludwig, "Understanding International Non-state and Subnational Actors for Biodiversity and Their Possible Contributions to the Post-2020 CBD Global Biodiversity Framework: Insights from Six International Cooperative Initiatives", *International Environmental Agreements: Politics, Law and Economics*, Vol. 22, No. 1, 2022, pp. 1-25.

③ 赵可金:《嵌入式外交:对中国城市外交的一种理论解释》,《世界经济与政治》2014 年第 11 期。

④ 李小林主编《城市外交——理论与实践》,社会科学文献出版社,2016。

⑤ 熊炜、王婕:《城市外交:理论争辩与实践特点》,《公共外交季刊》2013 年春季号(总第 13 期),第 20~25 页。

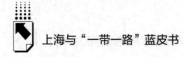

重要作用。十年来,在"一带一路"能源合作领域,一大批项目落地生根,取得了一系列成果,各方能源互联互通稳步推进的同时,国际能源合作实践也持续为全球能源治理贡献着中国智慧。十年来,中国先后建成中缅油气管道、中俄东线天然气管道等多条跨境油气管道,并同100多个国家和地区开展了绿色能源合作项目。此外,中国发起成立的"一带一路"能源合作伙伴关系,已发展33个成员国,成为"一带一路"框架下最具代表性的高质量合作新平台。① "一带一路"能源合作的实践,反映了能源合作动力的转变和能源合作模式的多元化,② 中国的积极实践推动全球能源治理机制不断完善。③

国际能源合作中的次国家行为体常常被忽视。长期以来,能源是全球治理领域难以绕开的话题,大量国际组织围绕全球治理中的能源议题开展活动,密集的跨国交流与资源协调背后是隐含的多元主体,主权国家、跨国能源公司、国家石油公司等传统行为体正日益受到新行为体影响力的冲击,次国家行为体日益作为重要的参与方加入能源合作与全球能源治理的进程。④

次国家行为体对全球环境与气候变化议题治理的参与变得更为明显。⑤ 全球环境治理领域有关主权国家效用发挥的争论日益增多,越来越多的学者认为主权国家不再是全球环境治理的中心,应朝跨国化、多元化的方向发

① 吕江:《"一带一路"能源合作:中国的制度贡献与路径选择》,《当代世界》2023年第9期。
② 许勤华、袁淼:《"一带一路"建设与中国能源国际合作》,《现代国际关系》2019年第4期。
③ 张丹蕾:《全球能源治理变局下"一带一路"能源合作机制构建的探讨》,《国际经贸探索》2023年第2期。
④ 高世宪、杨晶:《依托"一带一路" 深化国际能源合作》,《宏观经济管理》2016年第3期。
⑤ Jens Marquardt, Cornelia Fast, and Julia Grimm, "Non-and Sub-state Climate Action after Paris: From a Facilitative Regime to a Contested Governance Landscape", *Wiley Interdisciplinary Reviews: Climate Change*, Vol. 13, No. 5, 2022, pp. 1–22.

展。① 城市开始成为多元合作的重要主体。通过次国家行为体间的跨国网络，及时交换信息与专业知识，并依托次国家行为体优势开展多层次外交，更有利于提升全球事务的可及性与有效性。② 气候变化应对同样是次国家行为体参与全球治理的一个重要议题。③ 一方面，城市通过气候大会的积极主办、对国家气候政策的影响，凝聚全球气候谈判共识。④ 另一方面，跨国城市间也通过"友好群体"的组成，开始构建次国家行为体间的跨国城市网络，以推动政策的落地与执行，例如部分城市牵头签署了《绿色城市宣言》《市长与地方政府气候保护协定》等国际协定，并成立了国际地方政府环境行动理事会（ICLEI）、C40 城市气候领导联盟、世界低碳城市联盟等次国家行为体间的联盟，有效推动了全球气候治理的开展。⑤

清洁能源转型为能源外交中次国家行为体的参与提供了更大空间。随着双碳目标的确立，能源生产消费不再拘泥于传统化石能源的加工与贸易，跨国能源合作议题囊括了更多内容，清洁能源的科技创新、技术转移、装备制造成为跨国能源合作的重要议题，清洁能源产业的创新与发展同城市的经济增长关系更加密切，城市作为次国家行为体便有了更大的动力去参与能源治理，通过低碳共识塑造、先进技术引领、产业模式推广等，更好地促进自身发展，对低碳与可持续发展关注度的日益提升使次国家行为体从全球治理的幕后参与者逐步向共同引领者转型。⑥

---

① Thomas Hale, *The Role of Sub-state and Non-state Actors in International Climate Processes*, Londres: Chatham House, 2018, pp. 1~15.

② 董亮：《次国家行为体与全球治理：城市参与联合国可持续发展议程研究》，《太平洋学报》2019 年第 9 期，第 36~38 页。

③ Hamish van der Ven, Steven Bernstein, and Matthew Hoffmann, "Valuing the Contributions of Nonstate and Subnational Actors to Climate Governance", *Global Environmental Politics*, Vol. 17, No. 1, 2017, pp. 1~20.

④ 李昕蕾：《跨国城市网络在全球气候治理中的行动逻辑：基于国际公共产品供给"自主治理"的视角》，《国际观察》2015 年第 5 期。

⑤ 于宏源：《城市在全球气候治理中的作用》，《国际观察》2017 年第 1 期。

⑥ 冯帅：《论全球气候治理中城市的角色转型——兼论中国困境与出路》，《北京理工大学学报》（社会科学版）2020 年第 2 期。

二 五大主体助推上海参与"一带一路"能源合作

2017 年 3 月 5 日,习近平总书记在参加十二届全国人大五次会议上海代表团审议时提到"要努力把上海自由贸易试验区建设成为开放和创新融为一体的综合改革试验区,成为服务国家'一带一路'建设、推动市场主体走出去的桥头堡"①。对市场主体"走出去"的高度关注,是党中央赋予上海的重要使命。② 上海在参与"一带一路"能源合作的过程中,多元主体发挥着重要作用,上海市政府、中央企业、上海市企业、国际组织以及民间团体都积极参与进能源合作的实践。

一是上海市政府。上海市政府印发《上海市能源发展"十四五"规划》,为上海的能源对外合作指明了方向。一方面,通过建立品种齐全、期货现货联动的国际油气交易中心,不断优化资源配置、扩大价格影响力,进而提升中国在国际油气市场的定价权与话语权;另一方面,推动能源上下游一体化合作走深走实,鼓励上海能源企业开拓能源供给渠道、增加储备,同时鼓励企业推动先进技术与关键技术的引进与消化,力争将上海打造为能源科技创新中心、市场交易中心、高端装备制造中心以及资源配置中心。③ 能源合作与绿色发展为城市外交重要议题。2023 年 6 月 29 日,上海市政协同德国汉堡市议会举行"双碳与可持续发展——上海与汉堡的推动"视频座谈会。上海市政协副主席黄震与汉堡市议长卡萝拉·法伊特分别代表各自机构发表讲话。上海与汉堡是友好城市,双方开展友好交流以来,就低碳能源与可持续发展议题进行互动,取得了

① 《习近平张德江俞正声刘云山王岐山分别参加代表团审议》,http://www.npc.gov.cn/zgrdw/pc/12_ 5/2017-03/06/content_ 2012184. htm,最后访问日期:2023 年 11 月 20 日。
② 《践行新发展理念深化改革开放 加快建设现代化国际大都市》,《人民日报》2017 年 3 月 6 日,第 1 版。
③ 《上海市能源发展"十四五"规划》,https://fgw.sh.gov.cn/fgw_ ny/20220515/54f15c04cd5f47ba875c7ecb50b275bf. html,最后访问日期:2023 年 11 月 20 日。

诸多成果。① 近年来，陆家嘴金融城持续加大对绿色金融以及低碳环保等领域的创新与探索力度。陆家嘴金融城理事会绿色金融专委会于 2017 年 3 月正式成立，2020 年陆家嘴金融城成立绿色金融发展中心，推动了上海同中外企业、行业协会以及国际组织等机构在绿色标准制定、绿色发展转型、环境信息披露等方面的合作，为鼓励更多金融资源投向绿色产业提供了政策支撑，推进了上海在绿色金融领域的国际交流与地方实践。②

二是中央企业。中央企业在沪分支机构在"一带一路"能源合作中扮演了重要角色。当前国家电投上海电力的海外资产总额超过 200 亿元，作为马耳他最大的境外投资运营商，在推进该国"零碳岛"建设的同时，也协助其全面建设清洁能源体系。此外，上海电力在黑山建设的莫祖拉风电项目，年度发电量占黑山社会用电量的 5%，并入选"一带一路"能源合作绿色发展最佳实践案例。上海电力推动建立的胡努特电厂作为中国在土耳其最大的直接投资项目，推动"一带一路"倡议同"中间走廊"计划有效对接。③ 跨境能源合作同样离不开金融机构的有效支撑，上海电力投资建设胡努特鲁燃煤电站、上海电气承建卡拉奇电网，其背后的融资渠道拓宽、融资结构搭建以及股权债权保险都离不开中国出口信用保险公司上海分公司的有效协助。"一带一路"倡议提出十年来，该公司支持共建国家出口及海外投资接近 1100 亿美元，协助相关企业和项目获得超过 800 亿元的融资支持。④ 十年来，中国进出口银行上海分行支持"一带一路"建设贷款余额 660 亿元，年内累计发放贷款 417 亿元，当前项目覆盖 34 个"一带一路"

---

① 《上海与汉堡绿色发展合作空间广阔　上海市政协与汉堡市议会举行视频座谈会》，http：//61.129.0.41/shzx/lhsb/content/b7c21b27-bdb8-430c-96da-475926cecc7d.html，最后访问日期：2023 年 11 月 20 日。

② 《助力上海打造国际绿色金融中心　气候债券倡议组织落户陆家嘴》，https：//www.shanghai.gov.cn/nw15343/20210409/1453650e9eb94796aa1c662755a9b726.html，最后访问日期：2023 年 11 月 20 日。

③ 查睿：《国家电投上海电力：引领绿色发展，勇当"碳"路先锋》，《解放日报》2022 年 6 月 22 日，第 4 版。

④ 《中国信保上海分公司：为共建"一带一路"提供源源不断"中国信用"》，https：//www.jfdaily.com/sgh/detail? id=1157215，最后访问日期：2023 年 11 月 20 日。

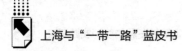

合作伙伴。①

　　三是上海市企业。作为中国装备企业"走出去"的领头羊，十年来，上海电气持续深入参与共建"一带一路"，承接海外项目超过100个，累计发电量达到1.2万亿度，在2023年全球最大的国际承包商中排第62位。②成立于2015年的寰泰能源股份有限公司（以下简称"寰泰"）积极拓展海外业务，大力推动新能源基础设施建设，其在全球并网、建设及承建的新能源电站1.1GW，储备项目1.6GW，当前寰泰已经成为哈萨克斯坦最大且最具竞争力的清洁能源供应商之一，其投资运营的6家新能源电站，均被列入"中哈产能合作重点项目"，可以满足当地近60万居民的用电需求，每年减少100万吨的二氧化碳排放；寰泰在哈萨克斯坦新能源项目的发展带动了近18亿元的国产风力、光伏设备出口，并在中国原有技术标准的基础上，转化了《光伏发电站设计规范（GB50797—2012）》等技术标准，进一步推动了中国技术标准与工程技术规程的"走出去"。③ 上海市企业在推动可再生能源基础设施建设"走出去"的同时，积极通过化石能源的有效国际合作为上海特大城市的能源消费提供安全保障。2021年4月2日，申能集团与道达尔集团成立合资公司，推进在上海及长三角地区的LNG销售业务。道达尔将每年为申能集团供应140万吨LNG，从上游供应链保证了LNG气源的稳定，促推了能源供应安全保障水平的大幅提升。④ 与此同时，申能集团同上港集团联手，开拓清洁能源新的利用场景，通过技术升级，于2022年首次实现了船到船LNG同步加注服务，成为全球第三个拥有这一能力的

① 《进出口银行上海分行积极促进高水平对外开放　高质量服务共建"一带一路"》，https：//www. shanghai. gov. cn/nw31406/20231019/e094f6c1f8f34a9fad9f463e82d620d0. html，最后访问日期：2023年11月20日。

② 张懿：《上海电气：赋能百业福泽百姓，"上海制造"树起共建标杆》，https：//www. whb. cn/zhuzhan/cs/20231013/543684. html，最后访问日期：2023年11月20日。

③ 刘毅：《"走出去"，为全球绿色发展"持续输出"》，《联合时报》2023年10月17日，第3版。

④ 杨漾：《中国液化天然气市场格局变阵，道达尔联手申能开拓下游市场》，https：//www. thepaper. cn/newsDetail_ forward_ 12184262，最后访问日期：2023年11月20日。

港口,在践行低碳发展理念的同时,推动 LNG 在交通航运领域的应用。①

四是国际组织。上海为推动能源绿色低碳转型、践行可持续发展理念,加入 C40 城市气候领导联盟。该联盟共有 97 个城市,旨在推动全球城市减排,降低气候风险。上海作为 C40 城市气候领导联盟和 C40 绿色港口论坛成员,持续推动跨国能源合作。绿色金融同样是实现"碳达峰""碳中和"的核心依托手段,2021 年 3 月 26 日,上海举办"绿色金融支持碳达峰碳中和"论坛,气候债券倡议组织设立上海办公室。气候债券倡议组织成立于 2009 年,旨在通过开发绿色与气候相关债券市场,降低在发达国家与新兴市场的气候融资成本,推动低碳转型。气候债券倡议组织上海办公室通过将气候风险纳入其决策过程与治理框架,从需求端拉动了对绿色资产项目的需求,将对上海及长三角地区绿色投资机遇的发掘起到进一步的推动作用。②

五是民间团体。各类民间团体积极通过举办国际会议的方式,助力上海参与国际能源合作,例如,2016 年彭博新能源财经与全球能源互联网发展合作组织协同举办了未来能源亚太峰会,③ 2022 年上海联合非常规能源研究中心与上海市经济学会协同举办了第十二届亚太页岩油气暨非常规能源峰会。④ 高校智库是推动上海能源合作的重要平台。2021 年,复旦大学成立上海能源与碳中和战略研究院,在融合创新的基础上,聚焦能源市场化改革、国际能源交易中心建设、全国性碳市场、绿色低碳技术创新等关键议题,上海交通大学也联合宁德时代成立清洁能源技术联合中心,推进校企协同的能源合作。

---

① 上海石油天然气交易中心:《洋山港开出 LNG 加注"中国首单",走进背后的"申能量"》,https://finance.sina.com.cn/money/future/roll/2022-03-17/doc-imcwipih9076326.shtml,最后访问日期:2023 年 11 月 20 日。

② 《助力上海打造国际绿色金融中心 气候债券倡议组织落户陆家嘴》,https://www.shanghai.gov.cn/nw15343/20210409/1453650e9eb94796aa1c662755a9b726.html,最后访问日期:2023 年 11 月 20 日。

③ 《2016 年未来能源亚太峰会在沪举办》,http://district.ce.cn/zg/201611/03/t20161103_17489711.shtml?from=groupmessage&isappinstalled=0,最后访问日期:2023 年 11 月 20 日。

④ 《塑造能源未来 在低碳经济中蓬勃发展》,https://sghexport.shobserver.com/html/baijiahao/2022/10/27/888842.html,最后访问日期:2023 年 11 月 20 日。

三 上海参与"一带一路"能源合作的特点

第一，依托本土技术标准出海，领跑绿色发展。"一带一路"倡议提出十年来，迎来了全球清洁能源转型与绿色低碳产业快速发展的战略机遇期，上海本土科技企业充分发挥低碳潜力、绿色潜能，积极在氢能、储能以及新能源无人驾驶卡车等新兴产业领域开拓进取，持续加快出海步伐，推动共建"绿色丝绸之路"。2018年成立的上海捷氢科技股份有限公司（以下简称"捷氢科技"），在膜电极、电堆等技术领域，取得多项核心技术突破，其金属双极板电堆出货量位居国内首位、世界第三。捷氢科技基于其在国内建立的燃料电池的商业化拓展模式与积累的成功经验，积极推动在"一带一路"沿线地区进行复制，促推当地氢能产业发展。[①] 此外，捷氢科技的"走出去"不仅体现在产品、技术层面，行业标准制定也成为这些新兴领域企业的重要关注点。以捷氢科技为代表的行业龙头企业正在积极参与氢能国际标准制定，并在ISO、IEC等国际标准体系的制定中发挥重要作用，这也将对共建国家的行业标准体系化建设发挥重要作用。以捷氢科技为代表的上海新能源企业，正在通过关键共性技术研究的多边合作、技术标准的联合制定、科技人才的培训交流，不断推进"一带一路"绿色发展。[②]

第二，依托能源装备贸易推进产业合作。加强"一带一路"国际产能和装备制造合作，被明确列为《上海服务国家"一带一路"建设发挥桥头堡作用行动方案》中贸易投资便利化专项行动的重要一环，并将能源装备合作列为重点领域，倡导要发挥重点企业的龙头作用，建设国际产能合作平台，同共建国家在园区规划、运营、管理等方面合作共享。能源装备贸易带动的产业合作，也为共建国家带来大量就业岗位。以上海电气参与共建

---

① 一行：《氢能、无人驾驶重卡加速出海，上海如何共建绿色"一带一路"》，https://www.yicai.com/news/101868567.html，最后访问日期：2023年11月20日。
② 《从"走出去"到"融进去"，上汽捷氢为共建"一带一路"注入绿色动力》，https://www.imsilkroad.com/news/p/513034.html，最后访问日期：2023年11月20日。

"一带一路"的两个标杆性项目为例,迪拜太阳能复合发电项目,在当地雇用超过5万人,对于人口总量仅有1000万人的阿联酋而言,相当于每200人中就有一人参与过项目工作;此外,巴基斯坦的塔尔能源一体化项目,其本地用工数量也超过2/3。上海电气还为当地用工持续提供培训的机会,为当地运营管理人才的储备奠定了基础。[①]

第三,依托交易市场建设抢占能源定价主动权。上海国际能源交易中心是证监会批准、上海期货交易所出资面向全球投资者的重要国际性交易场所,于2013年11月成立。2018年,该机构创设原油期货,运行几年来,上期能源期货同WTI、布伦特形成了价格层面的良好互动,成交量稳居全球第三,反映了中国原油期货价格的影响力。上期原油期货产业用户增多,长协、现货合同持续增加,反映了上期原油价格在资源配置中的基础作用,赋予实体企业套期保值、规避价格波动风险的工具,同时反映了对中国原油期货价格的接受程度在提高,中国及亚太地区石油市场的价格体系正在形成,全球石油市场的中国声音愈加嘹亮。[②] 上海于2016年正式运行上海石油天然气交易中心,国内外会员企业超过3500家,2021年天然气双边交易量达到816.63亿立方米,约占当年全国天然气消费量的11%,为亚洲最大天然气现货交易平台。[③] 上海环境能源交易所于2008年创立,并于2011年10月完成股份制改革,2017年底,国家发改委将全国碳排放权交易系统建设任务交给上海。根据《上海加快打造国际绿色金融枢纽服务碳达峰碳中和目标的实施意见》,上海环交所在三个层面促推上海国际绿色金融枢纽建设。一是建设全球最大的碳现货市场,推动碳交易全球中心的建成;二是发展多层次碳市场,打造有全球影响力的碳定价中心;三是推进碳金融创新,打造

① 张懿:《上海电气:赋能百业福泽百姓,"上海制造"树起共建标杆》,https://www.whb.cn/zhuzhan/cs/20231013/543684.html,最后访问日期:2023年11月20日。

② 祝惠春:《上期所姜岩:期市国际化从"0"到"1"的启示》,https://www.ine.cn/news/news/1723.html,最后访问日期:2023年11月20日。

③ 陈雨康、王文嫣:《上海石油天然气交易中心董事长叶国标:开拓创新,不辱使命 加快建设国际化、专业化、市场化能源交易平台》,《上海证券报》2022年12月17日,第3版。

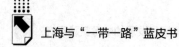

国际碳金融中心。^① 交易市场的全方位、多层次建立,推动了"一带一路"能源合作中市场结构的多元化与交易产品的多样化,推动了共建国家生产商、消费商、贸易商等多元主体参与能源合作与定价进程,这对辅助我国形成自身的定价基准、降低能源领域"亚洲溢价"、抢占国际能源定价主动权具有重要意义。

第四,依托科研院所协同增进科技交流。《上海服务国家"一带一路"建设发挥桥头堡作用行动方案》明确指出,在主要路径中,以人文交流和人才培养为纽带。依托科研机构,增进科技交流,促推共建国家科技人才的储备与培养,同样是上海参与"一带一路"能源合作的重要一环。上海电力大学着力推进电力人才的国际合作,推动"一带一路"能源电力人才培养体系建设,"一带一路"倡议提出十年来,完成涉外培训项目 10 个,为共建国家培养本土电力人才超过 550 名,涉及巴基斯坦、印度尼西亚、老挝等近 30 个国家。^② 2013 年上海大学推动成立"ADEPT 国际电力高校联盟",2017 年主动对接"一带一路"倡议,建成"一带一路"能源电力国际人才培养基地,并在菲律宾与印度尼西亚设立"国际实训基地"与"国际技术培训中心",2018 年进一步依托"一带一路"推进国际化合作,发起"一带一路电力高校联盟""一带一路电力产学研联盟"。上海电力大学持续在能源人才培训、交流合作层面发力,为共建国家能源合作提供了大量人才与制度保障。^③

第五,依托示范区域打造传播中国理念。城市发展的理念交流,同样是上海参与"一带一路"能源合作的重要一环。通过低碳发展示范区域的打造,上海市正力图通过"小而美"示范引领效应,为共建国家的可持续发展和国际合作注入更多中国元素。2020 年 3 月,上海市杨浦区建立了大创

① 张伟弟等:《上海环境能源交易所董事长赖晓明:打造具有国际影响力碳交易、定价和金融中心 助力国家实现"双碳"目标》,《上海证券报》2021 年 12 月 29 日,第 2 版。
② 范易成:《十年奋斗结硕果,上海电力大学打造高水平"一带一路"能源电力人才培养体系》,https://j.021east.com/p/1696934285030404,最后访问日期:2023 年 11 月 20 日。
③ 吴苡婷:《十年奋斗结硕果——电力大学打造高水平"一带一路"能源电力人才培养体系》,https://www.shkjb.com/content.html? id=230157,最后访问日期:2023 年 11 月 20 日。

谷示范功能区,长阳创谷等双创园区都被包含在内。作为"大创谷低碳发展实践区"核心区域,长阳创谷正在加快构建低碳产业体系,促进低碳技术研发、示范和产业化,推进低碳交通、低碳建筑等新兴产业的发展。当前长阳创谷通过建设绿色低碳园区域促推双创发展相结合,已经成为绿色园区产业生态融合升级的先行单位和示范点。① 大创谷低碳发展实践区的建设,为上海与共建国家的合作提供了城市发展的新样板。通过强化科技创新,使低碳可持续发展产生前所未有的活力与增长空间,为城市工业化改造与可持续发展提供了新的可能。2023 年 8 月召开大创谷首届绿色转型国际合作论坛,长阳创谷推动巴西等国低碳初创企业落户上海。自 2019 年以来,长阳创谷陆续开展了"巴西初创企业国际化出海项目"上海站、中巴创新周等活动,成为中巴低碳产业投资合作的重要交流平台。②

第六,聚焦双碳下的绿色转型。一方面,上海充分利用多边平台推进主场外交,促推绿色合作。随着上海对外能源合作的持续推进以及近年来中国在低碳能源技术领域的快速发展,上海举办的一系列国际展会加大对能源低碳这一领域的关注力度。2021 年中国国际进口博览会(以下简称"进博会"),首次设立能源低碳及环保技术专区,并将"绿色发展、绿色复苏"作为展会主题,通过优势资源的汇聚,为政府、企业在全球能源及环境领域的交流合作搭建新的平台。进博会作为全球首个以进口为主题的大型国家级展会,专门创新性地设立能源低碳及环保技术专区,体现出上海市对达成双碳目标、加速能源转型的高度重视。③ 2023 年 6 月 11~14 日,国家发改委与上海市政府共同主办首届上海国际碳中和博览会,这是国内首个以"碳中和"为主题的博览会,有利于打造国际合作强化、对外开放扩大的平台,促推绿色低碳领域的科技创新与产业链合作,有利于通过对节能低碳产品、

---

① 《践行低碳发展新理念!杨浦这个园区列入"市级示范"》,https://m.thepaper.cn/baijiahao_ 16954636,最后访问日期:2023 年 11 月 20 日。
② 《三家巴西企业落地长阳创谷!以科技创新推动绿色低碳发展》,https://www.thepaper.cn/newsDetail_ forward_ 24295974,最后访问日期:2023 年 11 月 20 日。
③ 俞凯:《进博会将设能源低碳及环保技术专区,已吸纳近 50 家名企参展》,https://www.thepaper.cn/newsDetail_ forward_ 11735964,最后访问日期:2023 年 11 月 20 日。

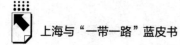

技术的聚焦,为各类市场主体搭建全产业链的对接平台,加速绿色低碳转型。① 2023 年 6 月 15 日,中国(上海)国际技术进出口交易会在沪举办,交易会的两个突出特点是:一是首次设置能源低碳技术展区,将其作为大会的五大展区之一,围绕碳达峰与碳中和这一话题,对核电、氢能等一系列零碳前沿技术进行集中展示;二是特别设立了"一带一路"技术合作专区,对地质勘探技术等二十余个区域合作示范案例进行集中展示。②

另一方面,"一带一路"能源合作中达成的绿色发展理念共识,正在多个行业持续拓展。航运业绿色航运共识不断强化。2021 年 11 月 3 日,上海召开首届"北外滩国际航运论坛"。论坛设立了绿色与低碳专题论坛,并将"加强绿色合作,共促航运转型"作为论坛主题,围绕绿色低碳航运所涉及的技术、管理以及最佳实践进行深入探讨。习近平主席向 2021 北外滩国际航运论坛致的贺信中指出,应顺应绿色、低碳、智能航运业发展新态势。③ 国际海事组织官员也表示,对绿色航运的推动是当前国际海事组织工作的重要内容,该组织正在通过全球海事技术合作体系促进航运业低碳转型。④ 2022 年 2 月 11 日,上海港与洛杉矶港共同发起倡议,推动建立"绿色航运走廊",以顺应当前全球能源多元化与低碳化的趋势,促推航运绿色转型,引领世界航运业绿色低碳发展。⑤

① 吴丹璐:《汇聚前沿技术 发展低碳新赛道 国内首个"碳中和"主题博览会即将在沪开幕》,《解放日报》2023 年 6 月 9 日,第 2 版。

② 赵艳艳:《第九届上交会即将举办 增设"一带一路"技术合作专区》,https://economy.gmw.cn/2023-06/02/content_ 36605956. htm,最后访问日期:2023 年 11 月 20 日;《市政府新闻发布会介绍第九届中国(上海)国际技术进出口交易会的筹备情况》,https://www. shanghai. gov. cn/nw12344/20230609/4a3597929e784ee2b797ef68f9181642.html,最后访问日期:2023 年 11 月 20 日。

③ 《习近平向 2021 北外滩国际航运论坛致贺信》,https://www. news. cn/politics/leaders/2021-11/04/c_ 1128029136. htm,最后访问日期:2023 年 11 月 20 日。

④ 《绿色低碳上海航运中心建设关键词》,https://www. shanghai. gov. cn/nw15343/20211104/85a2686e22214c7b9a0f2cd9c2003ef3. html,最后访问日期:2023 年 11 月 20 日。

⑤ 《中美合作的全球首条"绿色走廊",将如何推动零碳航运?》,https://www. thepaper. cn/newsDetail_ forward_ 18072520,最后访问日期:2023 年 11 月 20 日。

四 上海进一步推进"一带一路"能源合作的潜力分析

首先,友好城市助推绿色能源全方位合作。在跨国经济交流的活动中,友好城市关系的建立,通常被视为缓解文化冲突的重要方式。[①] 友好城市同样推动跨国之间文化认同的增进、文化距离的缩短,推动跨国商业活动中政治不确定性与制度壁垒的降低,这对跨国经济合作与交易有着重要的促推作用。[②] 截至 2022 年 8 月,上海市、区两级已经同 59 个国家 92 个市建立了友好城市关系。[③] 基于友好城市关系的城市融合发展,也同样是高质量共建"一带一路"的重要支撑。"一带一路"倡议提出十年来,"一带一路"友城合作网络快速扩展,中国同共建国家的友城数量也从 960 对增至 1577 对,占中外友城总量的 53.6%,与此同时,地方合作论坛也变成"一带一路"国际合作高峰论坛框架下的常设机制性论坛,"一带一路"成为中外友城合作的重要发展方向。[④] 友好城市机制,为创新成果与资源平台的共享提供了有效平台,以上海友城合作的重要典范上海-横滨为例,截至 2022 年底,双方共召开 40 次上海-横滨经济技术交流会议,为双边城市产业经济领域的务实合作提供了重要平台。通过立足优势、互学互鉴,双方共同推进了中日(上海)地方发展合作示范区的建设,并将燃料电池汽车示范城市群作为重要的布局方向,深入推进氢能源等领域的合作。[⑤] 上海的友好城市,与上海

---

① 杨连星、刘晓光、张杰:《双边政治关系如何影响对外直接投资——基于二元边际和投资成败视角》,《中国工业经济》2016 年第 11 期。

② Mina Yakop, and Peter A. G. van Bergeijk, "Economic Diplomacy, Trade and Developing Countries", *Cambridge Journal of Regions, Economy and Society*, Vol. 4, No. 2, 2011, pp. 253-267.

③ 《上海国际友好城市增加"朋友圈"越来越大》,https://www.yidaiyilu.gov.cn/p/268081. html,最后访问日期:2023 年 11 月 20 日。

④ 谢玮、张燕:《深化地方合作,共享发展成果》,《中国经济周刊》2023 年第 20 期。

⑤ 《共享发展机遇,共建开放平台——第 39 次上海-横滨经济技术交流会议成功召开》,https://sheitc.sh.gov.cn/zxxx/20211116/10eeeaaf22cb4a539da7f38dd04faf2a.html,最后访问日期:2023 年 11 月 20 日。

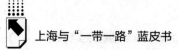

的城市特点相同，多为所在国家的重要港口城市、工商业城市或经济中心，① 因此，双方在能源供应安全、能源合作稳定性、低碳可持续发展等领域有着广阔的合作空间。友好城市机制在上海推进国际能源合作、传播绿色能源理念方面有着重要潜力。

其次，氢能引领先导产业发展。目前，上海已成为氢能产业发展的先行者，构建清洁低碳、安全高效的能源体系，培育壮大战略性新兴产业，促进上海氢能产业高质量发展，均已被写入上海"十四五"规划中。经过多年的积累，上海企业在氢能行业的核心技术与关键产品上不断突破，示范应用持续推广，企业发展态势迅猛且发展质量不断提升。上海临港新片区利用开放与制度优势，依托中日（上海）地方发展合作示范区，通过打造"国际氢能谷"品牌特色园区，已经吸引国内外 30 余家企业进驻，成为中国最具代表性的氢能产业发展聚集地。上海市人民对外友好协会会长陈靖表示，中日切实推进氢能合作，是落实两国领导人合作共识的具体举措，也是共谋未来发展的必然选择，更是上海当好改革开放排头兵、创新发展先行者的重要体现。② 氢能为上海进一步推进国际能源合作提供了广阔空间，氢能科技的国际联合研发，氢能全产业链的关键核心技术、材料与装备联合创新，国际氢能标准化的参与，都将是未来上海参与"一带一路"能源合作的重要领域。应从氢能技术合作、跨国贸易、基础设施建设以及产品开发等层面不断挖掘"一带一路"能源合作的新潜力。③

最后，既有国际能源交易平台优势为建设面向低碳发展的能源资源交易体系奠定了基础。人民币国际地位的逐步提升、高水平对外开放不断深入，多层次资本市场建设快速推进，使中国对全球主要能源商品的议价能力稳步

① 周士新：《上海城市外交的全球布局与特色定位》，《上海城市管理》2018 年第 1 期。
② 《共建经济对话机制，开启合作新篇章！中日氢能产业交流会在临港新片区举行》，https://www.shlingang.com/lg1/lingangjituan/xwzx/focusnewarea/202305/t20230511 _ 28459. shtml，最后访问日期：2023 年 11 月 20 日。
③ 《上海市氢能产业发展中长期规划（2022～2035 年）》，https://www.shanghai.gov.cn/cmsres/89/890a5d14a42a497993546b558f525cb0/331d8ca143e43fd6548afed86b594190. pdf? eqid=e866158c00010b3400000003647ee3c6，最后访问日期：2023 年 11 月 20 日。

提升。2022 年 12 月,国家主席习近平在中国-海湾阿拉伯国家合作委员会峰会上指出,"充分利用上海石油天然气交易中心平台,开展油气贸易人民币结算"[①]。2021 年 7 月,《中共中央、国务院关于支持浦东新区高水平改革开放打造社会主义现代化建设引领区的意见》提出"建设国际油气交易和定价中心,支持上海石油天然气交易中心推出更多交易品种"。上海"十四五"规划与《上海市能源发展"十四五"规划》也分别提出,将交易中心建成具有国际影响力的油气定价中心,通过油气现货优化资源配置,油气期货、发布价格指数和开展衍生品交易扩大价格影响力,提升我国在国际油气市场中的话语权与定价权。[②] 因此,未来应充分挖掘上海石油天然气交易中心潜力,在推动人民币结算业务范围扩大的同时,探索关涉低碳能源安全的战略性矿产资源交易的可能,通过要素整合构建更加全面、更具影响力的能源资源交易平台。

五 对策建议

一是坚持能源发展的创新引领。围绕促进全球能源技术变革,利用好友城网络,加强双多方技术攻关、创新成果应用,凝聚共识,促进多方共赢。加快推进同共建国家科技的联合创新,基于能源技术领先企业与研究单位,加大推进国际联合实验室建立的力度。提升本地企业在国家科技外交进程中的参与度,推动"科技外交官上海行"逐步机制化,深入了解各单位国际科技创新合作情况与诉求,为本地优质、尖端的能源技术的跨国推广做好服务,推动科技外交资源与地方发展需求精准对接。

二是坚定绿色发展理念。将以推进化石能源清洁高效利用和绿色能源大力发展为重点方向,以促进合作双方的绿色低碳化能源转型和生态环境可持

---

① 习近平:《继往开来,携手奋进 共同开创中海关系美好未来》,《人民日报》2022 年 12 月 10 日,第 4 版。

② 贾彦、刘申燕:《开启"石油人民币体系"新时代 构建国际能源合作新格局》,《产权导刊》2023 年第 2 期。

续发展作为能源发展主基调，着力推进城市间双多边的绿色能源合作。当前，全球超过 150 个国家做出碳中和与碳达峰的承诺，低碳能源的绿色转型已经成为大势所趋。上海跨国能源合作也面临从能源商品贸易向能源技术合作的转型，政府层面应聚焦低碳转型，利用好友城网络、涉外博览会与全球论坛等平台，不断释放制度红利，鼓励企业、社会团体利用好构建"绿色丝绸之路"的契机，加快推进低碳城市合作网络发展的同时，凝聚更多可持续发展共识。

三是坚持能源互动中的合作共享。改革开放 40 多年来，上海能源事业取得巨大成就。20 世纪 90 年代末实现城市煤气全覆盖，2015 年实现城市管道燃气天然气化，截至 2018 年，上海电网变电容量从 138 万千伏安增长到 11400 万千伏安，220 千伏及以上输电线路总长从 511 千米增加至 5892 千米，上海在核电、先进火电、储能、智能电网等重点能源装备制造业领域形成完整产业链。[①] 上海能源事业取得巨大飞跃折射出以人民为中心的发展思想是中国式现代化的真实写照。[②] 当前，能源贫困问题是困扰发展中国家经济发展的重要因素。未来上海在推进双边能源国际合作中，应进一步提升对全球南方国家城市的关注度，注重技术、资源、装备贸易对所在国经济社会发展、民生福祉的影响，力争通过能源合作使双方人民都能分享能源普遍服务和现代化发展机会。

四是坚守能源供给中的共同安全。上海当前存在春秋季外来电力单一通道占比过高、天然气气源较为单一等潜在风险。应进一步强调保障共同能源安全的目标，既要保障足量能源供应来源，又要保障稳定能源消费市场。应加快推进长三角区域天然气互保互济和省级管网互联互通，推动区域电力通道的统筹建设和区域气电联调、电网调峰协同。此外，加快促进区域能源市场建设。通过建立电力辅助服务市场机制等方式增加跨省交易电量，增强区域电力余缺调剂能力，提高区域电网安全性能。全力发挥油气交易平台的辐射作用，支持企业用好国际、国内资源，提升上海在能源采购中的话语权与影响力。

---

① 张瀚舟：《上海能源从高速度向高质量发展的实践与思考》，《上海节能》2018 年第 12 期。
② 章建华：《为推进中国式现代化贡献能源力量》，《人民日报》2023 年 7 月 6 日，第 9 版。

B.13
"一带一路"背景下上海开展
第三方市场合作潜力研究

马盈盈[*]

摘 要： 作为"北-南-南"新型国际合作模式，第三方市场合作已经成为共建"一带一路"高质量、高水平发展的重要内容。为打造服务共建"一带一路"的"桥头堡"，近年来，上海积极推动第三方市场合作。本报告在系统梳理中国和上海第三方市场合作的相关政策以及合作进展基础上，基于上海与合作国的显示性比较优势和贸易互补性指数、第三方市场的显示性比较劣势，测算了第三方市场合作潜力指数。分析结果表明：在行业层面，上海在纺织服装、鞋类等低技术制造业以及机械和电子设备、运输设备等中高技术制造业具有开展第三方市场合作的潜力；在与中国就第三方市场合作签约的 14 个国家中，上海与意大利、法国、葡萄牙、西班牙和日本的合作潜力较大；作为第三方市场的 65 个"一带一路"沿线国家中，上海与柬埔寨、吉尔吉斯斯坦、阿尔巴尼亚、斯里兰卡和越南的合作潜力较大。在考虑中国与其他国家的政治关系后，上海与日本、英国开展第三方市场合作的潜力下降，与其他合作国的合作潜力基本不变。

关键词： 第三方市场合作 "一带一路" 上海 合作潜力

---

[*] 马盈盈，经济学博士，中国社会科学院世界经济与政治研究所助理研究员；主要研究方向为国际贸易。

一 "一带一路"框架下的第三方市场合作进展

（一）"一带一路"框架下的第三方市场合作

第三方市场合作，作为一种以项目为依托，由政府推动、企业主导的"北-南-南"国际合作新模式，将中国的优势产能、发达国家的先进技术和广大发展中国家的发展需求有效对接，实现"三方共赢"，目前已成为共建"一带一路"的重要内容。①

在逆全球化思潮抬头、单边主义和保护主义明显上升、世界经济复苏乏力、局部冲突和动荡频发、全球性问题加剧的当下，推动第三方市场合作彰显了中国维护和践行多边主义的决心，是中国坚定不移推动高水平对外开放、践行共商共建共享合作理念、推动联动开放包容合作模式的具体实践，是中国推动构建人类命运共同体、利益共同体和责任共同体的生动体现，具有多重意义。

在全球层面，第三方市场合作有助于扩大各国利益交汇点，减少恶性竞争，促进国家间的经贸合作；有助于突破双边贸易投资机制的局限，高效配置技术、资金等资源，重塑全球分工体系；有助于完善国际合作模式和全球治理体系，推动形成开放型世界经济和多元稳定的国际经济格局，提振世界经济。

在中国层面，第三方市场合作有助于中国应对全球产业链重构和产业外迁带来的挑战。2018 年以来，在中美博弈、疫情和地缘政治冲击下，全球产业链供应链的布局逻辑从效率优先转变为效率和安全并重，中国产业外迁压力明显上升。然而，中国依然是全球产业门类最齐全的国家，在高铁、核电、新能源等领域的技术处于国际领先水平，与广大发展中国家有广阔的产

---

① 《第三方市场合作 1+1+1>3》，《人民日报·海外版》2019 年 4 月 6 日，第 1 版。

能合作空间[①]。加强与发展中国家的产能合作，可强化中国与各经济体的产业链供应链关联，增强经济的韧性和增长潜力。

在企业层面，第三方市场合作有助于聚合多方优势资源，使企业在保持自身竞争优势的同时，借助合作伙伴的市场资源，弥补竞争劣势，有效应对国际化经营面临的不确定性和投资经营风险，弥合制度差异，减少地理障碍、人才障碍、资金障碍、文化障碍、管理障碍和品牌障碍[②]，从而高效、合理地配置要素，实现利益最大化和利益共享。

（二）中国开展第三方市场合作的进展

截至 2023 年 10 月底，中国已经与 14 个国家签署了第三方市场合作文件，其中包括奥地利、比利时等 9 个欧洲国家，日本、韩国、新加坡 3 个亚洲国家，以及澳大利亚和加拿大。此外，根据《第三方市场合作指南和案例》，与中国开展第三方市场合作的还有德国、爱沙尼亚、卡塔尔、马来西亚、沙特阿拉伯和美国 6 个国家。从经济发展水平看，20 个合作伙伴国中，70% 为产业结构发达国家，20% 为产业结构中等发达国家，10% 为产业结构初等发达国家。第三方市场即项目落地实施国主要集中于"一带一路"沿线，以亚洲和非洲为主，产业结构中等发达国家、初等发达国家和欠发达国家占比分别为 21%、26% 和 53%[③]。

（三）上海开展第三方市场合作的进展

1. 上海第三方市场合作的相关政策

2019 年 3 月，《上海市进一步优化营商环境实施计划》指出，要发挥上

---

① 刘典：《第三方市场合作推动亚太产业链深度交融》，https://yidaiyilu.gov.cn/p/118188.html，最后访问日期：2023 年 12 月 30 日。

② V. Kiran, M. Majumdar, & K. Kishore, "Internationalization of SMEs: Finding a Way Ahead. American International Journal of Research in Humanities", *Arts and Social Sciences*, Vol. 2, No. 1, 2013, pp. 18-23.

③ 唐卫红、齐欣：《"一带一路"倡议下第三方市场合作的内在逻辑与经济理性》，《太平洋学报》2023 年第 6 期。

海的开放优势，深化推进第三方市场合作，做深做实在"一带一路"沿线国家的共建项目。2021年1月，《上海市国民经济和社会发展第十四个五年规划和二〇三五年远景目标纲要》指出，要促进贸易畅通，深化双向经贸投资合作，鼓励与在沪外资企业开展第三方市场合作，支持工程承包企业以多元方式承接海外项目，全面带动装备、技术、标准和服务出口。2023年6月，《上海市关于提高综合服务能力助力企业高水平"走出去"的若干措施》指出，为服务企业深度参与全球产业分工合作，助力企业高水平"走出去"，进一步提高产业链供应链韧性和安全水平，要搭建第三方市场合作平台。上海市政府出台的系列文件，为上海市推动开展第三方市场合作指明了方向。

2. 上海开展第三方市场合作的案例

案例1：产融结合与工程合作类：上海康恒环境股份有限公司与法国企业在非洲合作垃圾发电项目

2019年3月，上海康恒环境股份有限公司与中投公司、法国国家投资银行、法国Quadran公司签订《可再生能源开发平台共建合作协议》。四方致力于中法第三方市场合作中的垃圾发电及其他新能源项目的开发运营，达成近20亿欧元的投资项目意向。[①] 其中，上海康恒环境股份有限公司与法国Quadran公司在非洲合作的垃圾发电项目，被列入中华人民共和国国家发展和改革委员会与法国财政总署签署的中法第三方市场合作示范项目清单。

案例2：产品服务类：上海电气与沙特阿拉伯、美国等企业合作建设迪拜太阳能发电项目[②]

迪拜太阳能发电项目是迪拜水电局开发的太阳能园区四期项目，采用全球领先的"塔式+槽式"集中式光热发电技术并配合光伏发电，装机容量95万千瓦。项目由阿联酋、沙特阿拉伯和中国三国企业联合投资。上海电气作

---

① 《中法企业签约共同开放第三方市场》，http：//www. cfgw. net. cn/epaper/content/201903/27/content_ 10995. htm，最后访问日期：2023年12月30日。

② 中华人民共和国国家发展和改革委员会：《第三方市场合作指南和案例》，http：//images. mofcom. gov. cn/mz/201909/20190912093710956. pdf，最后访问日期：2024年6月13日。

为工程总承包，与美国亮源公司、西班牙 EA 设计院和阿本戈公司组成联合体承建项目。该项目是迄今为止世界上规模最大的单体太阳能光热发电项目之一，有效促进了当地新能源产业发展。

二 上海开展第三方市场合作的潜力评估

（一）理论模型与指数构建

互补关系是第三方市场合作得以开展的根本原因。在同一个产业或项目上能够形成互补关系，特别是在不同的细分领域具有竞争优势并形成错位互补，是上海和合作国在第三方市场开展合作的前提。评估上海开展第三方市场合作的潜力，需要同时结合上海的比较优势、合作国的比较优势、上海和合作国的错位互补性以及第三方市场的需求。参照熊灵等的研究[①]，构建如下第三方市场合作潜力指数：

$$C_{sd3k} = RCA_{xsk} \times RCA_{xdk} \times RCA_{m3k} \times (TCI_{sdk} + TCI_{dsk}) \tag{1}$$

其中，k 表示 HS 两位码的产品；s 表示上海，d 表示合作国，3 表示第三国，x 表示出口，m 表示进口。

$RCA_{xsk} = \dfrac{E_{sk}/\sum_k E_{sk}}{E_{wk}/\sum_k E_{wk}}$，是上海在第 k 类产品上的显示性比较优势。E_{sk} 为上海第 k 类产品的出口额，E_{wk} 为全球 k 类产品的出口额。$RCA_{xdk} = \dfrac{E_{dk}/\sum_k E_{dk}}{E_{wk}/\sum_k E_{wk}}$ 是合作国在第 k 类产品上的显示性比较优势。E_{dk} 为合作国第 k 类产品的出口额。$RCA_{m3k} = \dfrac{X_{3k}/\sum_k X_{3k}}{X_{wk}/\sum_k X_{wk}}$ 是第三方市场在第 k 类产品上的显

---

① 熊灵、褚晓、朱子婧、王子超：《中欧在非洲的第三方市场合作：机制、潜力与风险应对》，《国际贸易》2023 年第 5 期。

示性比较劣势,反映第三方市场的需求。X_{3k}为第三方市场第k类产品的进口额,X_{wk}为全球第k类产品的进口额。

$$TCI_{sdk} = 1 - \frac{1}{2}\sum_n |xs_s^{nk} - ms_d^{nk}|$$,是上海出口第k类产品、合作国进口第k类产品的贸易互补性指数。$$TCI_{dsk} = 1 - \frac{1}{2}\sum_n |ms_s^{nk} - xs_d^{nk}|$$,是上海进口第k类产品、合作国出口第k类产品的贸易互补性指数。TCI的取值介于0~1之间,数值越大则两地互补性越强;反之则越弱。其中,n表示HS4位码的产品,属于第k类。xs_s^{nk}(xs_d^{nk})表示上海(合作国)对外出口的第n种商品在其对外出口的k类商品总额中所占的比重,而ms_d^{nk}(ms_s^{nk})表示合作国(上海)进口第n种商品在其进口的k类商品总额中所占的比重。所以,($TCI_{sdk} + TCI_{dsk}$)衡量了上海与合作国在第k类产品上的互补性。

通常来说,RCA具有较强的竞争优势的取值范围为[1.25,2.5]。在第三方市场合作,通常合作双方需要具备更强的竞争优势。借鉴熊灵等[1]的研究,对于第三方市场合作潜力指数C_k,报告设定[0,6)为不具有合作优势、[6,195]为较强合作优势、[195,+∞)为极强合作优势。

在下文中,报告选取"一带一路"沿线65个国家作为第三方市场、14个第三方市场合作文件签署国作为合作国[2],分析上海开展第三方市场合作的基础和潜力。

(二)上海开展第三方市场合作的基础

稳定和良好的贸易与投资关系是开展第三方市场合作的重要基础。上海与合作国保持着紧密的双边经贸联系。

① 熊灵、褚晓、朱子婧、王子超:《中欧在非洲的第三方市场合作:机制、潜力与风险应对》.《国际贸易》2023年第5期。
② 下文提到的"第三方市场"均指"一带一路"沿线的65个国家,"合作国"均指14个第三方市场合作文件签署国。

上海与合作国具有良好的投资合作基础。根据《上海统计年鉴》（2022）[①]，至2021年12月底，上海外商直接投资合同项目累计约11.6万个，合同金额达6295.6亿美元，实到金额达3022.7亿美元。从投资方式看，合同项目和实到金额中，独资企业、合资企业、合作企业占比分别为70.7%、24.3%、5.0%和71.7%、21.2%、7.1%。从产业看，合同项目和实到金额中，第一产业、第二产业、第三产业占比分别为0.3%、23.5%、76.2%和0.2%、21.6%、78.2%。从主要国别（地区）看，合同项目中，前10个来源地是中国香港、中国台湾、日本、美国、韩国、新加坡、德国、英国、加拿大、澳大利亚；实到金额中，前十大来源地依次是中国香港、日本、新加坡、美国、德国、中国台湾、英国、法国、韩国、意大利。截至2023年5月，上海在沪企业达7万家，跨国公司地区总部和外资研发中心分别有907家和538家。

上海与合作国有着密切的贸易关联。2021年上海货物出口总额为6761亿美元，其中对合作国出口分别为：日本458.3亿美元、韩国280.6亿美元、新加坡120.0亿美元、澳大利亚178.2亿美元、加拿大114.9亿美元、法国114.4亿美元、意大利113.8亿美元、荷兰210.8亿美元、英国170.5亿美元，9个国家占比共计26.1%。上海货物进口总额为4962.7亿美元，其中从合作国进口分别为：日本614.0亿美元、韩国440.5亿美元、新加坡104.1亿美元、澳大利亚150.5亿美元、加拿大43.5亿美元、法国151.3亿美元、意大利158.4亿美元、荷兰49.8亿美元、英国76.5亿美元，9个合作国占比共计36.0%。

（三）上海与合作国开展第三方市场合作的潜力分析

本部分利用2022年上海和合作国的显示性比较优势与贸易互补性指数以及2021~2022年第三方市场的显示性比较劣势指数，分析上海在农产品

[①] 上海市统计局、国家统计局上海调查总队编《上海统计年鉴》（2022），中国统计出版社，2022。

（HS01-05）、植物产品和油脂（HS06-15）、食品饮料和烟草（HS16-24）、矿产品（HS25-26）、燃料（HS27）、化学品（HS28-38）、塑料橡胶（HS39-40）、皮革（HS41-43）、木材和纸制品（HS44-49）、纺织服装（HS50-63）、鞋类（HS64-67）、石头玻璃（HS68-71）、金属（HS72-83）、机械和电子设备（HS84-85）、运输设备（HS86-89）和其他杂项（HS90-99）16个行业开展第三方市场合作的潜力。

上海在广泛的领域具有显示性比较优势。在货物领域，上海的显示性比较优势集中在金属、纺织服装、运输设备、机械和电子设备及皮革上，2022年5个行业的显示性比较优势指数（*RCA*）分别为3.99、1.83、1.58、1.10和1.08①（见图1）。

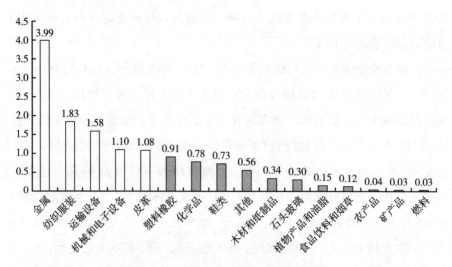

图1　2022年上海的显示性比较优势指数

资料来源：根据WITS-UNCTAD和国研网的贸易数据计算。

上海与合作国具有较强的贸易互补性。在224个行业-合作国对中，与上海具有互补性的有99个，占比为44.2%。从行业分布看，上海与合作国

---

① 此外，在服务领域，上海的比较优势集中在运输服务和其他商业服务业，*RCA*分别是1.92和1.42。

具有贸易互补性①主要体现在塑料橡胶、皮革、鞋类、机械和电子设备、运输设备以及纺织服装。从合作国看，上海与各国的互补性从强到弱依次是法国、澳大利亚、比利时、英国、荷兰、奥地利、加拿大、瑞士、韩国、新加坡、西班牙、意大利、葡萄牙和日本。

上海与合作国在制造业领域具有一定的合作潜力。在12319个合作国-第三方市场-行业组合中，上海具有合作潜力的有156个，占比为1.3%。从行业层面看，16个行业中上海具有开展第三方市场合作潜力的有7个②，既包括纺织服装、鞋类等低技术制造业，也包括机械和电子设备、运输设备等中高技术制造业。按照行业-合作国数量，上海合作潜力从高到低依次是纺织服装（64个）、皮革（45个）、运输设备（18个）、机械和电子设备（13个）、鞋类（7个）、石头玻璃（5个）和其他（3个）。从合作国来看，14个合作国中，上海的潜在合作伙伴集中在欧洲和亚洲。按照行业-合作国数量，上海与合作国的合作潜力从高到低依次是：意大利（39个）、法国（28个）、葡萄牙（24个）、西班牙（14个）、日本（13个）、新加坡（9个）、韩国（9个）、荷兰（5个）、瑞士（4个）、奥地利（4个）、比利时（3个）、英国（3个）、澳大利亚（0个）、加拿大（0个）。从第三方市场看，上海与多数"一带一路"沿线国家都有合作潜力。按照行业-合作国数量，合作潜力排在前10位的国家依次是柬埔寨、吉尔吉斯斯坦、阿尔巴尼亚、斯里兰卡、越南、科威特、缅甸、北马其顿、俄罗斯和新加坡（见图2）。

具体来说：①皮革行业，上海与法国、意大利、西班牙、荷兰、葡萄牙和新加坡具有合作潜力，可以选择的第三方市场中有21个国家，合作潜力排前5位的国家是柬埔寨、阿尔巴尼亚、波黑、科威特、摩尔多瓦。②纺织服装行业，上海的潜在合作伙伴主要集中在欧洲，按照第三方市场数量，合作潜力从高到低依次是葡萄牙、意大利、西班牙、法国、奥地利、荷兰、比利时、英国，可选择的第三方市场中有21个国家，合作潜力排在前5位的

---

① $TCI_{sdk} + TCI_{dsk} \geqslant 1$。

② 具有合作潜力指合作潜力指数 $C_k \geqslant 6$，下同。

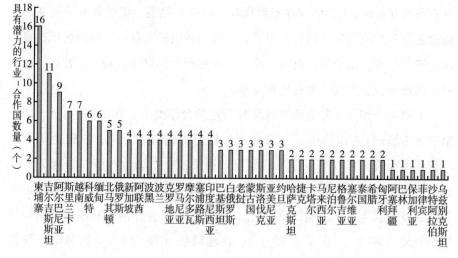

图2 上海与14个合作国在第三方市场的合作潜力

资料来源:笔者根据第三方市场合作潜力指数计算。

国家是柬埔寨、斯里兰卡、吉尔吉斯斯坦、缅甸、阿尔巴尼亚。③鞋类行业,上海的潜在合作伙伴也集中在欧洲,包括意大利、葡萄牙、比利时、西班牙、法国,可以选择的第三方市场包括吉尔吉斯斯坦和阿尔巴尼亚。④石头玻璃制品业,上海与瑞士和英国具有合作潜力,可选择的第三方市场包括阿联酋、柬埔寨和北马其顿。⑤机械和电子设备行业,上海的潜在合作伙伴主要是新加坡、韩国和日本3个亚洲国家,上海与新加坡在第三方市场的合作潜力从高到低依次是越南、马来西亚、捷克、匈牙利、菲律宾、斯洛伐克、俄罗斯,上海与韩国在第三方市场的合作潜力从高到低依次是新加坡、越南、马来西亚、捷克、匈牙利,而上海与日本在新加坡具有合作潜力。⑥运输设备行业,上海的潜在合作伙伴包括日本、韩国、西班牙和法国。其中,与日本的合作潜力最大,可选择的第三方市场包括塞浦路斯、蒙古国、斯洛伐克、格鲁吉亚、沙特阿拉伯、科威特、老挝、哈萨克斯坦、阿塞拜疆、俄罗斯、乌兹别克斯坦11个国家;与韩国的合作潜力次之。⑦其他行业,上海与日本、瑞士和新加坡在白俄罗斯有一定的合作潜力(见表1)。

表1 上海与14个合作国开展第三方市场合作的潜力指数

行业	合作国	第三方市场	
		数量	合作潜力
皮革	西班牙	2	柬埔寨(10.5)、阿尔巴尼亚(6.4)
	法国	21	柬埔寨(49.2)、阿尔巴尼亚(30.0)、波黑(21.7)、科威特(15.0)、摩尔多瓦(14.5)、克罗地亚(13.5)、老挝(13.5)、塞尔维亚(13.0)、卡塔尔(12.0)、罗马尼亚(12.0)、越南(10.0)、泰国(9.8)、北马其顿(9.6)、新加坡(8.1)、希腊(7.6)、印度尼西亚(7.4)、俄罗斯(7.3)、波兰(7.2)、阿联酋(7.2)、巴林(6.2)、亚美尼亚(6.1)
	意大利	19	柬埔寨(43.9)、阿尔巴尼亚(26.8)、波黑(19.4)、科威特(13.4)、摩尔多瓦(12.9)、克罗地亚(12.0)、老挝(12.0)、塞尔维亚(11.6)、卡塔尔(10.7)、罗马尼亚(10.7)、越南(8.9)、泰国(8.8)、北马其顿(8.6)、新加坡(7.3)、希腊(6.8)、印度尼西亚(6.6)、俄罗斯(6.5)、波兰(6.4)、阿联酋(6.4)
	荷兰	1	柬埔寨(6.8)
	葡萄牙	1	柬埔寨(6.2)
	新加坡	1	柬埔寨(8.3)
纺织服装	奥地利	4	柬埔寨(11.0)、斯里兰卡(9.5)、吉尔吉斯斯坦(9.2)、缅甸(6.7)
	比利时	2	柬埔寨(7.2)、斯里兰卡(6.2)
	西班牙	9	柬埔寨(19.5)、斯里兰卡(16.9)、吉尔吉斯斯坦(16.2)、缅甸(11.9)、阿尔巴尼亚(9.1)、约旦(7.0)、越南(6.8)、科威特(6.6)、巴基斯坦(6.3)
	法国	5	柬埔寨(13.2)、斯里兰卡(11.4)、吉尔吉斯斯坦(11.0)、缅甸(8.0)、阿尔巴尼亚(6.1)
	英国	1	柬埔寨(6.2)
	意大利	18	柬埔寨(25.8)、斯里兰卡(22.4)、吉尔吉斯斯坦(21.5)、缅甸(15.7)、阿尔巴尼亚(12.0)、约旦(9.2)、越南(9.0)、科威特(8.7)、巴基斯坦(8.3)、摩尔多瓦(7.9)、波黑(7.8)、克罗地亚(6.9)、尼泊尔(6.9)、波兰(6.9)、北马其顿(6.8)、亚美尼亚(6.5)、印度尼西亚(6.3)、罗马尼亚(6.2)
	荷兰	4	柬埔寨(10.6)、斯里兰卡(9.2)、吉尔吉斯斯坦(8.8)、缅甸(6.5)

续表

行业	合作国	第三方市场	
		数量	合作潜力
纺织服装	葡萄牙	21	柬埔寨(27.6)、斯里兰卡(23.9)、吉尔吉斯斯坦(23.0)、缅甸(16.8)、阿尔巴尼亚(12.8)、约旦(9.9)、越南(9.6)、科威特(9.3)、巴基斯坦(8.9)、摩尔多瓦(8.4)、波黑(8.3)、克罗地亚(7.4)、尼泊尔(7.4)、波兰(7.4)、北马其顿(7.3)、亚美尼亚(7.0)、印度尼西亚(6.7)、罗马尼亚(6.7)、保加利亚(6.3)、俄罗斯(6.2)、哈萨克斯坦(6.1)
鞋类	比利时	1	吉尔吉斯斯坦(7.4)
	西班牙	1	吉尔吉斯斯坦(6.7)
	法国	1	吉尔吉斯斯坦(7.7)
	意大利	2	吉尔吉斯斯坦(17.6)、阿尔巴尼亚(6.7)
	葡萄牙	2	吉尔吉斯斯坦(16.7)、阿尔巴尼亚(6.4)
石头玻璃	瑞士	3	阿联酋(9.4)、柬埔寨(8.8)、北马其顿(6.6)
	英国	2	阿联酋(6.7)、柬埔寨(6.3)
机械和电子设备	韩国	5	新加坡(8.3)、越南(7.5)、马来西亚(6.8)、捷克(6.5)、匈牙利(6.1)
	日本	1	新加坡(6.5)
	新加坡	7	越南(8.4)、马来西亚(7.6)、捷克(7.2)、匈牙利(6.7)、菲律宾(6.3)、斯洛伐克(6.1)、俄罗斯(6.0)
运输设备	西班牙	2	塞浦路斯(7.1)、蒙古国(6.7)
	法国	1	塞浦路斯(6.3)
	日本	11	塞浦路斯(10.5)、蒙古国(10.0)、斯洛伐克(8.6)、格鲁吉亚(8.0)、沙特阿拉伯(7.6)、科威特(7.0)、老挝(6.4)、哈萨克斯坦(6.4)、阿塞拜疆(6.3)、俄罗斯(6.2)、乌兹别克斯坦(6.0)
	韩国	4	塞浦路斯(8.0)、蒙古国(7.6)、斯洛伐克(6.5)、格鲁吉亚(6.1)
其他	瑞士	1	白俄罗斯(8.2)
	日本	1	白俄罗斯(8.6)
	新加坡	1	白俄罗斯(6.7)

资料来源：笔者基于 WITS-UNCTAD 和国研网数据库的贸易数据计算得到。

（四）考虑政治因素后的合作潜力分析

政治互信是开展第三方市场合作的基础。在经济因素基础上，嵌入中国与合作国的政治关系因素，可更有效地评估上海开展第三方市场合作的潜力。在考虑政治关系后，上海与合作国在第三方市场的合作潜力指数根据政治关系的变化而变化，具体见公式（2）：

$$CP_{sd3k} = RCA_{xsk} \times RCA_{xdk} \times RCA_{m3k} \times (TCI_{sdk} + TCI_{dsk}) \times P_{cd} \qquad (2)$$

其中，CP_{sd3k} 表示考虑政治因素后的合作潜力指数。P_{cd} 表示中国与合作国的政治关系，该调整指标基于清华大学国际关系研究院的"中国与大国关系数据库"[①] 得到。分为四个等级："对抗"赋值为 0.25，"紧张"赋值为 0.5，"不和"赋值为 0.75，"普通"、"良好"以及"友好"赋值为 1。表 3 展示了 2022 年中国与 14 个合作国的政治关系指数。

表 2　2022 年中国与 14 个合作国的政治关系指数

澳大利亚	法国	日本	韩国	英国	奥地利	比利时	意大利	荷兰	葡萄牙	西班牙	加拿大	新加坡	瑞士
0.75	1	0.5	1	0.75	1	1	1	1	1	1	0.75	1	1

注：中国与奥地利、比利时、意大利、荷兰、葡萄牙和西班牙的政治关系指数用中法、中德的平均值替代，中国与加拿大的政治关系指数用中国和澳大利亚的取值替代，中国与新加坡、瑞士的政治关系指数均取值为 1。

资料来源：根据清华大学国际关系研究院的"中国与大国关系数据库"制作。

由于中国与多数合作国的政治关系维持在普通、良好和友好级别，因此考虑政治关系后，上海推动开展第三方市场合作的潜力并没有显著变化。主

[①] 该数据库包括中国与美国、日本、俄罗斯、英国、法国、印度、德国七个大国，以及与韩国、澳大利亚、印度尼西亚、巴基斯坦和越南五个周边国家 1950 年 1 月至 2023 年 1 月的月度政治关系指数。取值介于 −9 和 9 之间，分为六个等级，分别是对抗（−9，−6）、紧张（−6，−3）、不和（−3，0）、普通（0，3）、良好（3，6）和友好（6，9），赋值越大，表明关系越好。

要变化是上海与日本和英国在第三方市场的合作潜力下降。从第三方市场-行业数据看,上海与日本、英国的合作潜力都将下降至 0 个。

三 上海开展第三方市场合作的未来展望

(一)上海开展第三方市场合作面临的挑战

第一,中美博弈背景下,第三方市场合作面临较大的地缘政治压力。随着中国经济的快速发展,美国政府调整对华政策,将中国定位为战略竞争对手,试图从陆海两个方面对"一带一路"进行围堵,从地缘政治上对共建"一带一路"施压。美国联合日本、印度和澳大利亚,试图打造以印度和太平洋为核心的"印太战略",直接针对"一带一路"倡议的两个核心板块——东南亚地区和西亚地区。①

第二,外部经济环境恶化,第三方市场需求下降。当前,全球经济面临高通胀和低增长的双重威胁。根据 IMF 2023 年 10 月发布的《世界经济展望》②,全球经济增长率将从 2022 年的 3.5%降至 2023 年的 3.0%,低于2000~2019 年的均值 3.8%。由于地缘政治局势紧张、粮食和能源不安全、货币政策收紧导致的潜在金融不稳定以及债务水平上升等风险仍然偏向下行,2024 年全球经济也将面临非常大的挑战。在美联储持续加息背景下,国际融资成本上升,"一带一路"沿线大多数国家的本币或将贬值,导致债务上升、经济复苏乏力,需求下降。此外,欧盟、美国、日本等相继提出资助发展中国家和新兴经济体基础设施建设的计划或倡议,与"一带一路"倡议展开竞争。

第三,全球产业链供应链加快重构,上海部分产业的竞争优势有所减

① 张屹峰、开鑫:《新形势下,共建"一带一路"面临新挑战》,《世界知识》2023 年第 19 期。

② International Monetary Fund,"World Economic Outlook",https://www.imf.org/en/Publications/WEO/Issues/2024/04/16/world-economic-outlook-april-2024.

弱。在中美博弈、疫情冲击、俄乌冲突等冲击下，全球产业链供应链加速重构。跨国公司为应对关税导致的成本上升、供应链断裂风险以及随之可能出现的地缘政治变化，纷纷采取产业链外迁和"中国+N"的多元化生产策略，导致以东盟、印度为代表的一些发展中国家对中国生产和出口的产品产生替代效应，这一效应在纺织服装等低技术密集型行业非常突出。因此，上海在纺织服装等低技术密集型行业上的国际竞争力将有所下降。

（二）推动上海开展第三方市场合作的政策建议

第一，深化国际经贸合作。充分利用 RCEP 等贸易协定，推动上海与日本、韩国、澳大利亚、新加坡等发达经济体在第三方市场尤其是东南亚国家的合作深化。RCEP 关税减让、原产地累积规则、贸易便利化等一系列制度安排，正有力地降低区域内生产成本、提高贸易投资效率，形成资源、技术、劳动力等多种要素的互补机制，有利于合作国发挥各自比较优势，强化区域内产业链供应链合作和第三方市场合作。

第二，坚持对外开放和深化改革。在大国博弈和地缘政治冲击下，很多在华跨国企业持观望态度。一方面，中国庞大的市场规模具有强大的吸引力；另一方面，美国持续加大对中国遏制力度。上海要进一步优化营商环境，提升法律法规和政策的公平性、可预测性和透明度，重视外商投资，以增强上海经济韧性、开放性，进而提高上海企业"走出去"和联合在沪外资企业开展第三方市场合作的能力。

第三，促进科技创新，增强自主研发的能力。美西方对"一带一路"的围堵、对中国高科技领域的打压以及全球产业链供应链的"去中国化"，将削弱中国推动"一带一路"建设和开展第三方市场合作的能力。实现科技自强，在新一轮科技革命浪潮中，加速突破应用数字、生物、空间、海洋等领域前沿技术，特别是以人工智能、量子信息、区块链为代表的数字技术，是上海促进经济增长、产业革新，提高第三方市场合作潜力的根本所在。

实践报告

B.14
上海服务"一带一路"建设
数据报告（2013～2022年）

陈文彦　李晓静*

摘　要： 本报告基于2013～2022年上海与"一带一路"沿线63个国家的贸易和投资数据，采用综合指数法构建了上海服务"一带一路"建设贸易投资指数，系统考察了2013年以来上海与沿线各国的贸易往来和投资合作变化情况。研究表明：总体来看，十年间，上海服务"一带一路"建设贸易投资指数上升趋势明显，与沿线各国的贸易和投资合作持续深化；分维度看，贸易联通指数和投资合作指数总体上保持上升态势，贸易联通指数始终高于投资合作指数，且二者差距呈扩大态势；分区域看，东南亚地区的贸易投资指数明显高于其他五个区域，中东欧地区增速最快，而中亚地区则一直处于较低水平。未来，上海服务"一带一路"建

* 陈文彦，上海研究院科研处主管，中级经济师，主要研究方向为城市与区域发展；李晓静，经济学博士，中共上海市委党校上海发展研究院助理研究员，主要研究方向为数字经济、对外开放。

设应合理统筹安全与发展，依托功能优势促进利益共享；加强制度创新，提升企业"走出去"积极性；坚持高水平对外开放，促进"一带一路"沿线六大区域协同发展。

关键词： "一带一路" 贸易投资指数 协同发展

作为全国改革开放的排头兵和创新发展的先行者，自 2013 年"一带一路"倡议提出以来，上海积极发挥"桥头堡"引领带动功能，在政策沟通、设施联通、贸易畅通、资金融通和民心相通方面持续发力，促进高质量共建"一带一路"与"五个中心"建设同频共振。为系统考察 2013～2022 年上海服务"一带一路"建设的贸易投资情况，本报告梳理总结了 10 年间上海服务"一带一路"建设的贸易投资支持性政策和标志性成果，创新性地构建了上海服务"一带一路"建设贸易投资指数，以便更全面地解读上海与"一带一路"沿线国家的贸易联通和投资合作情况。[①]

一 上海服务"一带一路"建设贸易投资十年概况

（一）上海服务"一带一路"建设贸易投资支持性政策

十年来，上海服务"一带一路"建设的贸易投资支持性政策体系越来越完善，相关政策从全市层面总体布局发展为各部门及重点区域主动将促进"一带一路"贸易投资高质量发展作为工作规划的重要组成部分。

1. 在全市层面制订专项行动方案

2017 年 10 月，上海市印发《上海服务国家"一带一路"建设发挥桥头堡作用行动方案》，明确了上海在服务"一带一路"建设中的功能定位、主要路径和

---

① 本报告数据源自上海海关和国泰安经济金融研究数据库（CSMAR），详见第二部分。

主要原则，并提出了六大专项行动，其中贸易投资便利化位列专项行动之首。该专项行动又包含 15 项具体任务，目的是构建多层次贸易和投资合作网络，以顺利对接自由贸易区战略，促进高层次开放型经济发展。2020 年 11 月，《上海市关于推进贸易高质量发展的实施意见》进一步强调要"推进'一带一路'贸易畅通合作"，上海要深化与"一带一路"沿线国家和地区的贸易合作。此后，《上海市碳达峰实施方案》《本市推动外贸保稳提质的实施意见》等文件均将继续推进"一带一路"贸易畅通、投资合作作为重要内容。

2. 多个部门独自或联合出台政策文件

上海相关部门纷纷出台相关政策文件支持上海与"一带一路"沿线国家和地区的贸易与投资发展。如 2017 年，上海市商务委员会印发《聚焦"贸易畅通" 推进服务"一带一路"桥头堡建设实施方案》，提出要以经贸合作为突破口，着力建设制度创新、国际会展、贸易便利化、货物贸易直通、跨境服务贸易、国际产能合作、经贸投资促进网络和网络建设八大平台，进而提升上海制度创新、要素配置、贸易集散和开放合作四大功能，到 2020 年基本形成对"一带一路""桥头堡"建设的功能支撑。2021 年，上海市商务委和上海市财政局联合印发《上海市外经贸发展专项资金使用和管理办法》，将推进与"一带一路"沿线国家和地区的投资合作作为对外投资合作业务高质量发展的重要内容，大力支持上海市企业"走出去"，同时依托自身和上海的产业优势来优化全球产业链、供应链布局。

3. 重点区域积极融入"一带一路"建设

虹桥国际开放枢纽是上海持续扩大对外开放的重要窗口。近年来，多个支持虹桥贸易投资发展的文件相继出台。《虹桥国际开放枢纽建设总体方案》提出要集聚高能级贸易平台和主体，高水平建设一批面向"一带一路"国家和地区的专业贸易平台和国别商品交易中心。2023 年，上海市商务委、上海市发改委等 10 部门联合发布《上海市推动内外贸一体化试点实施方案》，明确指出要打造虹桥进出口商品集散中心，支持虹桥国际中央商务区建设"一带一路"商品展销平台、国别商品交易中心、专业贸易平台和跨境电商平台。

（二）上海服务"一带一路"建设贸易投资标志性成果

1. 进出口贸易规模持续扩大

上海海关数据显示，总体来看，2013~2022 年，上海与"一带一路"沿线国家[①]的进出口贸易规模从 5526.53 亿元增长至 9552.10 亿元，十年增长率和年均增长率分别为 72.84% 和 6.27%。其中，上海自"一带一路"沿线国家的进口额一直高于出口额，进口额十年增长率达 83.41%，而出口额增长率为 61.35%，且进口的年均增长率（6.97%）亦高于出口（5.46%）。

分地区看，上海与东南亚地区的贸易往来最为密切，与中亚五国的贸易总额最低，且总体呈波动下降趋势。具体来看：上海与东南亚地区的进出口规模从 2013 年的 3348.82 亿元增长至 2022 年的 5660.14 亿元，增长69.02%；上海与中东欧地区的贸易规模增长率最高（141.65%），其次是独联体七国和蒙古国地区（88.98%）、东南亚地区（69.02%）、西亚北非地区（61.68%）、南亚地区（60.66%）和中亚地区（-19.55%）。值得注意的是，上海与中亚地区的贸易规模在 2013 年为 83.59 亿元，2017 年一度跌至 38.95 亿元，此后虽然有所上升，但依然保持低水平，且进口规模从2018 年开始持续低于出口规模。

[①] 受限于数据可得性同时考虑到各国地理位置，并参考《"一带一路"国家基础设施发展指数报告2019》（https://www. yidaiyilu. gov. cn/wcm. files/upload/CMSydylgw/201905/201905300609042. pdf#:~:text=%E3%80%8A%E2%80%9C%E4%B8%80%E5%B8%A6%E4%B8%80%E8%B7%AF%E2%80%9D%E5%9B%BD,%E5%8A%BF%E8%BF%9B%E8%A1%8C%E9%A2%84%E6%B5%8B%E5%B1%95%E6%9C%9B%E3%80%82，最后访问日期：2024 年 6 月 13 日），本报告以"一带一路"沿线 63 个国家为研究对象，分别为：东南亚十国（菲律宾、柬埔寨、老挝、马来西亚、缅甸、泰国、文莱、新加坡、印度尼西亚和越南），独联体七国（阿塞拜疆、白俄罗斯、俄罗斯、格鲁吉亚、摩尔多瓦、乌克兰和亚美尼亚）和蒙古国，南亚八国（阿富汗、巴基斯坦、不丹、马尔代夫、孟加拉国、尼泊尔、斯里兰卡和印度），西亚北非十四国（埃及、阿联酋、阿曼、巴林、卡塔尔、科威特、黎巴嫩、沙特阿拉伯、土耳其、也门、伊拉克、伊朗、以色列和约旦），中亚五国（哈萨克斯坦、吉尔吉斯斯坦、塔吉克斯坦、土库曼斯坦和乌兹别克斯坦），中东欧十八国（阿尔巴尼亚、爱沙尼亚、保加利亚、波兰、波斯尼亚和黑塞哥维那、黑山、捷克、克罗地亚、拉脱维亚、立陶宛、罗马尼亚、北马其顿、塞尔维亚、塞浦路斯、斯洛伐克、斯洛文尼亚、希腊和匈牙利）。后文为方便论述，将其表述为东南亚、独联体和蒙古国、南亚、西亚北非、中亚、中东欧。

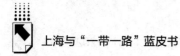

2. 投资合作成效显著

2013 年至 2023 年 6 月，上海对"一带一路"沿线国家和地区投资备案额累计达 294.68 亿美元，"一带一路"沿线国家和地区来沪实际投资累计为 173.87 亿美元。① 从上市公司看，10 年来，260 余家沪市上市公司参与共建"一带一路"，其中主板 200 余家、科创板 60 家，贸易投资范围覆盖大宗商品、钢材贸易、能源贸易、消费品等领域。② 从重点地区看，截至 2021 年末，上海自贸区对"一带一路"沿线国家和地区的投资项目高达 108 个，中方投资额约 180 亿美元。在上海自贸区和临港新片区，来自"一带一路"沿线国家和地区的投资新设企业累计约为 1377 个，业务范围涉及医疗健康、制造业、商务服务、科学研究等多个领域，利用合同外资约 60 亿美元。③

3. 贸易促进平台日益完善

上海连续举办六届中国国际进口博览会（以下简称为"进博会"），吸引了众多 RCEP 成员国以及共建"一带一路"国家的企业前来参展，贸易促进平台不断完善。以第六届进博会为例，在 72 个国家展的参展方中，有 64 个属于共建"一带一路"国家；企业展中，来自共建"一带一路"国家的超过 1500 家企业签约，总展览面积近 8 万平方米，较第五届进博会增长 30% 左右。④ 进博会已然成为共建"一带一路"国家在中国开拓业务、寻求贸易投资合作机会的重要渠道。不仅如此，作为中国第一个自贸区，上海自贸区一直是高质量共建"一带一路"的重要支撑和开展经贸合作的辐射源。十年来，上海自贸区推出了多项制度创新举措，开设了全国第一个国际贸易"单一窗口"，发布了全国首份外商投资负面清单，贸易和投资自由化便利化水平大幅提

① 《12 张海报速览上海参与"一带一路"建设十年成就》，https://mp.weixin.qq.com/s/Ak8GnZGXfUIUpAdqpT4zuQ，最后访问日期：2023 年 11 月 15 日。

② 孙汝祥：《十年来 260 余家沪市公司参与共建"一带一路"》，https://baijiahao.baidu.com/s？id=1779876951699225354&wfr=spider&for=pc，最后访问日期：2023 年 11 月 15 日。

③ 赵晓雷：《上海自贸试验区积极发挥服务"一带一路"建设的桥头堡作用》，《中国外汇》2023 年第 15 期。

④ 有之炘、李海伟、赵逸赫：《进博会为"一带一路"共建国家提供重要平台》，https://baijiahao.baidu.com/s？id=1782351570537431535&wfr=spider&for=pc，最后访问日期：2023 年 11 月 15 日。

升，成为服务"一带一路"建设的重要抓手。十年间，上海自贸区保税区片区设立的"一带一路"国别（地区）馆达 21 家，设立中东欧 16 国国家馆。[①]

二　上海服务"一带一路"建设贸易投资指数的构建

构建上海服务"一带一路"建设贸易投资指数不仅可以较为准确地评估 2013~2022 年上海与"一带一路"沿线 63 个国家贸易投资的总体变化情况，还可以基于贸易联通和投资合作两个细分维度对不同国家和区域进行详细的比较分析，以更全面地总结上海服务"一带一路"建设贸易投资发展特征，分析面临的挑战，为上海在第二个十年更好地服务"一带一路"建设指明方向。

（一）构建原则

本报告构建上海服务"一带一路"建设贸易投资指数遵循以下三个原则。一是全面性与代表性相结合的原则。选取的指标既要全面反映十年来上海与"一带一路"沿线 63 个国家贸易投资发展的总体情况，又能集中体现贸易投资发展的阶段性变动情况和国别差异。二是可靠性与可操作性相结合的原则。选取的指标越多，越能充分反映上海与"一带一路"沿线 63 个国家的贸易和投资合作情况，但同时也应兼顾数据的可得性、准确性和连续性，为后续构建综合指数奠定数据基础。基于此原则，在无法获取 2013~2022 年上海与"一带一路"沿线 63 个国家间项目投资额、投资备案累计金额等历年统计数据的情况下，在投资合作维度最终以上市公司的对外投资情况作为参照进行相关指标测算。三是国际化与上海城市特色相结合的原则。国际化是上海与"一带一路"沿线 63 个国家贸易投资发展的典型特征，这要求贸易投资指数的构建，既可以反映上海十年来在贸易投资领域服务"一带一路"建设取得的成效，又能体现发展中的问题，对现实具有重要的指导意义。

---

① 赵晓雷：《上海自贸试验区积极发挥服务"一带一路"建设的桥头堡作用》，《中国外汇》2023 年第 15 期。

（二）构建过程

1. 指标体系总体概述

本报告致力于考察 2013~2022 年上海服务"一带一路"建设贸易投资发展情况，在充分考虑"一带一路"沿线 63 个国家经济社会发展特点、数据可得性并参考借鉴相关研究成果的基础上，基于"一带一路"沿线 63 个国家的数据构建了上海服务"一带一路"建设贸易投资指数。其中，一级指标 2 个（贸易联通、投资合作），二级指标 6 个，均为客观指标（见表1）。具体来看，贸易联通下设 3 个指标，分别为：上海从"一带一路"沿线国家 63 个国家的进口贸易额、出口贸易额以及进出口贸易总额。投资合作下设 3 个指标，分别为：上海对"一带一路"沿线 63 个国家的对外投资项目数量、投资行业数量和对外投资金额。①

表1 上海服务"一带一路"建设贸易投资指标体系

	一级指标	二级指标
贸易投资指数	贸易联通	进出口贸易总额
		进口贸易额
		出口贸易额
	投资合作	对外投资项目数量
		对外投资金额
		投资行业数量

资料来源：上海海关、国泰安经济金融研究数据库（CSMAR 数据库）。

注：该指标体系构建的总指数为贸易投资指数，一级指标两个维度亦分别形成分指数，即贸易联通指数和投资合作指数。

---

① 由于在公开渠道无法查询到十年来上海对"一带一路"沿线 63 个国家的对外投资情况，所以本报告从上市公司数据着手考察上海对沿线国家的投资情况。国泰安经济金融研究数据库（CSMAR 数据库）中的海外直接投资库披露了上市公司海外关联公司的信息，包括注册地址、持股比例、注册资本等。具体而言：第一，根据上市公司基本信息，筛选出注册地在上海市的企业；第二，根据企业的投资目的地、所属行业等，测算上海市企业每年向"一带一路"沿线 63 个国家投资的项目数量和投资行业数量；第三，根据关联企业的注册资本及上市公司的持股比例，计算得到企业的对外投资金额。需要指出的是，由于企业在海外不同目的地的投资货币类型不统一，本报告按照国际清算银行的年度汇率统一换算成美元，以便后续计算。

2. 指标处理与测算

上海服务"一带一路"建设贸易投资指数属于多指标综合评价指数。在完成指标体系构建之后，接下来要对数据进行两方面的处理：一是对不同类型指标进行标准化处理；二是确定指标权重系数，并将不同指标进行加权合成。

（1）数据标准化

由于不同指标在单位、数量级等方面均存在差异，所以指标处理的第一步即为指标的无量纲化处理。无量纲化处理即对不同指标进行标准化和正规化处理，通过一定的数学变换，将性质各异的指标变换为可以进行比较的相对数，常用的方法包括功效系数法、标准化处理法、阈值法等。其中，标准化处理法计算过程简洁高效，适用性较强。本报告选择采用此方法对各项指标进行处理，标准化公式如下：

$$x_{ij} = \frac{X_{ij} - \min(X_{ij})}{\max(X_{ij}) - \min(X_{ij})}$$

其中，x_{ij} 是指标 j 的标准化值，X_{ij} 是 i 国家 j 指标的原始值，$\max(X_{ij})$ 和 $\min(X_{ij})$ 分别代表所有国家 j 指标的最大值和最小值。标准化之后，原始值取值区间为 0~1，当一国的某个指标刚好在取最大值时标准化值为 1，当一国的某个指标刚好在取最小值时则标准化值为 0。

（2）构建综合指数

首先，对不同指标进行权重分配。本报告采用等权重法，将贸易联通和投资合作两个一级指标的权重均设为 1/2，再将一级指标的权重平均分配给下设的二级指标。接着，采用综合指数法，将多个指标"合成"为一个整体性的综合评价值。具体而言，上海服务"一带一路"建设贸易投资一级指标的值等于二级指标的标准化值与权重之积的和；再对一级指标进行类似处理，即可得到贸易投资指数。需要说明的是，本报告测算所得的贸易投资指数属于排序评价，反映的是上海与不同国家在贸易和投资方面的相对亲密度，而非绝对水平。

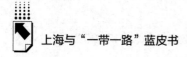

（三）说明

梳理已有研究可发现，当前学界、政界和企业界关于"一带一路"的研究呈现以下特征。一是重定性研究，轻定量研究。较多研究侧重于梳理"一带一路"建设思路和建设成效，鲜有研究基于定量分析方法全面探讨我国与"一带一路"沿线国家的"五通"发展情况。二是重国家层面研究，轻地方层面研究。较多研究从国家层面关注高质量共建"一带一路"的进展，研究领域涵盖了贸易合作、基础设施、国际化人才培养、科技合作、文化交流传播、企业高质量发展等多个方面，但地方层面的研究较为不足，不仅研究内容不够深入，而且研究的时间跨度未能覆盖2013~2022年。

有鉴于此，本报告立足上海发展特色和功能定位，首次从多维度构建了2013~2022年上海服务"一带一路"建设贸易投资指数，较好地弥补了已有研究的不足。另外，本报告所构建的贸易投资指数以"一带一路"沿线63个国家为研究对象，并将其划分为6大区域，划分标准及每个区域包含的国家名称见前文；在数据收集过程中，对个别年份数据缺失的情况，采用直接赋值的方法处理。

三 上海服务"一带一路"建设贸易
投资指数测算结果分析

（一）总体情况分析

1. 贸易投资指数上升趋势明显

图1展示了2013~2022年上海服务"一带一路"建设贸易投资指数变化情况。可以看出，2013年以来，上海与"一带一路"沿线63个国家的贸易投资指数总体呈上升趋势。2013年，这一指数仅为0.056，2022年增加至0.087，增幅超过50%。这表明，自"一带一路"倡议提出以来，上海与"一带一路"沿线63个国家的贸易亲密度和投资亲密度不断上升，在高质量共建"一带一路"中的重要作用持续凸显。2020年，新冠疫情蔓延给全

球产业链供应链造成了严重冲击，国际贸易和国际投资活动遭受多重阻碍，在此情况下，上海服务"一带一路"建设贸易投资指数的增速有所下滑。随着经济平稳恢复，2021年和2022年这一指数保持良好的上升态势。

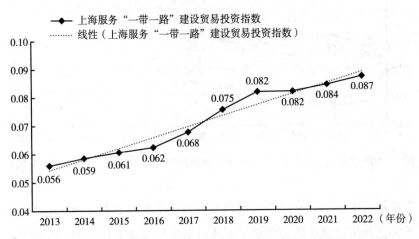

图1 2013~2022年上海服务"一带一路"建设贸易投资指数变化情况

2. 贸易联通指数和投资合作指数均上升

从贸易联通指数和投资合作指数的变化趋势来看，自2013年以来，上海与"一带一路"沿线63个国家的贸易联通度和投资合作度总体上保持良好的上升态势，且贸易联通指数始终高于投资合作指数（见图2）。2013年，上海与"一带一路"沿线63个国家的贸易联通指数和投资合作指数分别为0.076和0.036，2022年分别提升至0.119和0.056，二者之间的差距呈扩大趋势。此外，从投资合作指数看，2020年之前，上海与"一带一路"沿线63个国家的投资亲密度持续上升，虽然2021年明显下滑，但是2022年已有回升迹象。

（二）分项指标分析

1. 贸易联通指数的分项指标分析

从2013~2022年贸易联通指数三个分项指标的变化情况可知，上海与"一带一路"沿线63个国家在进出口、进口和出口三个维度的联通度整体

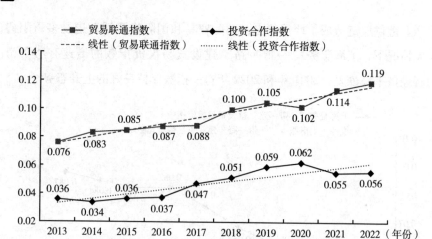

图2　2013~2022年上海服务"一带一路"建设贸易联通指数和投资合作指数变化情况

上均显著上升（见图3）。虽然出口的联通度明显高于进口的联通度，但自2019年以来出口波动较为明显，而进口则呈现稳步上升趋势。近年来，上海不断围绕"一带一路"沿线国家的比较优势挖掘进口贸易增长点，并将扩大进口与高质量共建"一带一路"紧密结合，多渠道扩大对"一带一路"沿线国家的进口规模、优化进口结构，从而带动了"一带一路"沿线国家经济社会发展。

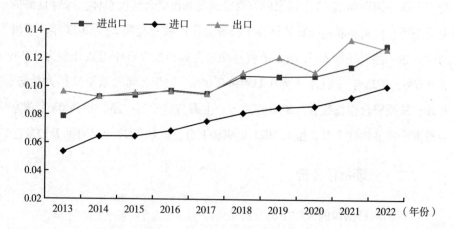

图3　2013~2022年上海服务"一带一路"建设贸易联通指数的分项指标变化情况

2.投资合作指数的分项指标分析

根据投资合作指数三个分项指标的变化情况可知，2013~2022年上海企业对"一带一路"沿线63个国家的对外投资金额、对外投资项目数量和投资行业数量均在增加，其中对外投资金额的增幅最小，而投资行业数量增幅最大（见图4）。这表明随着国内供给侧结构性改革的推进，企业在加大对"一带一路"沿线国家投资力度的同时，投资结构在不断优化，投资所涉及的领域日趋广泛。十年来，上海持续提升服务"一带一路"建设能级，结合"一带一路"沿线国家所处的经济发展阶段和需求结构，在清洁能源、数字经济等领域开展高水平的投资合作，有效带动当地经济发展和投资企业国际竞争力的提升。

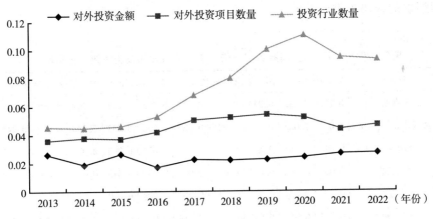

图4　2013~2022年上海服务"一带一路"建设投资合作分项指标变化

（三）区域特征分析

1.分区域贸易投资指数整体分析

2013~2022年，上海与六大区域（东南亚、独联体和蒙古、南亚、西亚北非、中亚、中东欧）的贸易投资指数均呈现不同程度的上升趋势，其中东南亚的贸易投资指数明显高于其他五个区域（见表2），中亚的贸易投资指数一直处于较低水平。具体来看，东南亚的贸易投资指数一直处于较高水平,且逐年攀升,从 2013 年的 0.229 上升至 2022 年的 0.322;南亚的贸易投资指数排名第二,但十年均值仅为东南亚的 24.36%,即使 2020 年出现大幅下滑,十年增幅依然达到 66.67% 左右;其后为西亚北非、独联体和蒙古国,它们的贸易投资指数受新冠疫情的冲击较小,但分别在 2016 年和 2015 年出现了不同程度的下滑;中东欧的贸易投资指数增长最快,2022 年是 2013 年的 2 倍之多,说明上海与中东欧国家的贸易和投资关系日益密切。近年来,随着中国-东盟自由贸易区不断升级,中国与东盟的贸易和投资合作展现出强劲韧性,双方已经互为第一大贸易伙伴国和重要的投资来源地、目的地。《区域全面经济伙伴关系协定》(RCEP)的成功签署,将为上海与东南亚各国在更多领域、更大范围、更深层次的合作提供新动力。

表 2　2013~2022 年上海服务"一带一路"建设贸易投资指数(分区域)

区域	2013 年	2014 年	2015 年	2016 年	2017 年	2018 年	2019 年	2020 年	2021 年	2022 年
东南亚	0.229	0.232	0.243	0.257	0.272	0.283	0.292	0.307	0.308	0.322
独联体和蒙古国	0.021	0.025	0.021	0.021	0.027	0.038	0.037	0.038	0.038	0.041
南亚	0.045	0.051	0.057	0.057	0.062	0.074	0.092	0.070	0.081	0.075
西亚北非	0.030	0.032	0.034	0.031	0.033	0.037	0.043	0.043	0.046	0.049
中亚	0.007	0.007	0.005	0.004	0.003	0.008	0.010	0.011	0.011	0.010
中东欧	0.014	0.015	0.015	0.015	0.019	0.026	0.031	0.031	0.031	0.034

2. 分区域贸易联通指数分析

除了中亚,上海与其他五大区域的贸易联通指数总体呈上升态势,2013 年以来东南亚一直稳居第一,而中亚则位居最后(见表 3),这与贸易投资指数的区域排名类似。2020 年,仅独联体和蒙古国、中东欧的贸易联通指数逆势上升,其他四个区域则出现不同程度的下跌。其中,中东欧的贸易联通指数十年增长超过一倍,2018 年更是实现了 44% 的增长率,增速位居第一。2018 年是"16+1 合作"第二个五年的开局之年,中国与中东欧国家始终秉持互利互惠原则，跨区域合作日益加深。得益于此，上海与中东欧各国的贸易联通度快速上升。

表3 2013~2022年上海服务"一带一路"建设贸易联通指数（分区域）

区域	2013年	2014年	2015年	2016年	2017年	2018年	2019年	2020年	2021年	2022年
东南亚	0.280	0.305	0.320	0.341	0.349	0.372	0.395	0.384	0.409	0.434
独联体和蒙古国	0.041	0.044	0.038	0.036	0.038	0.048	0.052	0.059	0.064
南亚	0.065	0.075	0.083	0.085	0.084	0.095	0.087	0.074	0.106	0.095
西亚北非	0.049	0.051	0.048	0.046	0.044	0.050	0.058	0.056	0.065	0.069
中亚	0.013	0.015	0.010	0.008	0.007	0.011	0.010	0.009	0.012	0.011
中东欧	0.022	0.025	0.024	0.024	0.025	0.036	0.039	0.041	0.043	0.047

3. 分区域投资合作指数分析

十年间，上海与六大区域的投资合作指数整体呈现不同程度的上升态势，东南亚依然位居第一，而中亚则排在最后（见表4）。比较来看，上海与各区域的投资合作指数均低于贸易联通指数。值得注意的是，中亚的投资合作指数虽然排名靠后，但在2018年实现突破，扭转了投资合作指数持续为0的局面。上海与独联体和蒙古国于2014年实现了投资突破，此后呈现波动上升趋势，并于2018年达到峰值（0.028），从2019年开始逐年下滑，一直降至2022年的0.017，相较于2018年降幅高达39.29%。

表4 2013~2022年上海服务"一带一路"建设投资合作指数（分区域）

区域	2013年	2014年	2015年	2016年	2017年	2018年	2019年	2020年	2021年	2022年
东南亚	0.178	0.159	0.165	0.173	0.194	0.195	0.189	0.231	0.208	0.210
独联体和蒙古国	0.000	0.005	0.003	0.007	0.016	0.028	0.026	0.024	0.018	0.017
南亚	0.025	0.027	0.030	0.029	0.041	0.053	0.097	0.066	0.057	0.055
西亚北非	0.012	0.014	0.021	0.016	0.023	0.023	0.028	0.030	0.027	0.029
中亚	0.000	0.000	0.000	0.000	0.000	0.005	0.009	0.013	0.010	0.009
中东欧	0.006	0.005	0.005	0.006	0.013	0.016	0.023	0.022	0.020	0.021

（四）重点国家分析

1. 贸易投资指数排名前15国家分析

基于 2013~2022 年上海与"一带一路"沿线 63 个国家的贸易投资指数，计算各国的十年均值，进而选取排名前 15 的国家进行重点分析。从表 5 可以看出，在排名前 15 的国家中，来自东南亚的国家占比最大，且前 4 名均为东南亚国家，之后依次为西亚北非、中东欧、南亚、独联体和蒙古国，而中亚五国均未进入前 15。总体来看，各国贸易投资指数的年均增长率均为正。其中斯洛伐克的增速最快，年均增长率高达 19.78%；其次为越南、印度尼西亚和波兰，年均增长率分别为 10.52%、9.72% 和 8.25%。新加坡虽然年均增速最慢，但一直位列第一。上海与新加坡的贸易投资指数在 2017 年之后虽然有所下降，但除了 2020 年，其余年份均保持在 0.8 水平以上，2022 年回升至 0.901，显著高于其他国家。截至 2023 年 10 月，上海-新加坡全面合作理事会已举办 4 次，双方就共建"一带一路"达成了多项合作协议，有效推动了双方贸易合作和投资交流提质增效。

表 5　2013~2022 年贸易投资指数排名前 15 国家

所属区域	国家	2013 年	2014 年	2015 年	2016 年	2017 年	2018 年	2019 年	2020 年	2021 年	2022 年
东南亚	新加坡	0.840	0.876	0.898	0.914	0.965	0.912	0.809	0.775	0.875	0.901
东南亚	马来西亚	0.494	0.504	0.524	0.528	0.526	0.545	0.586	0.564	0.537	0.559
东南亚	泰国	0.385	0.327	0.339	0.364	0.409	0.457	0.446	0.418	0.449	0.468
东南亚	越南	0.206	0.232	0.301	0.310	0.341	0.379	0.498	0.617	0.604	0.561
南亚	印度	0.287	0.306	0.337	0.339	0.385	0.451	0.581	0.412	0.480	0.457
东南亚	印度尼西亚	0.193	0.178	0.188	0.266	0.266	0.311	0.322	0.479	0.372	0.489
独联体和蒙古国	俄罗斯	0.133	0.167	0.148	0.150	0.183	0.235	0.225	0.241	0.248	0.276
西亚北非	阿拉伯联合酋长国	0.114	0.123	0.133	0.128	0.118	0.127	0.171	0.170	0.172	0.192

所属区域	国家	2013年	2014年	2015年	2016年	2017年	2018年	2019年	2020年	2021年	2022年
东南亚	菲律宾	0.110	0.133	0.128	0.126	0.137	0.153	0.156	0.126	0.150	0.150
中东欧	捷克	0.098	0.097	0.089	0.071	0.091	0.111	0.118	0.137	0.127	0.140
中东欧	波兰	0.060	0.070	0.073	0.069	0.101	0.117	0.140	0.110	0.138	0.133
西亚北非	土耳其	0.069	0.085	0.133	0.093	0.102	0.090	0.087	0.093	0.103	0.113
西亚北非	以色列	0.052	0.049	0.063	0.061	0.055	0.062	0.086	0.095	0.099	0.104
西亚北非	沙特阿拉伯	0.055	0.060	0.048	0.045	0.063	0.079	0.080	0.078	0.079	0.094
中东欧	斯洛伐克	0.014	0.015	0.011	0.016	0.029	0.095	0.103	0.107	0.087	0.083

2. 贸易联通指数排名前15国家分析

在贸易联通指数排名前15的国家中，各区域占比和大致排名与贸易投资指数高度相似，但西亚北非的以色列被伊朗替代。在前5个国家中，仅第5名印度属于南亚，其余均为东南亚国家，其中马来西亚排名第一，新加坡和越南分别位居第二和第三（见表6）。西亚北非和中东欧国家多处于靠后位置，斯洛伐克虽然排名最后，但近年来上升势头强劲，2022年的贸易联通指数已超越波兰、土耳其和伊朗。另外，上海与越南的贸易联通指数在2013年仅排名第五，但越南的年均增长率达到11.06%，并于2020年和2021年超过马来西亚和新加坡，2022年虽有所回落，但依然高于新加坡。2020年和2021年，越南连续两年成为上海在东南亚的第一大贸易伙伴，随着RCEP政策红利持续释放和越南产业链日益完善，上海与东南亚各国的经贸合作将面临新的机遇。

表6　2013~2022年贸易联通指数排名前15国家

所属区域	国家	2013年	2014年	2015年	2016年	2017年	2018年	2019年	2020年	2021年	2022年
东南亚	马来西亚	0.865	0.854	0.839	0.845	0.808	0.872	0.917	0.851	0.830	0.877
东南亚	新加坡	0.680	0.753	0.796	0.828	0.930	0.823	0.863	0.813	0.749	0.802
东南亚	越南	0.292	0.358	0.434	0.492	0.514	0.578	0.750	0.888	0.929	0.834
东南亚	泰国	0.411	0.448	0.482	0.526	0.509	0.599	0.561	0.507	0.649	0.674

续表

所属区域	国家	2013 年	2014 年	2015 年	2016 年	2017 年	2018 年	2019 年	2020 年	2021 年	2022 年
南亚	印度	0.406	0.476	0.506	0.500	0.513	0.570	0.509	0.421	0.623	0.577
东南亚	印度尼西亚	0.280	0.294	0.321	0.395	0.381	0.432	0.462	0.450	0.569	0.784
独联体和蒙古国	俄罗斯	0.265	0.292	0.269	0.241	0.258	0.313	0.310	0.355	0.400	0.466
东南亚	菲律宾	0.220	0.267	0.256	0.252	0.273	0.306	0.289	0.230	0.262	0.264
西亚北非	阿拉伯联合酋长国	0.167	0.183	0.178	0.186	0.153	0.159	0.209	0.187	0.207	0.239
中东欧	捷克	0.119	0.132	0.150	0.117	0.135	0.176	0.165	0.162	0.172	0.206
中东欧	波兰	0.086	0.109	0.118	0.112	0.110	0.119	0.134	0.130	0.154	0.149
西亚北非	沙特阿拉伯	0.110	0.121	0.096	0.090	0.103	0.135	0.136	0.134	0.125	0.156
西亚北非	土耳其	0.102	0.108	0.120	0.110	0.104	0.110	0.103	0.105	0.135	0.144
西亚北非	伊朗	0.083	0.101	0.093	0.084	0.092	0.087	0.129	0.112	0.121	0.114
中东欧	斯洛伐克	0.027	0.031	0.023	0.032	0.035	0.168	0.183	0.193	0.158	0.152

3. 投资合作指数排名前15国家分析

相较于贸易联通指数,投资合作指数排名前 15 的国家组成和各国排名均发生了较明显的变化:东南亚和中东欧的入围国家数量不变,但菲律宾和斯洛伐克分别被柬埔寨和匈牙利代替;南亚的国家数量增至 2 个,且印度的排名跃升至第二,而西亚北非入围国家数量减少至 3 个(见表 7)。就各国具体情况来看,十年间,上海与新加坡的投资合作指数一直位列第一,整体上未发生明显变化,泰国和捷克两国略有下降,其余各国均保持正增长。

表 7　2013~2022 年投资合作指数排名前 15 国家

所属区域	国家	2013 年	2014 年	2015 年	2016 年	2017 年	2018 年	2019 年	2020 年	2021 年	2022 年
东南亚	新加坡	1.000	1.000	1.000	1.000	1.000	1.000	0.755	0.737	1.000	1.000
南亚	印度	0.167	0.136	0.167	0.177	0.256	0.331	0.653	0.402	0.337	0.337
东南亚	泰国	0.359	0.206	0.195	0.203	0.310	0.315	0.331	0.329	0.250	0.261
东南亚	马来西亚	0.123	0.153	0.209	0.212	0.245	0.218	0.256	0.277	0.244	0.242

所属区域	国家	2013 年	2014 年	2015 年	2016 年	2017 年	2018 年	2019 年	2020 年	2021 年	2022 年
东南亚	越南	0.120	0.105	0.168	0.129	0.167	0.181	0.245	0.346	0.279	0.287
东南亚	印度尼西亚	0.107	0.062	0.056	0.137	0.150	0.190	0.182	0.508	0.175	0.194
西亚北非	阿拉伯联合酋长国	0.060	0.064	0.087	0.071	0.084	0.095	0.134	0.153	0.138	0.145
独联体和蒙古国	俄罗斯	0.000	0.043	0.028	0.059	0.107	0.158	0.139	0.127	0.096	0.085
中东欧	波兰	0.035	0.031	0.028	0.025	0.092	0.115	0.146	0.091	0.122	0.117
西亚北非	土耳其	0.035	0.062	0.145	0.076	0.100	0.070	0.070	0.081	0.071	0.082
西亚北非	以色列	0.036	0.033	0.057	0.051	0.047	0.046	0.093	0.100	0.091	0.097
中东欧	捷克	0.076	0.062	0.028	0.025	0.046	0.046	0.070	0.112	0.081	0.074
中东欧	匈牙利	0.000	0.000	0.028	0.025	0.046	0.076	0.076	0.076	0.068	0.091
南亚	巴基斯坦	0.000	0.049	0.044	0.027	0.024	0.047	0.076	0.065	0.049	0.045
东南亚	柬埔寨	0.000	0.031	0.000	0.025	0.046	0.046	0.070	0.069	0.071	0.065

四 上海服务"一带一路"建设贸易投资面临的挑战及对策

（一）上海服务"一带一路"建设贸易投资面临三大挑战

1. 外部环境动荡加剧，上海与"一带一路"沿线63个国家的投资合作有待加强

一方面，世界进入动荡变革期，特别是近年来，受疫情、气候变化和区域性冲突等叠加因素影响，全球"黑天鹅"事件频繁发生，"一带一路"沿线部分国家存在政治风险，"走出去"企业的海外经营和资产安全面临较大挑战，一定程度上影响上海企业对"一带一路"沿线国家投资的积极性；另一方面，相较于贸易联通，上海与"一带一路"沿线国家的投资合作明显不足。鼓励企业"走出去"是中国扩大对外开放、提升国际竞争力和参

与全球治理的重要路径,也是高质量共建"一带一路"的重要支撑。然而,囿于"一带一路"沿线国家基础设施不完善、市场化机制和法治体系不健全等因素,全国企业尤其是民营企业对"一带一路"沿线国家投资的"量"和"质"与流向发达经济体的投资均存在较大差距。

2. 上海与"一带一路"沿线国家的贸易投资合作存在区域不均衡

由于历史因素、资源禀赋和发展阶段不同,"一带一路"沿线国家形成了多样的经济发展模式,而上海与沿线国家的贸易和投资合作多集中在东南亚,与其他地区尤其是中亚的贸易和投资合作明显不足。根据本报告测算结果,就进出口贸易总额来说,2013 年上海与东南亚的进出口贸易总额约为中亚的 40 倍,且这一差距呈扩大趋势,2022 年高达 84 倍,区域合作不均衡程度进一步上升。就投资合作来说,上海与中亚的投资合作指数在 2013~2017 年一直为 0,说明在沪的上市公司在"一带一路"倡议提出的前 5 年在中亚五国没有投资活动。虽然 2018 年上海与中亚的投资合作实现了突破,但投资合作指数一直位居最后,2022 年仅为东南亚的 1/23 左右。

3. 上海与"一带一路"沿线部分国家存在产品和产业竞争

近年来,上海服务"一带一路"建设不断向细致化、专业化方向转变,战略性新兴产业和三大先导产业发展迅速,但依然与"一带一路"沿线部分国家的产品和产业存在一定程度的竞争。例如,新冠疫情冲击导致的"疤痕效应",使全球产业链供应链日益呈现区域化、短链化等特征,上海部分制造企业正将生产线向东南亚和南亚的马来西亚、印度等国家转移。从长期来看,产业转移符合全球化发展趋势,有利于上海产业结构向高级化转变,但短时间内可能会对产业调整和就业造成冲击。

(二)促进上海高质量服务"一带一路"建设的对策建议

1. 合理统筹安全与发展,依托功能优势促进利益共享

第一,坚持国家安全与发展并重,强化"桥头堡"功能。一方面,在与"一带一路"沿线国家开展贸易和投资合作的过程中,要不断完善风险

防控和安全保障体系，注重跨境数据流动的合规审查，压紧压实企业主体责任和主管部门管理责任；另一方面，上海已在全国率先创建了首个"丝路电商"合作先行区，未来应按照国务院批复的《上海市创建"丝路电商"合作先行区方案》要求，加强上海与"一带一路"沿线国家的产业链供应链韧性合作，提升产业链安全水平，为我国"丝路电商"稳健发展提供实践经验。

第二，依托上海城市发展优势，促进上海与"一带一路"沿线国家利益共享。首先，围绕上海初步构建的"2+（3+6）+（4+5）"现代产业体系①，依托动态更新的《上海市产业地图》，采用市区联动、部门联动、政企联动方式，为"走出去"企业提供更加精准、更有针对性的贸易投资政务服务。其次，充分发挥上海在数字经济、绿色低碳、人工智能、元宇宙等产业上的比较优势，加强新型基础设施建设，不断将新技术、新业态、新模式应用于上海与"一带一路"沿线国家间的贸易和投资合作中，带动各方数字化转型。

第三，发挥进博会的溢出效应，促进"一带一路"沿线国家对上海的出口额进一步增长，同时深化高水平投资合作，促进风电、核电等领域电力装备和新能源汽车"走出去"，推动构建上海与"一带一路"沿线国家的利益共享机制。

2.加强制度创新，提高企业"走出去"积极性

第一，大力推进国际金融中心建设，创新金融业务，以金融力量赋能企业"走出去"，为企业的对外投资活动解忧纾困。例如，可以为企业搭建双向人民币资金池，打通企业在跨国生产经营中境内外资金调拨的渠道；完善一次性外债额度登记和境内贸易融资资产转让业务体系，提高企业调用资金

---

① "2"是加快推动传统产业数字化、绿色低碳两大转型；"3+6"是指三大先导产业（集成电路、生物医药和人工智能）和六大重点产业（电子信息、生命健康、汽车、高端装备、先进材料和时尚消费）；"4+5"是抢先布局四大新赛道产业（数字经济、绿色低碳、元宇宙和智能终端）和五大未来产业（未来健康、未来智能、未来能源、未来空间和未来材料）。

的灵活性，有效降低融资成本，提升效率和融资便利度。另外，上海民营企业是高质量共建"一带一路"的重要力量，建议进一步加大对民营企业尤其是中小企业的扶持力度，准确把握各行业企业的经营特征和融资需求，并设立专门的资质审批机构，加快审批速度，加大授信力度，为民营企业开展对外投资活动提供坚实的支撑。

第二，在与"一带一路"沿线国家开展数字经济合作过程中，加强数字赋能"一带一路"沿线国家营商环境优化的制度体系构建，提高在沪企业的投资积极性。东道国营商环境是影响企业对外投资的重要因素。随着数字经济的发展，数字技术与营商环境的融合日渐成为一个国家或地区比较优势的重要来源。上海数字经济发展迅速，数字经济 GDP 占比已超过 50%，建议构建适用于上海和"一带一路"沿线国家的数字营商环境指标体系，从市场进入、政府监管等视角探讨数字营商环境对企业"走出去"的影响路径，从而制定有针对性的制度。在促进"一带一路"沿线国家营商环境改善的同时，既能输出中国标准、中国理念，又能带动企业对外投资。

第三，引导企业优化对外投资地理布局和结构，增强对知识和技术的消化吸收能力，通过"一带一路"建设提升管理水平、丰富国际经营经验，塑造国际竞争新优势。一方面，因类施策，引导不同行业的企业认真评估"一带一路"沿线国家的资源禀赋和投资环境，评估优、劣势。例如，在制造业领域，大多数"一带一路"沿线国家的科技水平较低，但劳动力规模庞大、劳动力成本低廉，适合制造业企业进行跨国投资和资本优化。另一方面，针对"一带一路"沿线国家投资风险，开展风险评级，建立风险预警机制，便于企业及时获取投资东道国的风险信息，促进企业结合自身的全球化经营策略进行多元化投资，从而有效分散风险，降低投资的不确定性。

3. 坚持高水平对外开放，促进"一带一路"沿线六大区域协同发展

一方面，上海和东南亚各国互为重要的贸易和投资伙伴，有必要继续在更多领域深化改革，提升合作质量。上海作为"一带一路"桥头堡，有责任也有能力在更多领域进行改革尝试，充分激发开放动能，助力高质量共建"一带一路"。在东南亚各国中，新加坡属于发达经济体，贸易和投资自由

化便利化水平处于全球领先地位，因此，上海自贸区临港新片区可对标新加坡，探索数字贸易、服务贸易和"边境后"规则试点与跨境数据自由流动机制，逐步加强贸易尤其是服务贸易和数字贸易的规则建设，优化营商环境，更好地促进国内、国际两个市场的有效互动，提升资源配置效率。

另一方面，充分挖掘上海与"一带一路"沿线国家的比较优势，与中亚五国在更多领域开展经贸合作，在高质量共建"一带一路"过程中促进各区域协同发展。中亚既是亚欧大陆供应链的重要环节，又是"一带一路"建设的重要地区，哈萨克斯坦、乌兹别克斯坦等中亚国家不具备资本和技术优势，但拥有丰富的矿产、能源、水力等自然资源，光照和风力资源也较为充裕。未来，上海应继续加大研发力度，提升自主创新能力，向中亚各国输送高质量的产品和技术，与各国在新能源领域加大投资合作力度。同时，还应加强与"一带一路"沿线国家的文化交流和教育合作，让各国人民切实感受到"一带一路"建设的成效，提升对"一带一路"倡议的认同感。

B.15
上海服务"一带一路"建设案例研究报告

张中元　陈文彦*

摘　要: 自 2013 年"一带一路"倡议提出以来,按照在"一带一路"建设中发挥"桥头堡"作用的总体要求,上海在基础设施互联互通、公共服务平台创建与完善、科技创新与合作、国际文化交流等方面全面发力。本报告在深入理解上海服务"一带一路"建设要求的基础上,结合上海对外开放成果,以代表性、完整性、创新性为标准,遴选了重点领域的企业、高校和机构案例,生动展现了上海服务"一带一路"建设取得的积极成效。

关键词: 基础设施　公共服务平台　科技创新　文化交流

　　自 2013 年"一带一路"倡议提出以来,尽管受到复杂国际环境等的不利影响,上海仍凭借自身雄厚的产业基础、良好的营商环境以及开放型制度创新,在服务"一带一路"建设中取得了较为显著的成绩。本报告在基础设施互联互通、公共服务平台创建与完善、科技创新与合作、国际文化交流等领域,深入挖掘典型案例,以事实为依据,总结其中的好经验和好做法,以进一步促进上海服务"一带一路"建设"桥头堡"作用的发挥。

---

* 张中元,经济学博士,中国社会科学院亚太与全球战略研究院《当代亚太》编辑部主任、研究员,主要研究方向为全球价值链、数字经济、"一带一路"、区域合作;陈文彦,上海研究院科研处主管,中级经济师,主要研究方向为城市与区域发展。

一　推动共建"一带一路"国家基础设施建设取得积极进展

基础设施在共建"一带一路"国家建设和发展中起到先导作用。建成一批工程质量高、抗风险能力强、低碳环保的硬件设施，不仅有利于促进共建"一带一路"国家更好地融入全球经济，而且可为更好地推动"五通"建设提供重要的物质保障。以中国建筑集团有限公司为代表的央企是我国推进现代化基础设施建设的龙头企业，也是我国在共建"一带一路"国家践行基础设施互联互通的典范代表。中国建筑第八工程局有限公司（以下简称"中建八局"）是中国建筑集团有限公司的排头子企业，总部位于上海，经过近40年深耕，中建八局海外业务遍布全球51个国家和地区，并顺利建成了一批有影响力、标志性的重大基础设施。

（一）传统基础设施项目建设扎实推进

重大工程建设推动共建"一带一路"国家基础设施不断完善。在国际机场基础设施方面，中建八局承建了泰国曼谷素万那普国际机场，该项目是泰国"东部经济走廊"以及"泰国4.0"经济战略重要民生工程之一；建成了阿尔及利亚阿尔及尔布迈丁国际机场，作为北非重要的航空枢纽，它的投入运营有力促进了当地经济、文化和旅游业的发展。在公路和铁路交通设施方面，中建八局参与建成了被誉为刚果（布）"梦想之路"的国家1号公路，该项目是中刚两国在共建"一带一路"合作中的典范，被刚果（布）人民称为希望之路、致富之路、繁荣之路；中建八局还参与建设了泰国第一条标准轨高速铁路——中泰高铁项目，这是中国境外首次使用中国高铁设计标准建设的高速铁路项目。在城市建设项目方面，中建八局参与建设了"埃及新时代的金字塔"——新首都CBD项目，建造了中资企业在海外建设的第一高楼——马来西亚吉隆坡标志塔，该项目打造了世界第一例塔楼幕墙外立面无任何施工设备、无任何后做结构的超高层。这些重大基础设施顺

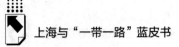

利完工并有效运营，使中建八局收获了很多荣誉和赞许。例如，毛里求斯国际机场项目 2013 年获评非洲区域服务质量最佳机场排名第三的好成绩，扩建项目又喜获 2014 年中国建设工程鲁班奖（境外工程）。

绿色生产、节能减排理念被深入落实到重大基础设施建设中。绿色基建是高质量共建"一带一路"的内在要求，从上海"走出去"的中建八局一直在认真践行绿色发展理念。在埃及新首都 CBD 项目中，规划了高效的公共交通系统和人行系统以倡导市民"绿色出行"；在能源上，因地制宜使用太阳能用于照明及自来水加热；在水资源利用上，引入中水处理系统促进水的循环再利用。在马来西亚吉隆坡标志塔项目中，施工上大量采用 LED 灯，节约了大量电能；运用可拆卸式卸料平台施工等技术，节约了大量施工用地；采用水回收利用技术，有效利用了地面雨水和施工过程用水；项目结构上采用高强钢筋应用技术、高强度钢材应用技术，提高钢筋、钢材强度等级，有效节约了施工材料。在重大基础设施工程建设中，中建八局积极践行绿色理念，采用绿色技术、绿色标准，为共建"一带一路"绿色发展提供了生动范例。

（二）新型基础设施项目成为新的发力点

"走出去"企业积极投身海外新型基础设施建设。数据中心是新型基础设施的重要组成部分，为加速推进数字经济和工业化 4.0 的发展进程，近年来，马来西亚非常注重数字基础设施建设。2023 年，中建马来西亚有限公司成功中标 Infinaxis 数据中心项目，该项目总建筑面积约 1.7 万平方米，为 12 兆瓦 IT 容量的互联网数据中心，建成后将成为一个 TIER III 的标准数据中心平台。另外，中建马来西亚有限公司还承建了秦淮数据集团在马来西亚的 2 座数据中心建设。这些项目的建成将直接推动马来西亚进一步完善数字基础设施，助力马来西亚数字经济发展。

加快传统基础设施的数字化、智能化升级。埃及新首都 CBD 项目是中国企业在埃及建设的大型城市综合体工程，为将其打造成中埃两国在"一带一路"倡议下的合作典范，建设过程中，中建八局将智慧城市建设新理念贯穿其中。如在 D01 住宅楼建设中，全自动、智能化被融入每个细节：

配备智能控制系统，安防、火灾报警、楼宇控制等子系统被汇入中央控制中心统一进行智能管理；路灯路牌采用自动化控制，生活垃圾实现自动化处理。[①] 未来，埃及新首都 CBD 建成后将是一座现代化的智慧之城，除了新建公寓住宅采用智能化系统外，公共设施也将实现智能化技术、Wi-Fi 网络全覆盖，为古老而神秘的埃及注入新的活力。

二　做强做优平台，强化经贸服务保障

我国企业要"走出去"，积极与共建"一带一路"国家开展经贸合作，除了自身需要具备一定竞争力外，也需要相关部门及机构为其提供坚实的服务保障。上海是我国改革开放的前沿阵地，在着力为"走出去"企业打造综合性服务中心的同时，也与长三角地区通力协作，建设区域性专业化公共平台。

（一）成立上海市"一带一路"综合服务中心，为企业"走出去"提供综合服务

为强化对"走出去"企业的公共服务供给，2022 年 6 月，在上海市推进"一带一路"建设工作领导小组办公室指导下，依托上海市贸促会，上海成立了全国首个"一带一路"综合服务中心——上海市"一带一路"综合服务中心（以下简称"综合服务中心"）。综合服务中心立足国家需要和上海发展优势，采用"1+29+N"的组织架构，即以上海市贸促会为基本运作单位，整合29 家政府部门的政务服务资源和市场上多家优质专业服务机构的资源，针对"走出去"企业的需求和困难，为其提供投资贸易双向对接、市场信息、企业培训、商事法律、海外响应、金融及专业服务业对接、重大活动支持等一站式服务。同时，综合服务中心还积极开展主题论坛、专业培训、特色展会、投资推介会等系列活动，推动上海服务"一带一路"建设不断走深走实。

---

① 《国资委点名！看这个项目如何建起"沙漠之城"》，https://mp.weixin.qq.com/s/IM4_bZCpsd_ySs_xis1agA，最后访问日期：2024 年 6 月 13 日。

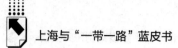
　　高水平开发建设"丝路 e 启行"小程序，积极推动政府、企业、专业服务机构三方联动。正式上线的"丝路 e 启行"小程序以办实事为目的，一方面，"丝路 e 启行"小程序为"走出去"企业提供境外投资备案、域外法律查明、资信红绿灯、仲裁服务、质量认证等多领域专业服务，是企业管用、好用的掌上信息服务平台；另一方面，服务板块还特别设置了"给我留言"栏目，有金融咨询、知识产权、贸易通关等诉求的企业通过此入口可以直接向综合服务中心反馈和咨询相关问题。

　　上海市贸促会依托在展览展示、贸易投资、国际联络等方面的优势，为企业在海外举办或者参加展会、论坛、培训等活动提供有效的线下资源支撑。凭借扎实的发展基础，综合服务中心虽然成立时间不长，但已经为不少企业提供了经贸投资促进服务。数据显示，截至 2023 年 10 月，综合服务中心已经累计举办了 22 场国际经贸投资促进活动，有效惠及市场主体 3000 余家。其中比较有代表性的，如"中国-印尼经贸投资论坛"，该论坛是在中国和印度尼西亚建立全面战略伙伴关系十周年背景下举办的，综合服务中心提供特别支持，来自中国与印度尼西亚的 150 家企业、园区和机构 200 余人参加。论坛结束后，综合服务中心为对印度尼西亚市场发展感兴趣、有疑问的中国企业提供了面对面咨询服务。

　　成立综合服务中心是上海服务"一带一路"建设的创新性举措，也是上海发挥长三角龙头带动作用的重要抓手。在以往综合服务中心举办的各类论坛、展会、培训等活动中，参加对象除了上海本地企业外，还有不少企业来自长三角地区，其中以民营企业居多。有关研究显示，长三角是我国企业"走出去"的重要来源地，对外直接投资额约占全国的 1/3。[①] 目前，长三角不少大型企业已经在共建"一带一路"国家深耕多年，积累了较为丰富的经验，但对很多外向型中小民营企业来说，"走出去"仍存在较多困难和不确定性，综合服务中心为这类企业提供了重要平台。

　　① 《长三角一体化赋能一带一路境外园区建设》，https://www.zjskw.gov.cn/art/2021/6/24/art_1229557001_28916.html，最后访问日期：2023 年 12 月 10 日。

（二）借助长三角检验检测认证优势，为"走出去"企业提供专业化服务

检验检测认证是国际经贸合作中加强质量管理、提高市场效率的基础性制度。中国要畅通与"一带一路"沿线国家和地区的进出口贸易往来，必须以强大的质量管理手段作为支撑。长三角地区是中国与"一带一路"沿线国家和地区经贸合作的重点地区，为推动经贸发展，2020年12月，在三省一市质量认证主管部门合力支持下，长三角区域24家国内国际权威检测认证机构共同成立了长三角"一带一路"国际认证联盟，并正式上线"一带一路"认证信息服务平台。"一带一路"认证信息服务平台主要针对"走出去"企业的需求，汇总"一带一路"沿线国家和地区的认证法规、市场准入要求等信息，从"一带一路"沿线国家和地区以及产品两个维度，设置包括技术法规、合格评定要求、服务机构等主要板块，为贸易需求方，特别是外向型中小企业，提供咨询、查询及一站式对接等便利化服务。[①]

根据上海海关数据，2023年上海关区出口额排名前三的商品依次为机电产品、高新技术产品、服装及衣着附件。与之相匹配，"一带一路"认证信息服务平台设置了11种认证产品类别，主要包括"机器、机械器具、电气设备及其零件；录音机及放声机、电视图像、声音的录制和重放设备及其零件、附件""光学、照相、电影、计量、检验、医疗或外科用仪器及设备、精密仪器及设备；钟表；乐器；上述物品的零件、附件""食品；饮料、酒及醋；烟草、烟草及烟草代用品的制品"等。[②]在各个产品类别下，相关企业可便捷查询到与之相关的国家和地区的认证制度、认证规则及流程等信息，一定程度上降低了进出口企业认证信息的查询成本。

在服务机构方面，"一带一路"认证信息服务平台集聚了多个行业的主要认

[①] 许婧：《为企业提供便利化服务 "一带一路"认证信息服务平台上线》，http://ydyl.china.com.cn/2020-12/17/content_77021405.htm，最后访问日期：2023年12月10日。

[②] "一带一路"认证信息服务平台（http://www.ydylrz.com/front/jumpFront），最后访问日期：2023年12月15日。

证机构,其中既包括大型跨国检验检测认证机构,又包括发展迅速的长三角本地认证机构。这些认证机构为长三角乃至全国"走出去"企业提供了较为专业的检验检测、认证法规等方面的服务,帮助其疏通国际技术性贸易壁垒,有效促进了长三角与"一带一路"沿线国家和地区市场准入的"互联互通"。

三 充分发挥高校科研优势,推动
与共建"一带一路"国家科技创新与合作

科技创新与合作是共建"一带一路"的重点领域。上海高校依托自身科研优势,在服务"一带一路"建设方面进行了诸多有益的探索。上海大学是上海市属、国家"211工程"重点建设的综合性研究型大学,学科门类齐全,自主拥有或共建了多个高水平重点实验室(基地),是上海科技创新的重要策源地、科技成果产业化的重要承接地,也是上海高校服务"一带一路"建设的重要典范。

(一)上海大学与塞尔维亚贝尔格莱德大学开展智慧能源领域的理论与技术联合攻关

智慧能源系统的智能自动化及网络化控制是信息与能源学科交叉的研究热点和发展趋势。2019~2022年,上海大学与塞尔维亚贝尔格莱德大学在两校合作协议框架下,共同开展了"面向智慧能源系统的智能自动化与网络化控制联合实验室"项目研究(以下简称"联合实验室项目"),该项目的实施为中塞两国科技创新与合作打下了良好的理论基础和技术基础。

推动智慧能源系统中塞国际联合实验室落地。2019年10月,上海大学与贝尔格莱德大学联合签署共建中塞智能自动化与网络化控制联合实验室协议。在执行过程中,联合实验室项目依托科技部复杂网络化系统智能测控与应用学科创新引智基地、上海市电站自动化技术重点实验室和中英能源与自动化联合实验室智慧能源系统实验平台,构建了微电网控制仿真系统、微电网控制实验系统,直接推动了智慧能源系统中塞国际联合实验室的落地。

联合培养智慧能源领域基础研究人才。人才是科技创新与合作的关键要素，联合实验室项目实施过程中，人才培养被置于突出位置。针对智慧能源系统研究领域的三大挑战性难题，上海大学通过整合自身以及塞尔维亚贝尔格莱德大学等海外高水平院校的教学资源，召开国际学术会议以及专题研讨会，推动两国研究人员联合攻关，最终形成了诸多有突破性的理论成果。在此过程中，上海大学和贝尔格莱德大学等海外高校的博士/硕士研究生深度参与其中，有效促进了智慧能源领域基础研究人才的培养。

创建复杂网络化系统智能测控与应用国际科研联盟（以下简称"国际科研联盟"）。基于联合实验室项目，2022年，上海大学复杂网络化系统智能测控中心牵头成立了国际科研联盟，该联盟吸引了包括塞尔维亚、巴基斯坦、新加坡等共建"一带一路"国家在内的32位国际控制相关领域的杰出专家和学者加入，未来将围绕复杂网络化系统智能测控与应用这一热点领域，集聚国内外顶尖人才，进一步促进文化交流、知识传播、科研合作以及学科发展。

（二）上海大学与白俄罗斯国立技术大学联合建设中白高校科技成果转化平台

科技成果转化是科技创新的重要一环，科技成果转化是否顺利，很大程度上决定了科技创新的成败。为充分发挥中白高校学科优势、加快推动科技成果转化落地，2019年，上海大学与白俄罗斯国立技术大学联合建立了中白高校科技成果转化平台。该平台旨在实现科技成果交流展示、科技成果挖掘评估、科技成果对接转化三大功能，推进新材料、装备制造、医疗康复、环境能源、数字文化等方面科技成果转化，为践行共建"一带一路"科技合作提供示范。

注重自主研发与国际合作相结合，促进科技成果的培育与转化。依托平台渠道，围绕中白双方在新材料、电力、储能、生物材料等方面的需求，上海大学与白俄罗斯国立技术大学通过优势互补，加强科研合作，突破了诸多瓶颈问题，形成了一系列自主技术，在国际合作中，促进项目成果的培育与孵化。

有效对接中白双方科研资源和产业需求。在梳理中白高校科技成果的基础上,平台遴选了部分白俄罗斯的技术成果在上海及长三角地区进行推广。通过这一措施,有效探索了如何将中白双边产业需求与科技成果精准对接,以及国际技术转移与合作的模式。目前,平台已经与长三角多个科技园区、科技服务公司、加工企业建立了良好的合作关系,助力中白科技成果转化。

四 坚持内外齐发力,共同促进文化交流合作

党的二十大报告指出,"增强中华文明传播力影响力,坚守中华文化立场,提炼展示中华文明的精神标识和文化精髓,加快构建中国话语和中国叙事体系,讲好中国故事、传播好中国声音"[①]。一直以来,在服务"一带一路"建设过程中,上海都将传播中华文明新形象作为重要工作,不仅主动与共建"一带一路"国家建立了完善的文化交流合作机制,而且鼓励"走出去"的上海企业积极做好"代言人",以实际行动塑造上海对外友好新形象。

(一)以重大文化活动为抓手促进文化交流合作

加强与共建"一带一路"国家文化交流合作是上海发挥"桥头堡"作用的重要工作之一。经过多年探索,在国际文化交流合作方面,上海已经与"一带一路"国家(地区)建立了艺术节、电影节、美术馆、博物馆和音乐创演等领域的五大合作机制。[②] 由于篇幅所限,本报告仅以上海国际电影节

---

① 李庆云:《展现可信可爱可敬的中国形象》,http://theory.people.com.cn/n1/2023/0412/c40531-32662127.html,最后访问日期:2023年12月5日。

② 《2017年10月11日市政府新闻发布会:〈上海服务国家"一带一路"建设发挥桥头堡作用行动方案〉相关情况》,https://www.shio.gov.cn/TrueCMS/shxwbgs/2017n_10y/content/413254e2-6195-429a-9607-29b39b189723.html,最后访问日期:2023年11月20日。

为案例，深度剖析上海通过重大文化活动推进自身与共建"一带一路"国家文化交流互鉴的新作为。

成立"一带一路"电影节联盟，创办"一带一路"电影周。基于以往较好的合作基础，2018 年上海国际电影节期间正式成立了"一带一路"电影节联盟。该联盟是在"一带一路"倡议背景下，为促进"一带一路"沿线国家电影文化及行业发展创建的新合作方式。同年，"一带一路"电影周创办。五年来，"一带一路"电影节联盟迅速发展壮大，已从首批 29 个国家的 31 家电影机构，发展为现在的 48 个国家的 55 家机构成员参与。[①]"一带一路"电影周的影响力和吸引力也在不断增强，已经成为观影人了解"一带一路"沿线国家风土人情的重要窗口。成立至今，"一带一路"电影周共展映 111 部由"一带一路"电影节联盟成员推荐的沿线国家影片。

"一带一路"电影巡展机制使国际电影文化交流从借助重大文化活动传播转变为全年常态化合作。为进一步推动"一带一路"沿线国家人文合作走深走实，2018 年，上海国际电影节全新启动了"一带一路"电影巡展机制，即以展映、展示和展览的方式，推动"一带一路"电影节联盟签约机构所属国家的影片、影人和电影企业，通过参与"一带一路"沿线国家的电影市场和电影活动，更好地宣传优秀电影作品。五年来，共有 115 部影片参与联盟推动的交流巡展，国内国际展映近 300 场次。[②] 其中，38 部中国影片通过"一带一路"电影巡展机制进入海外国际电影节展映。[③] 此外，2018 年第 21 届上海国际电影节落幕之后，上海国际电影节建立了常设工作机构，

---

① 《"一带一路"电影节联盟被列入第三届"一带一路"国际合作高峰论坛成果清单》，https://sghexport.shobserver.com/html/baijiahao/2023/10/20/1155545.html，最后访问日期：2023 年 11 月 20 日。

② 颜维琦：《第 25 届上海国际电影节"一带一路"电影周启动》，《光明日报》2023 年 6 月 11 日，第 4 版。

③ 林馥榆：《申城追光｜"一带一路"电影周为影人和观众都打开了一扇窗 推动沿线国家跨文化交流成常态》，https://baijiahao.baidu.com/s? id = 1768685433533449465&wfr = spider&for＝pc，最后访问日期：2023 年 11 月 20 日。

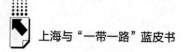

与"一带一路"电影节联盟成员保持日常联络,定期互通信息,交流合作意向。①

(二)"走出去"的上海企业积极传播上海对外友好新形象

从上海"走出去"的中建八局海外业务主要集中在东南亚、北非、东南非和大洋洲四个地区。借此优势,中建八局勇担企业责任,争做中华优秀传统文化的传播者、践行者,如埃及是中建八局重要的海外市场,在推进重大项目建设的同时,中建八局实施了一系列有助于中华文化传播的新举措。

以平台合力助力文化多元化传播。为更好地开展文化传播工作,2019年初,中建八局建立了中国建筑集团有限公司在海外的第一家融媒体分中心——埃及分中心,运营中资企业在北非地区首个国别全社交媒体矩阵,实现国内外选题策划、信息共享、资源上传、传播力分析等"一站式"管理。依托埃及分中心,布局以埃及为中心,面向北非、中东等地区受众,运营七大有国际影响力的中外社交媒体平台。此外,中建八局还积极推进媒体资源库的建设,主动对接主要外宣媒体和属地主流媒体,并借助驻埃使馆、开罗中国文化中心等外宣平台,加强与埃及媒体社交平台的联动,促进传播主体多元化、传播渠道多样化。

基于不同议题讲好中国故事。新冠疫情期间,为宣传中国企业海外抗疫的举措和成效,中建八局推动制作了2020年度形象片《CBD的一天》,短短6分多钟视频记录了中国建筑企业在埃及新首都CBD项目一天内的防疫、生产、生活的全景画面,展现出中国建筑企业在特殊时期的责任和担当。以中埃传统节日为契机,围绕春节、端午节、中秋节等中国传统节日,开展"中华文化走出去"主题传播,制作英阿语版《蓝宝带你了解中国传统节日》等系列短视频,增进了中埃员工对彼此的了解,也吸引了众多海外网

---

① 周滢:《上海国际电影节全新启动"一带一路"电影巡展机制》,https://www.kankanews.com/detail/Gr21YAOj72e,最后访问日期:2023年11月20日。

友参与互动;设置"外国小哥带你看中建"之"探秘埃及新世界之最"云开放日,从工程品质、建造科技、人文关怀、社会公益等视角全面展示中资企业在践行"一带一路"倡议、推进中埃文化交流中所做出的积极贡献。

将具有教育功能的新实体作为中华文化传播的新载体。中建八局在埃及、马来西亚打造了 4 个配备超 5000 余册中外书籍的"建证幸福书屋",一方面,书屋为中外员工日常阅读交流提供了固定场所;另一方面,通过邀请当地专家学者走进书屋开展系列文化讲座以及其他相关活动,拓展了中外民众文化交流互鉴平台,很多青年成为埃及网红"中国通",带动了一批国外青年了解中国、喜爱中国。传承鲁班精神、弘扬工匠品质是中建八局在海外大力促进国际人文交流的另一着力点。通过整合培训资源,中建八局在埃及开设了中国境外首个公益性教育机构"鲁班学院"。该学院主要面向埃及青年员工开展技术交流和培训工作。截至目前,鲁班学院已经帮助埃及培养了一批青年技术骨干,中国建造的工匠精神得到青年技术骨干的广泛认同。

附 录 上海服务"一带一路"建设大事记（2014年8月至2023年9月）

毕海东[*]

2014年

8月29日 上海市人民政府办公厅印发《本市支持外贸稳定增长实施意见》，重点拓展"一带一路"沿线市场。

10月23日 上海市商务委印发《2014年上海对外投资合作专项资金（地方）申报指南》，支持企业实施"走出去"战略，促进对外投资合作持续发展。

11月7日 上海市人民政府发布《关于加快发展本市对外文化贸易的实施意见》，鼓励文化企业将本土文化产品和服务逐步拓展至"一带一路"市场。

11月13日 上海市商务委等部门印发《关于促进本市钻石珠宝与贵金属首饰产业发展的指导意见》，要求对接"一带一路"倡议和中国（上海）自由贸易试验区建设等国家战略，全面提升钻石珠宝与贵金属首饰产业发展的质量水平和国际竞争力。

12月18日 上海与阿联酋阿布扎比签署经贸战略合作伙伴关系备忘录，这是上海与"一带一路"沿线国家签署的首个经贸战略合作伙伴关系备忘录。

---

* 毕海东，法学博士，中国社会科学院亚太与全球战略研究院助理研究员，主要研究方向为中国周边外交、全球治理。

2015年

1月29日　上海市第十四届人民代表大会第三次会议通过《关于上海市2014年国民经济和社会发展计划执行情况与2015年国民经济和社会发展计划草案的报告》，报告指出上海要积极落实"一带一路"倡议，研究制定推进"一带一路"建设实施方案。

3月27日　由上海进出口商会和中国机电等92家单位共同发起的"一带一路贸易商企业联盟"正式成立。

3月28日　国家发展改革委、外交部、商务部联合发布《推动共建丝绸之路经济带和21世纪海上丝绸之路的愿景与行动》，要求加快推进中国（上海）自由贸易试验区建设，加强上海、天津等沿海城市港口建设，强化上海、广州等国际枢纽机场功能。

4月14日　上海市政府新闻发布会发布了第三届中国（上海）国际技术进出口交易会的筹备情况。2015年上交会引入国际性博览会的先进经验，首次设立主宾国机制，邀请"一带一路"沿线国家捷克共和国担任主宾国。

5月28日　上海市政府新闻办举行新闻发布会，介绍上海海关从"一带一路"建设和"依托黄金水道推动长江经济带发展"国家战略出发，在区域内营造了可预见、低成本和高效便利的通关环境。

6月18日　上海市政府新闻办举行发布会，介绍本月将举行的"2015陆家嘴论坛"有关情况。本届论坛将讨论金融国际合作与"一带一路"等重大金融开放议题。

6月29日　上海市经济信息化委等印发《上海市发展"专精特新"中小企业三年行动计划（2015~2017）》，要求组织"专精特新"中小企业参加中博会、境外投资贸易洽谈会（论坛）等，推动中小企业"走出去"。

7月9日　上海市人民政府发布《关于贯彻〈国务院关于加快发展生产性服务业促进产业结构调整升级的指导意见〉的实施意见》，要求加快企业"走出去"步伐，积极融入"一带一路"倡议。

7 月 20 日 上海市人民政府办公厅印发《关于促进本市跨境电子商务发展的若干意见》，要求承接国家"一带一路"倡议和长江经济带发展战略，引导本市跨境电商产业向规模化、标准化、集群化、规范化方向发展。

8 月 31 日 上海市人民政府办公厅发布《关于促进上海国家级经济技术开发区转型升级创新发展的实施意见》，指出要引导国家级经开区融入国家开放新战略，积极参与"一带一路"建设，完善对外投资服务体系，推动国家级经开区"走出去"开拓建设国际经贸合作区。

9 月 19 日 上海市人民政府办公厅印发《上海市贯彻〈国务院关于促进海运业健康发展的若干意见〉的实施方案》，指出要通过国际航运中心建设提升海运业对"一带一路"倡议实施的支撑和保障能力，通过发挥"四个中心"与"科技创新中心"联动优势，着力开创海运发展的新局面。

10 月 22 日 上海市人民政府办公厅转发市海洋局市发展改革委制订的《关于上海加快发展海洋事业的行动方案（2015~2020 年）》，指出上海要积极对接和服务"一带一路"倡议及长江经济带等国家重大战略，全面参与"一带一路"滨海港口建设、海洋产业发展、海上经贸、海洋资源开发和海洋事务合作。

11 月 23 日 拉脱维亚总理斯特劳尤马在上海出席"中国-拉脱维亚商务论坛"并致辞，希望两国政府和企业在交通、医药、生态食品等多个领域展开对话，谋求进一步的互利合作。

12 月 28 日 上海市人民政府办公厅印发《上海市加快促进服务贸易发展行动计划（2016~2018）》，支持文化企业借助电子商务等新兴交易模式，将本土文化产品和服务逐步拓展至"一带一路"沿线市场。

12 月 31 日 上海市人民政府办公厅印发《关于本市促进外贸转型升级和持续稳定增长的若干措施》，支持上海的商协会与"一带一路"沿线国家（地区）民间经贸机构加强合作，开展投资贸易促进活动，加快探索建立"一带一路"沿线国家进口商品直销网点和"一带一路"网站。

2016年

1月29日　上海市第十四届人民代表大会第四次会议通过《上海市国民经济和社会发展第十三个五年规划纲要》，指出上海要全面参与"一带一路"倡议，按照政策沟通、设施联通、贸易畅通、资金融通、民心相通的总要求，重点聚焦经贸投资、金融合作、人文交流、基础设施等领域，以企业为主体，实行市场化运作，加强与有关国家和地区多领域务实合作。

2月1日　上海市人民政府印发《上海市推进"互联网+"行动实施意见》（以下简称《意见》），《意见》指出上海要加强电子商务国际合作，推进"一带一路"国家经贸合作信息服务平台建设，发展跨境电子商务专业服务。

3月23日　上海市人民政府办公厅印发《本市大力发展电子商务加快培育经济新动力实施方案》，支持电子商务企业面向"一带一路"、发达经济体等重点地区，通过国际并购、股权投资等方式开展对外投资合作。

4月13日　上海市政府新闻办举行市政府新闻发布会，介绍即将在沪举行的第四届中国（上海）国际技术进出口交易会的筹备情况。第四届上交会的主要特点之一是着力打造为科创提供公共服务的重要平台，主要表现是为服务"一带一路"经贸、科技、外交。

4月29日　上海市人民政府印发《关于推进供给侧结构性改革促进工业稳增长调结构促转型的实施意见》，鼓励企业拓展"一带一路"沿线国家市场，充分利用品牌展会等平台扩大出口。

5月5日　上海市人民政府印发《关于促进本市展览业改革发展的实施意见》，要求配合"一带一路"倡议等的实施和多双边及区域经贸合作，积极培育境外展览项目，鼓励组展企业加大人才和资金投入，改善办展结构，提升境外组展办展能力。

5月25日　上海市人民政府办公厅印发《关于本市促进加工贸易创新发展的实施方案》，要求引导纺织服装、轻工工艺等上海优势产业企业到劳动力和能源资源丰富、"一带一路"沿线国家和地区建立海外生产基地,发展转口贸易和加工贸易。

6月1日 上海市人民政府办公厅印发《中国(上海)跨境电子商务综合试验区实施方案》,要求承接国家"一带一路"倡议和自由贸易区战略,促进跨境电子商务出口与进口平衡发展。

6月13日 上海市委书记韩正会见香港贸发局主席罗康瑞,就沪港合作拓展"一带一路"目标市场进行了讨论。

7月26日 上海市人民政府办公厅转发市政府合作交流办制订的《上海市国内合作交流"十三五"规划》(以下简称《规划》),《规划》要求搭建贸易畅通、资金融通、设施联通、人文相通"四通"对接平台,服务"一带一路"建设。

7月28日 上海市人民政府印发《上海市财政改革与发展"十三五"规划》,指出上海要促进提升服务"一带一路"倡议的能力和水平,整合建立"外经贸发展专项资金",拓宽出口信用保险支持范围,加大对"一带一路"对外投资、对外贸易出口信用保险力度。

8月5日 上海市人民政府发布《关于本市推进供给侧结构性改革的意见》,指出上海要全面参与"一带一路"倡议,支持企业开展国际工程总承包,推动产品、装备、技术、标准和服务"走出去"。

8月5日 上海市人民政府印发《上海市科技创新"十三五"规划》,指出上海要进一步深化国际科技创新合作,服务"一带一路"倡议,代表国家参与全球重大科技问题的国际合作。

8月15日 上海市人民政府办公厅印发《上海市标准化体系建设发展规划(2016~2020年)》,指出要加大对"一带一路"相关贸易国技术性贸易措施体系的研究力度,完善上海市技术性贸易措施信息服务平台,提高本市进出口企业应对能力。

8月25日 上海市人民政府办公厅发布《关于加快本市融资租赁业发展的实施意见》,鼓励融资租赁公司积极服务"一带一路"倡议及长江经济带、"中国制造2025"等国家战略。

8月29日　上海市人民政府办公厅印发《上海市中医药健康服务发展规划（2016~2020年）》，要求以国家"一带一路"建设为主轴，以健康物联网技术为基础，建立海外推广中心，积极发展跨境服务。

8月29日　上海市人民政府办公厅印发《本市贯彻〈国务院办公厅关于发挥品牌引领作用推动供需结构升级的意见〉的实施办法》，要求通过部市合作，探索建立国家级品牌专业服务联盟，助力企业参与"一带一路"建设，促进自主品牌国际化发展。

9月19日　上海市人民政府印发《上海市服务贸易创新发展试点实施方案》，要求以一批促进活动和一批重点项目为核心，引领企业开拓"一带一路"市场，组织企业到"一带一路"沿线国家举办和参与服务贸易促进活动。

9月19日　上海市人民政府关于印发《上海市社会信用体系建设"十三五"规划》，要求加强国际、国内城市间信用合作交流，积极推动"一带一路""长江经济带"信用合作。

9月28日　上海市人民政府印发《上海市综合交通"十三五"规划》，要求充分考虑"一带一路"和"长江经济带"发展要求，积极融入基础设施互联互通和国际大通道建设。

10月3日　上海市人民政府办公厅印发《关于本市促进外贸回稳向好的实施意见》，鼓励企业拓展"一带一路"沿线国家市场，充分利用品牌展会等平台扩大出口。

10月17日　上海市人民政府印发《上海市城乡建设和管理"十三五"规划》，要求对接国家"一带一路"倡议及长江经济带等国家战略，加强长三角城市群合作，推进区域重大基础设施互联互通。

11月15日　上海市人民政府办公厅印发《上海市旅游业改革发展"十三五"规划》，要求探索建立"一带一路"旅游合作协作机制，充分发挥上海空港、海港、陆港资源优势，广泛开展"一带一路"沿线各国、各地区的旅游交往与合作。

12月5日　上海市经济和信息化委员会印发《上海市工业区转型升级"十三五"规划》，要求发挥相关行业协会作用，大力支持上海产业园区对外合作共建,在欧美科技发达地区、"一带一路"沿线布局运营高科技、创业类等各类园区。

12 月 29 日 上海市人民政府办公厅印发《上海市科普事业"十三五"发展规划》,要求深化国际科普文化交流,加强与"一带一路"沿线国家和地区的科普合作,共同开展各种主题的国际科普交流活动,提升科普工作的国际影响力。

2017年

1 月 20 日 上海市第十四届人民代表大会第五次会议通过《关于上海市 2016 年国民经济和社会发展计划执行情况与 2017 年国民经济和社会发展计划草案的报告》,指出上海市要积极参与"一带一路"建设,支持企业承接沿线国家的基础设施和互联互通建设项目,完善信息服务、金融服务、风险防范等"走出去"服务体系。

3 月 5 日 习近平主席在参加他所在的十二届全国人大五次会议上海代表团审议时强调,要努力把上海自由贸易试验区建设为开放和创新融为一体的综合改革试验区,成为服务国家"一带一路"建设、推动市场主体走出去的"桥头堡"。

3 月 30 日 国务院印发《全面深化中国(上海)自由贸易试验区改革开放方案》,指出上海自贸区要围绕重点任务和薄弱环节继续深化改革探索,坚持以制度创新为核心,主动服务"一带一路"建设和长江经济带发展等国家战略。

3 月 31 日 全国政协常委、海峡两岸关系协会会长、中国外商投资企业协会会长陈德铭在沪召开台资企业参与"一带一路"赴中西部地区投资座谈会。

4 月 5~10 日 由商务部主办、上海市援外培训机构承办的 5 个为期 21 天的短期援外培训班相继顺利开班。2017 年援外培训项目的特点之一是"一带一路"主题凸显。

4月22日　第五届中国（上海）国际技术进出口交易会在上海世博展览馆落下帷幕。为期三天的上交会是我国首个集技术展示和交易服务为一体的国家级、国际性、专业性的展会。

4月26日　"新领域、新模式、新机遇'一带一路'合作论坛"在上海隆重举行。本次论坛以"推动上海与香港企业优势互补、拼船出海，助推'一带一路'投资和贸易"为宗旨，是沪港两地共同推进国家"一带一路"建设的一次盛会。

4月26日　上海市人民政府发布《关于进一步扩大开放加快构建开放型经济新体制的若干意见》，指出要搭建"一带一路"开放合作新平台，建立综合性对外投资促进机构和境外投资公共信息服务平台，打造"一带一路"产权交易中心与技术转移平台。

5月5日　全球首个"一带一路"能源电力国际人才培养基地在上海电力学院成立。

5月9日　"一带一路"中泰宝石联盟合作签约仪式在兰生大厦举行。

5月14日　首届"一带一路"国际合作高峰论坛在北京召开。习近平主席在论坛上宣布，中国将从2018年开始举办中国国际进口博览会。

5月14日　"一带一路"大数据库"丝路信息网"在"一带一路"国际合作高峰论坛期间正式上线。

5月15日　中远海运集团、连云港港口控股集团和哈萨克斯坦国家铁路公司在北京正式签署哈萨克斯坦霍尔果斯东门无水港股权转让协议。

5月18日　上海社会科学院在沪发布关于"一带一路"的最新研究成果，包含"一个数据库、两份报告"共三项研究成果。

6月11~13日　上海市委书记韩正率领的中国共产党代表团访问希腊，并考察中远海运集团在希腊最大港口比雷埃夫斯港的建设运营情况。

6月20日　由商务部主办、上海亚太地区经济和信息化人才培训中心承办的2017年"一带一路"沿线国家区域经济发展规划研修班正式开班。

6月28日　中国（上海）自由贸易试验区管委会和上海市金融服务办公室联合召开新闻通气会，发布《中国（上海）自贸试验区金融服务业对外开放负面清单指引（2017年版）》。

7月4日 匈牙利摩根斯达集团有关项目专题会议在上海市商务委召开。

7月11日 上汽通用五菱汽车的公司在印度尼西亚西爪哇芝加朗的子公司宣布投入运营，这是国内中外合资汽车企业第一次"走出去"进入海外市场，开创了"一带一路"合作的新模式。

8月1日 2017年金砖国家经贸部长会议在上海开幕。

8月16日 上海市政府与中国出口信用保险公司在沪签署战略合作协议。

9月9日 在希腊第二大城市萨洛尼卡举行的第82届萨洛尼卡国际博览会正式拉开帷幕，中国以主宾国身份参加本届展会，并设立中国馆。

9月17日 由上海市商务委和虹口区人民政府共同主办的"2017第十三届上海酒节"在虹口新地标——星荟中心盛大开启。本届上海酒节集中展示了"一带一路"这一古老葡萄酒贸易桥梁的风土人情。

9月19日 第29次上海市市长国际企业家咨询会议在世博中心举行。

10月11日 上海市政府举行新闻发布会，向中外媒体专题介绍《上海服务国家"一带一路"建设发挥桥头堡作用行动方案》。

10月19~20日 第十五届上海软件贸易发展论坛在上海举行。

10月20日 "丝绸之路国际艺术节联盟"由中国上海国际艺术节倡导并在上海正式成立。该联盟成立的目的是连接并推动包括"一带一路"共建国家及更大范围的国际文化交流与合作。

11月5日 复旦大学成立"一带一路"及全球治理研究院。

11月5日 首届中国国际进口博览会倒计时一周年启动仪式在北京和上海两地同时举行，标志着将于2018年11月在国家会展中心（上海）举办的中国国际进口博览会筹备工作进入全面推进的新阶段。

11月8日 由上海社会科学院、社会科学文献出版社作为出版方的"国际城市蓝皮书"《国际城市发展报告（2017）》发布。蓝皮书课题组通过对"一带一路"沿线城市网络开展深入研究，为国家深入推进"一带一路"建设积极出谋划策。

11月24日　上海对外经贸大学与上海海事法院联合成立"21世纪海上丝绸之路研究中心"。中心将为中国相关地方对接"21世纪海上丝绸之路"倡议提供决策咨询服务和技术支持作为核心任务，并为港口、物流、贸易等单位或企业提供咨询与培训。

12月8日　上海市政府召开上海市推进"一带一路"建设工作领导小组会议，介绍了上海推进"一带一路"建设工作进展情况及下一步工作设想。

12月28日　为贯彻落实上海市政府于12月8日召开的本市推进"一带一路"建设工作领导小组会议精神，进一步落实《上海服务国家"一带一路"建设发挥桥头堡作用行动方案》，推动智库建设专项行动实施，上海市政府发展研究中心、市发展改革委联合组织召开本市"一带一路"智库建设工作座谈会。

2018年

1月28日至2月2日　首届"一带一路"文化·足球冬令营在沪举行。

1月30日　上海市政协学习委员会发布《关于本市进一步服务国家战略参与"一带一路"建设的建议》。

2月11日　"一带一路"五年影像展暨"一带一路昂扬在途"凯旋活动，在上海科技馆举行。

2月22日　上海市委副书记、市长应勇主持召开中国（上海）自贸试验区推进工作领导小组会议，部署推进2018年全面深化自贸试验区改革工作。

3月1日　上海银监局组织召开"一带一路"在沪外资银行和代表处座谈会，辖内48家外资银行和外国银行代表处参会。

3月14日　上海国际问题研究院发布系列课题报告《"一带一路"对接中亚经济发展》。

3 月 15 日 2018 纺织服装产业"一带一路"产能国际合作高级研修班在东华大学国际文化交流学院举行开班仪式。

3 月 15 日 上海巴安水务成功中标哈萨克斯坦曼格斯套州库雷克镇 50000m³/天的海水淡化建设项目，投资规模约 1 亿美元。

3 月 22 日 首次聚焦"一带一路"的上海国际花展开幕，借具有代表性的文化元素讲述着动人的丝绸之路故事。

4 月 2 日 上海银行"一带一路"境外服务中心揭牌。

4 月 12 日 2018 年"一带一路"高端经贸法律人才实践基地项目实习启动仪式在华东政法大学举行。

4 月 13~15 日 上海外国语大学丝路战略研究所主办第二届"丝路学·国际论坛"。

4 月 14 日 上海电力与马耳他政府共同开发的第一个欧洲新能源绿地项目黑山莫祖拉风电项目顺利完成首台风机吊装。

4 月 20 日 联合国工业发展组织（UNIDO）主办的"2018 联合国工业发展组织主题日活动暨'一带一路'跨境合作论坛"在上海世博展览馆举行。

4 月 27 日 "一带一路"知识产权与品牌发展 2018 创新论坛在上海东锦江希尔顿逸林大酒店成功举办。

5 月 14~15 日 上海社会科学院发起的首届"一带一路"上海论坛成功举办。

5 月 15 日 由上海市推进"一带一路"建设工作领导小组办公室与文汇报社联合出品的纪录片《"一带一路"的上海实践》正式上线。

5 月 24~27 日 上海世界旅游博览会在上海展览中心举行。

5 月 26 日 中国国际进口博览会与上海"一带一路"桥头堡建设高级研讨会在上海对外经贸大学举行，"一带一路"国家经贸关系与合作高等研究院在该校成立。

6 月 16 日 第 21 届上海国际电影节开幕，"一带一路"电影节联盟签约仪式在上海举行。

6月21日 第五届"国际会展业 CEO 上海峰会"在沪开幕，本届峰会的主题是"'一带一路'与国际会展业"。

6月23日 2018年"一带一路"基础设施建设国际人才研修班开学典礼暨"鲁班学堂"启动仪式在上海市建筑工程学校报告厅举行。

6月25日 数字联通"一带一路"高层研讨会在上海国家会计学院举行。

6月26日 "一带一路"国家精英媒体培训班学员前往上海临港参观了洋山深水港、临港展示中心和航海博物馆。

6月27~28日 上海市"一带一路"海洋渔业高级研究班一行到通州湾示范区进行实习考察。

7月5日 由中国公共外交协会、上海市政协共同主办的"一带一路"——中国企业走进东盟国际研讨会在沪圆满举行。

7月10日 中国引航发展论坛在上海举办，本届论坛是 2018年中国航海日活动的重要组成部分，主题为"一带一路与引航"。

7月12日 上海研究院世界传媒研究中心成功主办了"'一带一路'建设上海媒体的作用"智库专题聚智会。

7月12~15日 "一带一路"沪石医疗卫生科技交流系列活动举办。

7月16日 上海社会科学院世界经济研究所庆 40 周年暨"'一带一路'建设理论与实践丛书"新书发布研讨会在上海社会科学院总部举行。

8月27日 上海市市长应勇在北京人民大会堂出席了推进"一带一路"建设工作 5 周年座谈会，结合实际就上海推进"一带一路"建设工作介绍了情况，谈了意见和建议。

8月27日 上海市人民检察院第三分院（铁检分院）与郑州、西安、兰州及乌鲁木齐铁检分院签署了《关于深化协作配合，积极服务"一带一路"建设，维护中欧班列安全畅通的工作意见》。

9月4日 中英"一带一路"标准化合作座谈会在上海市质量和标准化研究院召开。

9月19~23日 第二十届中国国际工业博览会在国家会展中心（上海）

举行，展示制造业与互联网融合新成果。

9月27日 上海市推进"一带一路"建设工作领导小组召开（扩大）会议。

9月27日 在第三届丝绸之路（敦煌）国际文化博览会上，甘肃中科曙光先进计算有限公司与上海超级计算中心展开深度合作，共同挂牌成立"上海超算兰州新区先进计算分中心"。

10月10日 上海市高级人民法院召开新闻发布会，对外通报《上海法院服务保障"一带一路"建设典型案例》的发布背景和相关情况。

10月11~12日 华东师范大学与上海社会科学院联合主办的"生态文明建设国际论坛暨第二届国际丝路发展论坛"在上海崇明举行。

10月14日 由"一带一路"智库合作联盟与复旦大学共同主办的第二届"一带一路"与全球治理国际论坛在复旦大学举行。

10月16日 2018年"一带一路"沿线国家中学校长论坛在华东师范大学开幕。

10月17日 上海市教委主办的第二届"一带一路"沿线国家医学高端人士中医药研习班在上海中医药大学拉开帷幕。

10月23日 "中斯联合考古与海上丝绸之路"座谈会在上海举行，上海博物馆"一带一路"研究发展中心在会上揭牌。

11月5~10日 首届中国国际进口博览会在国家会展中心（上海）举办，国家主席习近平出席开幕式并发表题为《共建创新包容的开放型世界经济》的主旨演讲。

11月6日 作为首届中国国际进口博览会的配套论坛，"世界经济再平衡：中国的角色和作用"国际研讨会在国家会展中心（上海）成功举行。

11月16日 中国国际旅游交易会在上海新国际博览中心开幕。

12月3日 由上海市工商联主办的"'一带一路'新机遇联动发展长三角"2018外交官与民营企业家交流活动在上海国际会议中心举行。

12月20日 上海自贸区第九批金融创新案例正式发布，本次发布的15

个金融创新案例，在落实国家对外开放重大举措、促进"一带一路"资金融通等方面具有一定的典型性与可借鉴性。

2019年

1月17日　《上海国际金融中心建设行动计划（2018～2020年）》印发，从加快金融改革创新、提升金融市场功能等六个方面阐述了主要任务和措施。

1月29日　新疆亚欧国际跨境大宗商品交易平台日前正式上线运行，乌兹别克斯坦国家商品原料交易所同期落户上海。

2月25日　上海市委书记李强主持召开市委外事工作委员会会议，指出上海外事工作要更好对接服务国家总体外交大局，提升同国际友城合作交流实效。

2月28日　上海市市长应勇主持召开中国（上海）自贸试验区推进工作领导小组扩大会议，强调要以更大力度实现制度创新的新突破。

3月1～4日　第29届华东进出口商品交易会（华交会）在上海举行。

3月13日　上海市发改委制定《上海市进一步优化营商环境实施计划》，要求发挥上海的开放优势，深入推进第三方市场合作，做深做实在"一带一路"沿线国家和地区的共建项目。

3月26日　上海市召开推进"一带一路"建设工作领导小组会议，会议要求牢牢抓住自贸试验区和进口博览会等重要载体，推动共建"一带一路"走深走实。

4月16日　以"共建'一带一路'，共享发展繁荣"为主题的第二届中国–阿拉伯国家改革发展论坛在上海举行。

4月18～20日　以"汇聚全球科创新智慧，共谱技术贸易新华章"为主题的第七届中国（上海）国际技术进出口交易会（上交会）在上海举行。

5月15～26日　以"万众创新——向具有全球影响力的科技创新中心进军"为主题的2019年上海科技节举行。

5 月 23 日　上海自贸区"一带一路"技术交流国际合作中心中（中国）沙（沙特阿拉伯）进出口商品合格评定工作站在中国质量认证中心上海分中心成立。

5 月 24~26 日　以"科技创新：新愿景新未来"为主题的 2019 浦江创新论坛举行。

6 月 4 日　为贯彻落实习近平主席在第二届"一带一路"国际合作高峰论坛上的重要讲话精神，上海市商务委会同市贸促会、国家开发银行上海分行召开以"共建'一带一路'，共享发展新机遇"为主题的"一带一路"企业"走出去"座谈会。

6 月 13~14 日　以"加快国际金融中心建设，推动经济高质量发展"为主题的第十一届陆家嘴论坛举行。

6 月 15 日　上海市委、市政府印发《关于支持浦东新区改革开放再出发实现新时代高质量发展的若干意见》。

6 月 19 日　上海市发改委发布《关于本市开展 2018 年"便民办税春风行动"的实施意见》，本市各税务分局拓展服务手段，创新服务方式，利用"互联网+"等形式积极开展税收服务"一带一路"政策宣传活动。

7 月 11 日　上海市政府与中国民航局正式签署《关于推进新时代上海民航高质量发展战略合作协议》，加快上海国际航运中心和上海航空枢纽建设。

7 月 22 日　上海证券交易所科创板首批 25 家公司正式上市交易，标志着中国资本市场又迈出重要一步。

8 月 6 日　国务院印发《中国（上海）自由贸易试验区临港新片区总体方案》。

8 月 13 日　上海市政府出台《上海市新一轮服务业扩大开放若干措施》和《本市促进跨国公司地区总部发展的若干意见》（"30 条"），旨在助推新一轮服务业扩大开放，加快跨国公司地区总部等功能性机构集聚上海。

8 月 20 日　上海市政府正式公布《中国（上海）自由贸易试验区临港新片区管理办法》。

9月21日　李强会见伊拉克总理阿迪勒·阿卜杜勒-迈赫迪一行，表示将在"一带一路"框架下推动上海与伊拉克务实合作。

9月21日　2019中国上海"一带一路"艺术展在上海龙现代艺术中心开幕。

9月22日　2019"一带一路"华侨华人与中国市场高峰论坛在沪开幕。

9月26日　中国（上海）自由贸易试验区临港新片区推动智能网联新能源汽车产业发展和重点项目签约仪式举行。

9月26日　2019"一带一路"科技创新联盟国际研讨会在华亭宾馆举办。

10月15日　上海电力大学承办的"'一带一路'沿线国家能源电力人才高级研修班"开班仪式在临港校区举行。

10月18日　2019丝绸之路国际艺术节联盟年会以圆桌会议的形式在沪召开。

10月19日　第31次上海市市长国际企业家咨询会议在上海世博中心举行。

10月20日　吉祥航空在上海宣布将开通又一欧洲新航点，计划于2020年夏秋航季起在上海—赫尔辛基航线基础上，延伸至英国曼彻斯特。

10月23~24日　第四届"一带一路"上海国际论坛在上海大学成功举办。

10月23日　2019"一带一路"艺术上海国际博览会23日在上海世博展览馆开幕。

11月2日　作为第二届进博会官方配套活动的举办地之一，位于浦东新区外高桥的上海首个"一带一路"国别汇正式揭幕。

11月3日　李强会见了希腊总理米佐塔基斯一行，表示愿在"一带一路"框架下，持续深化拓展双方各领域合作交流，为促进中希友好关系发展做出积极贡献。

11月5日　2019中国国际进口博览会上海友好城市合作论坛在沪开幕。

11月5~10日　第二届中国国际进口博览会在沪举办。

11 月 8 日 第二届中国国际进口博览会·国际质量创新论坛在上海贵都国际大饭店举行。

11 月 12 日 2019 年"一带一路"信息产业国际合作高峰论坛在上海举办。

12 月 9 日 上海建工集团承建的特多西班牙港综合医院项目近日举行动工仪式。

12 月 12 日 上海自贸区临港新片区产、教、城融合新发展论坛举行。

12 月 16 日 由上海建工集团与上海城建职业学院联合承办的"一带一路"基础设施建设国际人才研修班近日顺利举办。

12 月 18 日 上海市人民政府与中国航空工业集团有限公司在沪签署战略合作协议。

12 月 30 日 "感知中国·'一带一路'沿线国家媒体长三角行"媒体采访团参访了上海临港智能网联汽车综合测试示范区、上海临港科技城、上海交大智邦科技项目等,实地感受临港新片区创新活力。

2020 年

1 月 3 日 上海市委、市政府专门研究制定了上海营商环境改革 3.0 版方案和加强投资促进 32 条举措。

1 月 15 日 "沪渝直达快线"合作备忘录暨国际贸易"单一窗口"合作备忘录签约仪式在上海市政府第一贵宾室举行。

1 月 20 日 由上海黄金交易所和中国银行联合举办的"沪澳黄金之路"启动仪式在上海举行。

1 月 20 日 上海市第十五届人民代表大会第三次会议通过《关于上海市 2019 年国民经济和社会发展计划执行情况与 2020 年国民经济和社会发展计划草案的报告》。报告指出要深化"一带一路"桥头堡建设,加快建设"一带一路"商品直销平台,积极开拓"一带一路"沿线新兴市场。

2 月 10 日 中国(上海)国际贸易单一窗口上线,单一窗口有助于进一步拓展中小企业应用市场应用功能，疫情期间免费使用，帮助广大中小企业渡过难关，支持外贸发展。

2月19日　《上海市全面深化国际一流营商环境建设实施方案》发布，将全面打响"一网通办"政务服务品牌，全面推进开办企业"一表申请、一窗发放"。

2月20日　上海市发改委制定《上海市全面深化国际一流营商环境建设实施方案》，指出要在"一带一路"相关国家（地区）建立若干个中小企业海外中心，推动中外企业在促进政策、贸易投资、科技创新等领域的务实合作。

3月19日　上海市第十五届人民代表大会常务委员会第十八次会议通过《上海市会展业条例》。

4月4日　上海为全球投资者打造一站式投资服务平台——上海市投资促进平台。

4月8日　上海市政府印发《本市贯彻〈国务院关于进一步做好利用外资工作的意见〉若干措施》，就落实开放政策、促进外商投资、提升投资便利化水平和强化外商投资保护提出了24项措施。

4月13日　上海自贸区离岸转手买卖产业服务中心在外高桥保税区正式成立，助力企业在境内配置全球资源。

4月25日　以"信心·机遇——全球疫情背景下的创新创业"为主题的2020年上海创新创业青年50人论坛在上海中心举办。

5月1日　《上海市推进科技创新中心建设条例》正式实施。

5月10~15日　2020年中国品牌日活动在上海主会场启动，上海云上展馆也正式开展。

5月19日　上海市科学技术奖励大会隆重举行。

6月18日　第十二届陆家嘴论坛（2020）在上海隆重举行，本届论坛以"上海国际金融中心2020：新起点、新使命、新愿景"为主题。

6月19日　上海市市长国际企业家咨询会议隆重举行，市委书记李强和市委副书记、代市长龚正与来自全球20座城市的近40位咨询会议成员开展云交流,介绍上海疫情防控和经济社会发展情况。

7月6日 上海市委副书记、代市长龚正主持召开市政府常务会议,此次会议原则上通过了《中国(上海)自由贸易试验区临港新片区创新型产业规划》。

7月7日 中国(上海)自由贸易试验区临港新片区举行2020年重点产业项目集中开工活动。

7月9~11日 2020世界人工智能大会云端峰会在上海举办。

7月15日 国家绿色发展基金股份有限公司在上海揭牌运营。

8月20日 上海市政府发布《关于以"五个重要"为统领加快临港新片区建设的行动方案(2020~2022年)》。

8月25日 "我们众志成城"上海防控新冠疫情主题展览在上海展览中心开幕。

8月27日 上海市委书记李强会见上海自主智能无人系统科学中心学术委员会委员,希望该中心更好发挥自身优势,汇聚顶尖人才,强化协同攻关,开拓前沿领域,注重应用驱动,更好地助力上海打造人工智能高地。

8月28日 中央网信办"行走自贸区"网络主题活动首场"云座谈"在中国(上海)自由贸易试验区临港新片区展开。

9月11日 根据上海市2020年度"科技创新行动计划",2020年"一带一路"国际合作项目立项清单出炉。

9月15日 上海市公安局出入境管理局积极与市发展改革委、市商务委等职能部门沟通对接,设立"一带一路"备案专窗,建立即时联络机制。

9月24日 上海市政府发布《临港新片区创新型产业规划》,将在更深层次、更宽领域推动新片区更高水平开放、创新发展。

9月25日 上海市政协经济委员会牵头发布推进上海自贸区临港新片区全方位高水平对外开放重点课题调研报告。

10月21日 上海市推进"一带一路"建设工作领导小组办公室在上海国际贸易中心举办推进"一带一路"建设高质量发展专题培训会。

10月22日　2020"一带一路"艺术上海国际博览会在沪举行。作为疫情后上海首个大型艺术博览会，本届博览会在展览规模、参展作品和活动组织上都较往届有较大突破。

10月27日　中国进出口银行在上海推出了第三届进博会专项金融服务方案——"进博融2020"，其中配置1800亿元额度支持从"一带一路"沿线国家的进口。

11月2日　"共同的家园——'一带一路'国家美术作品展"在上海市中华艺术宫拉开帷幕。

11月5~10日　第三届中国国际进口博览会在中国上海举办，首次开启"边招展、边对接"模式，帮助全球参展商和采购商更好对接。

11月6日　2020年"一带一路"文旅产业国际合作论坛暨中国文旅产品国际营销年会在上海国家会展中心召开。

11月6日　第三届中国国际进口博览会"一带一路"沿线国家与地方政府双向合作论坛在上海国家会展中心举行。

11月10日　第十三届"一带一路"生态农业与食品安全论坛在上海进博会期间隆重举办。

11月10~11日　"一带一路"国际医疗旅游与健康（上海）大会在上海新国际博览中心举行。

11月11日　第五届"一带一路"与中国发展学术研讨会在上海师范大学商学院举行。

11月16日　上海市商务委会同市贸促会召开以"新挑战、新机遇、新发展"为主题的"一带一路"走出去企业座谈会。

11月20日　"一带一路"信息产业国际合作高峰论坛在沪成功举办。

11月28日　第四届"一带一路"与全球治理国际论坛在上海举行。

12月8日　上理工发起成立"一带一路"医疗器械创新与应用联盟。

12月9日　"新格局、新阶段与区域化新发展——'一带一路'高质量发展中的长三角"论坛在上海举办。

12月13日　中国科协"一带一路"国际科技组织合作平台——"一带

一路"人类表型组联合研究中心正式揭牌。

12 月 13 日 "一带一路"丝路文化之旅上海交流中心首次理事会议在上海市宝山区举行。

12 月 16 日 长三角"一带一路"国际认证联盟成立暨"一带一路"认证服务平台上线开通仪式在上海举行。

12 月 18 日 "上海论坛 2020"年会在上海开幕。

2021 年

1 月 26 日 上海宝冶（马来西亚）有限公司成功签约马来西亚吉隆坡 TAGlobal 公司旗下的 Alix 豪华公寓楼项目施工总承包工程。

1 月 27 日 上海市第十五届人民代表大会第五次会议批准了《上海市国民经济和社会发展第十四个五年规划和二〇三五年远景目标纲要》。该文件指出上海要优化提升"一带一路"桥头堡服务功能，统筹推进"硬联通、软联通"建设，服务企业"走得出、留得下、发展好"。

2 月 22 日 虹桥商务区管委会规划管理处、嘉兴市自然资源和规划局联合召开《虹桥国际开放枢纽南向拓展带协同发展规划研究》课题签约暨落实《虹桥国际开放枢纽建设总体方案》座谈会。

2 月 24 日 中国援助莱索托马塞卢地区医院和眼科诊所项目开工。

3 月 4 日 《上海口岸 2021 年深化跨境贸易营商环境改革若干措施》正式发布。

3 月 11 日 振华重工中标西班牙达飞 TTIA 码头 5 台岸桥的加高加长项目。

3 月 11 日 由上海社会科学院承担的国家社科重大课题"'一带一路'沿线城市网络与中国战略支点布局研究"研讨会在北京召开。

3 月 17 日 第十八届上海国际信息化博览会开幕。

3 月 18 日 上海电气电站集团签订印度尼西亚青山钢铁 3X380MW 火力发电建设项目三大主机合同。

3月29日至4月3日　上海举办首届旅游产业博览会。

4月7日　2021年上海全球投资促进大会在上海中心举行。

4月15日　第八届中国（上海）国际技术进出口交易会在上海世博展览馆开幕。

4月17日　上海市人民政府印发《"十四五"时期提升上海国际贸易中心能级规划》（以下简称《规划》）。《规划》指出强化虹桥商务区进口集散功能，高水平建设一批面向"一带一路"国家和地区的专业贸易平台和国别（地区）商品交易中心。

5月31日　上海市人民政府办公厅转发市政府台办、市发展改革委制定的《关于促进沪台经济文化交流合作的实施办法》，指出上海要支持注册在本市的台资企业根据自身发展需求，参与本市服务"一带一路"倡议。

6月1日　中冶宝钢中标印度尼西亚青山钢铁12台铁水车制造项目。

6月9日　上海市人民政府办公厅印发《上海市"十四五"时期深化世界著名旅游城市建设规划》，要求加强与"一带一路"沿线国家、城市的旅游合作交流，建立"一带一路"友好城市文旅联合推广网络。

6月16日　上海市人民政府办公厅印发《上海市服务业发展"十四五"规划》，要求加强与"一带一路"沿线国家（地区）的交流合作，提升上海在卫生健康领域的全球影响力。

6月23日　上海市人民政府印发《上海国际航运中心建设"十四五"规划》，支持和鼓励航运服务龙头企业"走出去"，积极参与"一带一路"沿线国际航运市场合作。

6月24日　"一带一路"澜湄铁路互联互通中心在上海应用技术大学揭牌。

6月30日　上海宝冶成功签约柬埔寨金边太子幸福广场施工总承包工程。

7月5日　上海市人民政府印发《上海市卫生健康发展"十四五"规划》，支持上海参与全球医学科技创新，与"一带一路"国家（地区）共建联合实验室和研发基地。

7月9日 上海市人民政府办公厅印发《上海市残疾人事业发展"十四五"规划》,要求响应国家"一带一路"倡议,深度开展沿线国家(地区)残疾人事务的合作交流。

7月15日 《中共中央 国务院关于支持浦东新区高水平改革开放打造社会主义现代化建设引领区的意见》发布,指出浦东要以服务共建"一带一路"为切入点和突破口,积极配置全球资金、信息、技术、人才等要素资源,打造上海国际金融中心、贸易中心、航运中心核心区。

7月26日 中国首列出口欧洲双层动车组在中车株机公司出厂发运。

7月26日 上海市人民政府印发《上海市教育发展"十四五"规划》,要求上海加大非通用语种人才培养力度,为国家"一带一路"倡议人才培养和储备提供保障。

7月27日 由上海电气承建的刚果(金)金苏卡220千伏变电站及配套电网项目举行开工仪式。

8月9日 上海宝冶中标伊拉克项目及波兰裂解炉制作项目。

8月16日 上海电建福建公司中标孟加拉科巴66兆瓦风电场项目土建及设备安装工程、送出线路工程、对侧变电站扩建和集电线路工程。

8月24日 上海市人民政府发布《上海国际金融中心建设"十四五"规划》,提出深化"一带一路"沿线国家和地区金融市场间的股权和业务合作。

9月1日 由上港集团在海外投资建设并拥有运营权的自动化集装箱港口以色列海法新港正式开港。

9月2日 上海市发改委编制《上海市社会主义国际文化大都市建设"十四五"规划》(以下简称《规划》)。《规划》指出上海要更好地服务"一带一路"建设,努力打造文化"桥头堡"。

9月23日 科技部批准了第三批共20家"一带一路"联合实验室建设名单,上海获批数量继续在全国各省市中保持前列。

9月26日 上海市社会信用建设办公室印发《上海市深化社会信用体系建设三年行动计划(2021~2023年)》,指出上海要围绕"一带一路"倡议和金融对外开放等国家战略，支持信用服务机构拓展国际业务，服务企业境外投资。

10月9日　上海首个"一带一路"联合实验室——中国-匈牙利脑科学"一带一路"联合实验室于近日成立。

10月12日　上海市人民政府外事办公室和上海市工商业联合会共同举办线上"上海-非洲友好城市经贸交流会"。

10月25日　上海研发创新中心和特斯拉上海超级工厂数据中心正式落成并投入使用。

10月26日　德国汉堡举行仪式欢迎首列"上海号"中欧班列顺利抵达。

11月1日　装有阿富汗松子的包机从阿富汗首都喀布尔飞抵上海浦东国际机场，证明中阿"松子空中走廊"经受住了战乱和疫情双重考验。

11月3~5日　2021北外滩国际航运论坛吸引全球航运业"顶流"汇聚上海，探讨全球产业链供应链重塑面临的挑战和低碳智能发展的未来方向。

11月5~10日　第四届中国国际进口博览会在上海举行。4日晚，国家主席习近平以视频方式出席开幕式并发表题为《让开放的春风温暖世界》的主旨演讲。

11月6日　"一带一路"生态农业与食品安全论坛在上海国家会展中心成功举办。

11月23日　由上海建工集团承建的柬埔寨斯登特朗-格罗奇马湄公河大桥项目通车典礼暨71C号国家公路项目开工典礼在柬中部的斯登特朗县举行。

12月3~4日　第五届"一带一路"与全球治理国际论坛在沪举行。

12月4日　"中老铁路工程国际联合实验室"在上海应用技术大学正式揭牌。

12月7日　中葡星海"一带一路"联合实验室线上启动会暨首届技术研讨会顺利召开。

12月14日　由上海建工承建的援缅甸国家体育馆维修改造项目移交仪式在仰光举行。

12月15日 以"共克时艰谋发展，合作共赢创未来"为主题的中国企业走进"一带一路"研讨会在上海举办。

12月17日 上海科大重工集团有限公司与巴西矿业巨头淡水河谷签署谅解备忘录，以合作开展旨在助力巴西教育的社会公益项目。

12月31日 上海市人民政府印发《上海市知识产权保护和运用"十四五"规划》，要求深度参与协定成员国和共建"一带一路"国家知识产权国际合作和协同对接。

2022年

1月28日 上海市委常委会审议通过《"十四五"时期上海发挥桥头堡作用高质量推进"一带一路"建设行动方案》。

1月29日 上海市商务委员会印发《2022年上海市商务工作要点》，指出上海要推进"一带一路"经贸合作，大力发展"丝路电商"，加快浦东新区"丝路电商"合作交流引领区建设。

2月13日 上海市卫生健康委员会印发《2022年上海市卫生健康工作要点》，要求落实国家"抗疫外交"部署，服务"一带一路"倡议，拓展国际和沪港澳交流合作。

2月25日 上海市人民政府办公厅印发《关于支持虹桥国际中央商务区进一步提升能级的若干政策措施》。文件指出要在虹桥海外贸易中心加挂"上海市'一带一路'综合服务中心"牌子，强化对共建"一带一路"贸易投资促进功能。

3月10日 上海市中医药事业发展领导小组办公室印发《2022年上海市中医药工作要点》，要求以服务"一带一路"倡议、中医药"走出去"为导向，推进本市国家级中医海外中心功能提升。

3月15日 上海市科普工作联席会议办公室印发《上海市科普事业"十四五"发展规划》，指出上海科普工作要围绕"一带一路"倡议，持续深化国际合作交流。

3月17日　上交所举办携手资本市场支持一带一路——上海证券交易所债券市场高质量发展座谈会。

3月31日　上海市教育委员会印发《2022年上海市教育委员会职业教育工作要点》，要求加强"中文+职业技能"，助力上海职业教育走出去，服务"一带一路"倡议。

4月6日　上海市商务委员会与中国进出口银行上海分行联合发布《关于进一步支持外经贸企业抗疫情促发展的通知》，明确中国进出口银行上海分行将为在"一带一路"沿线开展能源资源、产业投资等所需资金提供金融支持。

5月22日　《浦东新区商务委关于浦东新区金融机构支持内外贸企业抗疫情促发展若干政策措施的通知》发布，要求中国进出口银行上海分行加大对外经贸信贷支持力度，对外贸企业、外贸产业链、外贸平台、新型国际贸易和疫情期间企业"走出去"、"一带一路"沿线投资和对外承包工程支持提供本外币金融支持。

6月8日　上海市依托上海市贸促会设立了上海市"一带一路"综合服务中心，上海市市长龚正为上海市"一带一路"综合服务中心揭牌。

6月27日　中国在南部非洲最大的援建项目、由上海建工承建的津巴布韦议会大厦项目正式完成竣工验收。

7月7日　上海国际知识产权学院2022届研究生毕业典礼暨第五届WIPO硕士项目和"一带一路"硕士项目课程结业典礼在同济大学举行。

7月26日　上海市市场监督管理局发布《关于做好推动本市广告业稳步复苏高质量发展工作的通知》，要求加强与国内外行业交流，促进"一带一路"国际广告服务贸易投资合作优化升级。

7月28日　上海市委、市政府印发《上海市关于完整准确全面贯彻新发展理念做好碳达峰碳中和工作的实施意见》和《上海市碳达峰实施方案》，提出积极开展绿色贸易合作、服务绿色"一带一路"建设、国内外交流合作。

8月8日　第二艘国产大型邮轮在位于浦东的中国船舶集团上海外高桥

造船有限公司正式开工建造。

8月16日 2022年度长三角地区主要领导座谈会在上海举行。会议指出,要持续优化营商环境,打造改革开放新高地,共同开展长三角区域性"一带一路"综合服务平台建设试点。

8月27~30日 2022浦江创新论坛(第十五届)在上海召开。在"一带一路"专题研讨会上,来自德国、印度尼西亚、以色列等国的多位嘉宾分享低碳技术在"一带一路"的推广和应用。

9月1日 上海人力资源服务出口基地展区在北京国家会议中心精彩亮相。

9月19~23日 第七届中国-亚欧博览会在新疆乌鲁木齐成功举办。

9月22日 上海市第十五届人民代表大会常务委员会第四十四次会议通过《上海市服务办好中国国际进口博览会条例》。

9月26日 上海市人民政府印发《上海市助行业强主体稳增长的若干政策措施》的文件,指出上海要开展长三角区域性"一带一路"综合服务平台建设试点。

9月28日 由上海市商务委员会、东方国际(集团)有限公司共同主办的"联通欧亚,联动进博"暨"中欧班列—上海号"开行一周年活动在铁路闵行货运站举行。

10月17日 上海市人民政府办公厅印发《本市推动外贸保稳提质的实施意见》(以下简称《实施意见》)。《实施意见》支持企业加强"一带一路"农业国际经贸合作,扩大国内紧缺农产品进口,拓展多元化进口渠道。

10月24日 上海市商务委副主任杨朝出席了庆祝香港特区成立二十周年"一带一路:共商共创新机遇"研讨会并致辞。

10月26日 上海市商务委员会等部门印发《关于全面推进口岸数字化转型实施意见》,指出上海要探索推进与APEC、RCEP以及"一带一路"条件成熟的经济体开展物流、船舶可视化及贸易合规等试点。

11月4日 国家主席习近平以视频方式出席在上海举行的第五届中国国际进口博览会开幕式并发表题为《共创开放繁荣的美好未来》的致辞。

11月4日　中共中央政治局常委李强在上海出席第五届中国国际进口博览会开幕式。

11月8日　上海自贸区"一带一路"技术交流国际合作中心东亚分中心在浦东揭挂牌，并以视频连线方式在日本以及韩国分部同步"云挂牌"。

11月10日　上海外高桥集团股份打造的自贸区外高桥"全球汇"项目正式对外运营启用，将聚焦引领国际消费潮流，开拓全球及"一带一路"沿线国家（地区）市场往来。

11月21日　上海自贸区临港新片区举办第三次"一带一路"华侨华商合作交流会。

11月22日　"2022北外滩国际航运论坛"开幕式在上海举行。

12月6日　由中国公共外交协会、上海市政协主办的"坚持合作开放，共享发展机遇——第九次中国企业走出去研讨会"在沪召开。

12月7~8日　第三届"一带一路"医疗器械创新与应用大会暨国际（上海）高端医疗装备创新大会在上海理工大学举办。

12月20日　宝山区积极引导鼓励企业走出国门、拓展国际市场，目前已有万位数字、埃尔顿医疗等6家专精特新科创企业率先"出海"，飞赴亚非欧美16个国家参加展会、拜访客户，拓展境外市场。

2023年

1月2日　由上海建工承建的柬埔寨桔井湄公河大桥及接线公路项目举行开工典礼。

1月15日　上海市第十六届人民代表大会第一次会议通过《关于上海市2022年国民经济和社会发展计划执行情况与2023年国民经济和社会发展计划草案的报告》，报告指出2023年上海将高质量推进"一带一路"桥头堡建设，积极争取长三角区域性"一带一路"综合服务平台实体获批落地。

2月6日　2023年杨浦区国际企业家圆桌交流会暨"稳外资、惠外企、促发展"服务月启动仪式在杨浦滨江举行。

2月20日 上港集团罗泾分公司码头迎来直航苏里南的出口船"摩羯座"首次靠泊。

2月23日 上海市建设国际消费中心城市领导小组办公室印发《2023年上海建设国际消费中心城市工作要点》，指出要举办一批消费类展会和活动，办好上海国际汽车工业博览会、"一带一路"名品展等消费类展会。

3月13日 上海市商务委员会印发《2023年市商务委口岸工作要点》和《2023年市商务委口岸工作任务书》，两份文件指出要深化中欧班列"一站式"服务平台建设，新增合同、箱单等随附单据电子化，拓展"一带一路"沿线物流跟踪等功能，支持上海中欧班列高质量发展。

3月29日 上海市推进"一带一路"建设工作领导小组会议召开。

3月31日 上海市人民政府办公厅印发《上海市促进外贸稳规模提质量的若干政策措施》，支持中国进出口银行上海分行利用政策性金融资源加大对跨境电商、"一带一路"沿线国家布局海外仓等外贸新业态的支持力度。

4月12日 第九届中国（上海）国际技术进出口交易会组委会执行办会议在市政府召开。

4月21日 "中国式现代化与世界"蓝厅论坛在黄浦江畔"世界会客厅"举行。

4月26~29日 上海市市长龚正率上海市代表团访问印度尼西亚，全面推动上海与印度尼西亚高水平务实合作，推动"一带一路"倡议和"全球海洋支点"构想深入对接。

4月29日至5月2日 上海市市长龚正率上海市代表团访问泰国。龚正与泰国上议院科学研究与创新委员会主席克拉希共同为"绿色技术银行曼谷中心"揭牌。

5月10日 "丝路电商　云品海购"活动启动仪式在虹桥品汇举办。

5月16~20日 第三届中国-中东欧国家博览会暨国际消费品博览会在浙江省宁波市举办。

5月18日 上海市委书记陈吉宁与越共中央政治局委员、胡志明市市委书记阮文年举行视频会议，共话两市友谊、共商合作大计。

5月26日　上海市商务委员会等10部门印发《上海市推动内外贸一体化试点实施方案》，支持虹桥国际中央商务区建设"一带一路"商品展销平台、国别商品交易中心、专业贸易平台和跨境电商平台，集聚、培育、壮大一批贸易集成商。

5月31日　2023上海"进口嗨购节"·国别商品文化缤纷月启动仪式成功举办。

6月7日　上海市人民政府办公厅印发《上海市关于提升综合服务能力助力企业高水平"走出去"的若干措施》，要求办好"一带一路"知识产权保护论坛，发挥市"一带一路"综合服务中心和市企业"走出去"综合服务中心功能，加快推进市"一带一路"综合服务平台海外联络点建设。

6月9日　"一带一路"电影节联盟新闻发布会在沪召开。

6月15日　2023"一带一路"国际技术合作论坛在上海世博展览馆成功举办。

6月19日　在第28届上海电视节的开幕式上，国家广播电视总局启动"'一带一路'节目互播"活动。

6月20日　上海市商务委员会印发《上海市推动会展经济高质量发展打造国际会展之都三年行动方案（2023～2025年）》，提出高水平建设一批面向"一带一路"国家和地区的专业贸易平台和国别（地区）商品交易中心。

7月10日　上海市商务委员会等印发《上海市推进跨境电商高质量发展行动方案（2023～2025年）》，鼓励企业在"一带一路"沿线国家和地区、RCEP成员国布局海外仓建设，扩大欧美市场海外仓建设。

7月15日　为期四天的第三十一届华东进出口商品交易会闭幕。

7月31日　上海自贸区"一带一路"技术交流国际合作中心中亚分中心在哈萨克斯坦阿拉木图揭牌。

8月3日　上海市商务委员会和中国信保上海分公司印发《促进本市外贸稳规模提质量服务举措》，要求加大限额供给和政策引导力度，支持企业巩固欧美传统市场和扩大对"一带一路"沿线国家（地区）的出口与投资。

8月7日 上海市商务委员会印发《2023年上海口岸数字化转型重点工作安排》，要求拓展"一带一路"沿线物流跟踪、统计分析等功能，支持上海中欧班列高质量发展。

8月17~21日 2023（中国）亚欧商品贸易博览会在新疆乌鲁木齐成功举办。

8月22日 上海市商务委员会印发《上海市电子商务示范企业创建管理办法》，鼓励电子商务企业积极参与"一带一路"共建国家"丝路电商"交流合作。

9月2~6日 以"数字无限 贸易无界"为主题的上海城市形象展区亮相2023年中国国际服务贸易交易会。

9月7日 进口博览会座谈会在哈萨克斯坦纳扎尔巴耶夫大学举办。

9月15日 以"深化交流合作，共享发展机遇"为主题的2023外交官与民营企业家交流活动举行。

9月16~19日 第二十届中国-东盟博览会、中国-东盟商务与投资峰会在广西南宁举办，上海市副市长华源率上海代表团赴南宁参加相关活动。

9月27日 第二届"一带一路"经济信息共享网络大会暨2023上海市"一带一路"高质量发展企业家大会在沪召开。

Abstract

Since 2013, "the Belt and Road" initiative has gradually become one of the hot spots of global attention. The Chinese government has actively promoted economic cooperation and cultural exchanges with countries along "the Belt and Road" to promote common development and prosperity, providing a broader development space for Shanghai to serve "the Belt and Road" initiative. Over the past decade, Shanghai has achieved remarkable results and accumulated rich experience and inspiration in the construction of the "Five Connections". Since the city has actively participated in "the Belt and Road" initiative, it has actively strengthened strategic alignment, deepened policy communication, strengthened mechanism coordination, played a leading and catalytic role of policy communication with relevant domestic sectors and countries along "the Belt and Road", and formed a broad consensus on cooperation to jointly build "the Belt and Road", laying a solid foundation for cooperation between Shanghai and countries along "the Belt and Road". Shanghai has made remarkable achievements in infrastructure connectivity. It has issued a series of important connectivity plans in transportation, energy, telecommunications and other fields, actively linked with the infrastructure construction of "the Belt and Road", and provided strong support for the economic development of countries along "the Belt and Road". In terms of unimpeded trade, Shanghai has successfully expanded its trade scale with countries along "the Belt and Road" through diversified trade modes and cooperation modes in the past decade, adding new impetus to the economic cooperation between the two sides. In terms of financing, Shanghai has successfully promoted the interconnection of financial markets and provided strong financial support for the economic cooperation between the two sides by establishing extensive cooperative relations with financial institutions in countries along "the Belt and Road", which not only promotes the business of both sides, but also provides more opportunities for the economic development of Shanghai and countries along "the Belt and Road". Shanghai has closer cultural exchanges with countries along "the Belt and Road", with more diverse communication modes, wider communication areas, and significantly enhanced people-to-people communication.

At present, Shanghai is facing new opportunities to serve the development of "the Belt and Road" initiative. Accelerating the construction of a new development pattern and promoting the goal of Chinese path to modernization has strengthened the driving force of "the Belt and Road" initiative. Under the new development pattern, Shanghai has further expanded opening up, strengthened cooperation with countries along the line, accelerated the construction of a new open economic system, innovated international cooperation models, and promoted the development of an open economy. With these efforts, the city aimed to Strengthen the economic and trade cooperation with major node cities along "the Belt and Road", improve their international influence and status, better play the role of international cities, and constantly improve the level of practical cooperation with co construction countries. Against the background of global industrial transformation and upgrading, the demand for economic and trade cooperation focusing on digital, green and health has increased, which has released more cooperation space for Shanghai to participate in the joint construction of "the Belt and Road". In emerging fields such as health, low-carbon, and digital technology, Shanghai's cooperation with countries along the Belt and Road has enormous potential and opportunities. The "Green Silk Road", "Healthy Silk Road", and "Digital Silk Road" have even broader development prospects. The joint construction of "the Belt and Road" initiative needs to pay more attention to industrial coordination and development to promote the economic development and industrial upgrading of countries along the line. Shanghai has advanced manufacturing industry, service industry and scientific and technological innovation resources. Through serving "the Belt and Road" initiative, Shanghai will strengthen industrial cooperation and coordinated development with countries along "the Belt and Road", drive the export of goods, technology, services and standards, open up the international supply chain, accelerate the allocation of global resources, promote industrial docking and coordinated development of both sides, and achieve the goal of mutual benefit and win-win results.

"Hard connectivity", "Soft connectivity" and "Heart-to-Heart connectivity" are important ways to promote Shanghai's high-quality development of serving "the Belt and Road". By consolidating and improving the infrastructure layout, as well as strengthening cooperation with countries along "the Belt and Road" in the field of new infrastructure, Shanghai promotes connectivity and economic development with countries along "the Belt and Road", providing more opportunities and support for industrial transformation and upgrading on both sides. By actively participating in the formulation and revision of international standards and strengthening the integration of rules and standards with countries along "the Belt and Road", Shanghai can promote institutional integration and coordinated development with these countries, and also provide more institutional guarantees and support for the economic development of both sides. In terms of "connectivity", Shanghai has promoted non-governmental friendly cooperation with countries along "the Belt and Road" through educational exchanges, scientific and technological exchanges, health cooperation, cultural activities and other forms, providing a solid public opinion foundation and social support for in-depth cooperation between the two sides. Looking forward to the future, Shanghai should continue to play with its own advantages, strengthen cooperation and exchanges with countries along the line, especially in the context of the new development pattern and the goal of promoting Chinese path to modernization, and further deepen the "hard connectivity", "soft connectivity" and "heart-to-Heart connectivity". Strengthening cooperation in infrastructure construction and promoting the development of new types of infrastructure such as digital economy, artificial intelligence, etc., further optimizing the connectivity between countries along the route; Strengthen cooperation in trade and investment facilitation, promote trade liberalization and facilitation, facilitate the signing and implementation of bilateral or multilateral trade agreements, and provide more trade and investment opportunities for enterprises; Strengthening cultural exchanges and

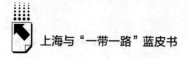
cooperation to promote exchange activities in education, culture, tourism and other fields, enhancing mutual understanding and friendship, cultivating high-quality talents with international perspectives, and supporting Shanghai to become a global talent gathering center.

Keywords: "the Belt and Road" Initiative; High Quality Development; "Hard Connectivity"; "Soft Connectivity"; "Heart-to-Heart Connectivity"

Contents

I General Report

Abstract: Over the past decade, Shanghai has achieved remarkable results and accumulated rich experience and inspiration in the construction of the "Five Connections" . At present, the development of "the Belt and Road" initiative in Shanghai is facing new opportunities. Accelerating the construction of a new development pattern and promoting the goal of Chinese path to modernization have strengthened the driving force of "the Belt and Road" initiative, providing a broader development space for Shanghai to serve "the Belt and Road" initiative; Under the guidance of the new development concept, there is broad space for international cooperation in areas such as health, low-carbon, and digital; The trend of global value chain reconstruction forces the joint construction of "the Belt and Road" to focus on coordinated industrial development, which can promote the industrial docking and coordinated development of both sides and achieve the goal of mutual benefit and win-win results. " Hard connectivity", " soft connectivity" and "heart-to-Heart connectivity" are important ways for Shanghai to serve the high-quality development of "the Belt and Road" . In terms of "hard connectivity", Shanghai promotes connectivity and economic development with countries along "the Belt and Road" by consolidating and improving the layout of infrastructure, and strengthening cooperation with countries along "the Belt and Road" in the field of new infrastructure, so as to provide more opportunities and support for the industrial transformation and upgrading of both sides. In terms of "soft connectivity", Shanghai actively participates in the formulation and revision of international standards, strengthens the integration of rules and standards with co-building countries, promotes institutional integration and coordinated development with countries along the route, and provides more institutional guarantees and support for the economic development of both sides. In terms of "Heart-to-Heart connection", Shanghai has promoted friendly cooperation between the people and the people of the jointly built countries through various forms such as educational exchanges, technological exchanges, health and health cooperation, and cultural activities, providing a solid public opinion foundation and social support for in-depth cooperation between the two sides.

Keywords: High Quality Development; New Development Pattern; "Hard Connectivity"; "Soft Connectivity"; "Heart-to-Heart Connectivity"

Ⅱ Sub Reports

B.2 Practice and Conception of Promoting Interconnection along "the Belt and Road" through the Construction of New Infrastructure

Liu Hongzhong / 026

Abstract: Infrastructure connectivity is a priority area in the joint construction of "the Belt and Road" Initiative. While China and co-building countries of OBOR have made solid progress in traditional infrastructure cooperation, they have also attached great importance to the construction of new infrastructure in recent years, and achieved a series of remarkable results. As the vanguard and forerunner of China's new infrastructure construction, Shanghai has also played a positive bridgehead role in promoting the new infrastructure construction along "the Belt and Road". Through the construction of a "new network" based on a new generation of network infrastructure, the construction of a "new facility" based on the joint national laboratory of "the Belt and Road", the construction of a "new platform" based on integrated infrastructure such as artificial intelligence and big data, and the construction of a "new terminal" based on intelligent terminal infrastructure, Shanghai has continuously deepened and jointly built a new type of infrastructure connectivity in "the Belt and Road" countries, making important contributions to the high-quality promotion of "the Belt and Road" construction in China.

Keywords: New Infrastructure; "the Belt and Road"; Shanghai New Infrastructure

B.3　The Joint Construction of Rules and Standards "Soft Connectivity" for "the Belt and Road" and the Internationalization Strategies for Promoting Chinese Standards under the New Situation

Li Tianguo, Zhu Fangya / 044

Abstract: Connectivity is the key to jointly build "the Belt and Road", and the rules and standards "soft connectivity" is an important bridge and link to promote connectivity. In the process of serving the country's "the Belt and Road" construction, Shanghai has made many achievements in policy communication, infrastructure construction, economic trade, technical standards and other "soft connectivity" areas with the Shanghai Pilot Free Trade Zone as the carrier of institutional innovation. In the future, Shanghai still needs to forge ahead and actively align with the national strategy of building a global high standard free trade network, continuing to promote institutional and high-level opening up; Actively connect with institutional arrangements such as RCEP, CPTPP, and DEPA, and explore new rules and standards; Develop flexible and resilient rules and standards;

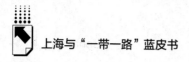
上海与"一带一路"蓝皮书

Further promote the fundamental work of "soft connectivity"; Give full play to the role of national and local think tanks in Shanghai, and continue to promote the construction of rules and standards "soft connectivity".

Keywords: Shanghai; "the Belt and Road"; "Soft Connectivity"; Internationalization Strategies

B.4 Promoting People-to-people Connectivity under "the Belt and Road" Initiative and Shanghai's Innovative Practice

Shen Chen / 059

Abstract: At the third Belt and Road Forum for International Cooperation, China proposed eight actions to support high-quality Belt and Road cooperation, and took the improvement and upgrading of cooperation in the field of "Heart-to-Heart connectivity" as one of the priorities of high-quality Belt and Road cooperation. As one of the showcase cities of China's external communication, Shanghai has many innovative practices in promoting "Heart-to-Heart connectivity" under "the Belt and Road" Initiative: Based on Shanghai's development and governance practices, spreading the universal significance of China's road; Spread inclusive and shared Chinese experience based on Shanghai's practice of opening up to the outside world; Based on Shanghai's practice of international cooperation, spread China's good wishes and justice propositions; Based on the practice of cultural exchange in Shanghai, it conveys the rich connotation of Chinese culture. In view of the main challenges currently faced, this paper puts forward the thinking of Shanghai to further promote "Heart-to-Heart connectivity" under "the Belt and Road" Initiative.

Keywords: "the Belt and Road"; "Heart to Heart Connectivity"; Shanghai

Ⅲ Special Reports

Abstract: Science and technology innovation is an important means to improve productivity, and it is the primary driving force to lead high-quality economic development. In the meantime, science and technology innovation is an important force leading the development of "the Belt and Road" initiative. Strengthening scientific and technological innovation cooperation is conducive to promoting high-quality economic and social development of "the Belt and Road" countries. Since the implementation of "the Belt and Road" Initiative ten years ago, scientific and technological innovation cooperation among "the Belt and Road" countries has achieved remarkable success and made a series of major progress. Shanghai has some advantages in the science and technology innovation cooperation among "the Belt and Road" countries, but it also faces some constraints. For the current challenges facing "the Belt and Road" cooperation in science and technology innovation, it is necessary to optimize the mechanism and policy to promote science and technology innovation, and to strengthen the communication and coordination in science and technology innovation.

Keywords: "the Belt and Road"; Science and Technology Cooperation; Technological Innovation

Abstract: As the main economic form following the agricultural economy

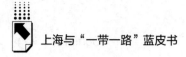

and industrial economy, the digital economy has gradually become a key force in restructuring global factor resources, reshaping the global economic structure, and changing the global competitive landscape. By constructing the high-quality development index of "the Belt and Road", this paper finds that the high-quality development index of countries along "the Belt and Road" is gradually increasing, but the gap is also gradually widening. There are problems such as unbalanced economic development, challenges to environmental protection, and an urgent need to improve innovation capability. At present, Shanghai has obvious advantages in information technology infrastructure, geographical location and transportation network, open market environment and policy support, and rich human resources to promote the high-quality development of "the Belt and Road". Therefore, in order to promote the high-quality development of "the Belt and Road", we should vigorously promote the development of digital economy in countries along the Belt and Road, promote the integrated development of digital economy and green economy, and build a scientific and technological innovation cooperation mechanism.

Keywords: "the Belt and Road" Initiative; Digital Economy; High-quality Development

B.7 Shanghai Serves the Green "the Belt and Road" Construction: Driving Mechanism and Successful Experience *Zhou Yamin* / 104

Abstract: In the process of serving the green "the Belt and Road" construction, Shanghai has closely followed the national top-level design and overall framework, participated in key green cooperation projects in an all-round way, formed a number of representative public praise projects, and constantly explored ways and mechanisms to transform Shanghai's regional advantages into opening advantages. Shanghai aims to promote the realization of green development in a jointly built country through the framework of discussing green transformation plans, jointly building green industrial parks, jointly cultivating green endogenous driving forces, jointly enhancing green governance capabilities, and sharing green development benefits. In the process of serving the green "the Belt and Road" construction, Shanghai, based on its own regional advantages, development advantages and resource advantages, focuses on integrating and embedding various green development advantages, and contributes strong local support to the smooth promotion of the green "the Belt and Road" construction. The mechanism, experience and path that Shanghai has established in the process of serving the green "the Belt and Road" construction will provide valuable lessons for the coastal and riverside regions to further participate in the green Silk Road construction.

Keywords: Green Development; Carbon Neutral; Low Carbon Transition; Green Technology

B.8　Promote the Construction of Investment and Financing

　　　　Mechanism for the High-Quality Development of the

　　　　"the Belt and Road"　　　　　　　　　　*Chen Yihao* / 122

Abstract: Over the past ten years since "the Belt and Road" Initiative was put forward, Shanghai has actively participated in the construction of investment and financing mechanisms for the high-quality development of "the Belt and Road" Initiative, and has become an important force in China's investment in the countries and regions where "the Belt and Road" is being built. Shanghai has made outstanding achievements in the construction of financial institutions, financial liberalization and innovation, financial cooperation and exchange mechanisms, investment and financing tools, and financial supervision and risk prevention and control. These achievements have provided systematic support to the construction of investment and financing mechanisms for "the Belt and Road" Initiative. Overall, Shanghai's policies and measures in the area of investment and financing mechanisms have the distinctive features of aligning to policy leadership,

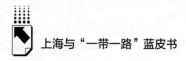

focusing on green development and laying out infrastructure, and can provide valuable Shanghai experience for the construction of investment and financing mechanisms for the high-quality development of the Belt and Road Initiative on a national scale.

Keywords: Investment and Financing Mechanism; Innovations in Financing Channels; Construction of Financial Institutions

B.9 International Production Capacity Cooperation with

"the Belt and Road" Countries from the Perspective of

GVC Reconstruction   *Yang Chao* / 136

Abstract: International production capacity cooperation is a key aspect for Shanghai to participate in "the Belt and Road" Initiative. In the past ten years, the global industrial chain, supply chain and value chain have entered a period of profound adjustment. At the same time, the Belt and Road Initiative has flourished from scratch. Shanghai has taken the initiative to integrate its own advantageous industries into "the Belt and Road" Initiative, actively seize the opportunities brought by the GVC reshaping, and become a bridgehead for domestic participation in promoting international production capacity cooperation under "the Belt and Road" Initiative. Shanghai has gone through three steps: the exploratory stage, the integration stage, and the mature stage. The cooperation projects mainly involve large-scale infrastructure projects such as energy, ports, transportation, tunnels, subways, and civil buildings. The cooperation model includes BOT, joint venture and contracting. The type of participating enterprises are mainly state-owned enterprises. In the future, international production capacity cooperation will continue to face challenges such as the complex geopolitical situation, expensive financing, lack of experience in international production capacity cooperation, and difficulty in gathering information. Shanghai can consider evaluating major projects, improving the risk compensation mechanism, and increasing capital market support, other measures will be taken to advance international production capacity cooperation in an orderly manner.

Keywords: International Production Capacity Cooperation; "the Belt and Road"; GVC Reshaping

B. 10   High-Quality Development of "the Belt and Road" under the Perspective of Global Industrial Security

Ni Hongfu, Wang Han / 151

Abstract: At present, the world's unprecedented changes are accelerating, the new round of scientific and technological revolution and industrial changes are developing in depth, and the global industrial chain and the division of labor among countries are subject to the impact of external uncertainties and other risks, the global industrial structure and layout have undergone profound adjustments, and the problems of the global industrial chain and industrial security are becoming more and more prominent. Since "the Belt and Road" was proposed, positive progress has been made in improving the regional industrial chain and industrial security, which is mainly manifested in the following: the international competitiveness of the industries of China and the Belt and Road countries has been continuously improved, the industrial control power has been steadily strengthened, and the environment for industrial development has been increasingly optimized. As the "bridgehead" of China's "the Belt and Road" construction, Shanghai has given full play to its advantages in outward foreign direct investment, complementary trade structure with "the Belt and Road" countries, digital technology and scientific and technological innovation, and contributed to the promotion of high-quality products and services.

Keywords: Global Industrial Security; Industrial Structure; Industrial Layout; "the Belt and Road"

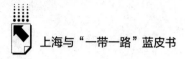

Ⅳ　Regional and Nitional Reports

Abstract: Shanghai, as one of the most dynamic and open cities in China, is increasingly cooperating with ASEAN in the field of digital economy. China's digital economy cooperation with Southeast Asian countries is an important initiative to expand mutually beneficial cooperation with ASEAN on all fronts. China's accession to DEPA and CPTPP, which buttresses high-standard digital trade rules, contributes to the innovative development of cooperation with Southeast Asian countries. The framework of digital economy cooperation between China and ASEAN has been continuously improved, with the signing of a number of memorandums of understanding (MOUs) and cooperation plans, and positive progress in digital infrastructure, smart cities, industrial digitization, cross-border e-commerce and digital governance. The digital economy cooperation between Shanghai and ASEAN has a good foundation and is expected to be further deepened in the future. Shanghai should continue to pilot digital rules and do a good job of policy stress testing and risk assessment.

Keywords: Shanghai; Southeast Asian Countries; Digital Economy; "Silk E-commerce"

Abstract: In the past decade of promoting "the Belt and Road" Initiative,

Shanghai has achieved outstanding and remarkable results in energy cooperation with countries and regions along the route. With the acceleration of clean energy transition, the integration of climate and energy issues area has deepened, and the international relations academic community's concern for non-state actors in the environment and climate change will also gradually extend to the field of energy cooperation. The participation of sub-national actors in international energy cooperation is attracting more attention. In the past ten years, five main actors have promoted its participation in energy cooperation, and have shown characteristics in six aspects: technical standards, equipment trade, transaction market, scientific and technological exchange, concept dissemination, and green development. Looking ahead, while summarizing the existing experience, Shanghai should further explore its potential in the future Belt and Road energy cooperation in terms of friendly cities, hydrogen energy cooperation, and energy resource trading platform, and further promote the implementation of the china's Energy Security New Strategy in Shanghai.

Keywords: "the Belt and Road"; Energy Cooperation; City Diplomacy; Shanghai; Sub-national Actor

B. 13　Research on the Potential of Third-Party Market

　　Cooperation in Shanghai in the Context of the

　　"the Belt and Road" Initiative　　　　*Ma Yingying* / 209

Abstract: As a new international cooperation model of "North South South", third-party market cooperation has become an important part of the joint construction of high-quality and high-level development of "the Belt and Road". In order to build a bridgehead for service and co construction of "the Belt and Road", Shanghai has actively promoted third-party market cooperation in recent years. On the basis of systematically reviewing the relevant policies and progress of third-party market cooperation between China and Shanghai, this article calculates the potential index for Shanghai to carry out third-party market cooperation based on the display comparative advantages and industrial complementarity between Shanghai and cooperating countries, as well as the display comparative disadvantages of third-party markets. The analysis results indicate that at the industry level, Shanghai has the potential for cooperation in low-tech manufacturing industries such as textiles and clothing, footwear, as well as medium and high-tech manufacturing industries such as mechanical and electronic equipment and transportation equipment; Among the 14 countries that have signed contracts with China for third-party market cooperation, Shanghai has the greatest potential for cooperation with France, Italy, Portugal, Spain, and Japan; Among the 65 countries along "the Belt and Road" as a third-party market, Shanghai has the greatest potential for cooperation with Cambodia, Kyrgyzstan, Albania, Sri Lanka and Vietnam. After considering China's political relations with other countries, the potential for Shanghai to engage in third-party market cooperation with Japan and the United Kingdom has declined, while the potential for cooperation with other signatory countries remains largely unchanged.

Keywords: Third Party Market Cooperation; "the Belt and Road"; Shanghai; Cooperation Potential

V   Field Work Reports

B.14   Shanghai Supporting "the Belt and Road" Construction

Data Report (2013-2022)   *Chen Wenyan*, *Li Xiaojing* / 224

Abstract: Based on the trade and investment data of Shanghai and 63 countries along "the Belt and Road" from 2013 to 2022, this report takes the lead in constructing the trade and investment index of Shanghai supporting the construction of "the Belt and Road" with the comprehensive index method, and systematically examines the details of changes in trade exchanges and investment cooperation between Shanghai and countries along "the Belt and Road" since

2013. The research shows that, on the whole, the trade and investment index of Shanghai supporting the construction of "the Belt and Road" has shown an obvious upward trend in the past decade, and the trade and investment cooperation with countries along the line has continued to deepen; From a multidimensional perspective, the trade connectivity index and investment cooperation index have also overall increased, but the trade connectivity index has always been higher than the investment cooperation index, and the gap between the two is expanding; From a regional perspective, Southeast Asia's economic and trade investment index is significantly higher than the other five regions, with the largest growth rate in Central and Eastern Europe, while Central Asia has been at a relatively low level. In the future, Shanghai's construction of serving "the Belt and Road" should continue to be guided by serving the national strategy, reasonably plan security and development, rely on its own functional advantages to strengthen high-quality economic, trade and investment cooperation with countries along "the Belt and Road", and promote the coordinated development of the six major regions along the Belt and Road.

Keywords: "the Belt and Road"; Trade and Investment Index; Collaborative Development

B. 15 A Typical Case Study Report on Shanghai Supporting "the Belt and Road" Construction

Zhang Zhongyuan, Chen Wenyan / 246

Abstract: Since the proposal of jointly building "the Belt and Road" initiative was put forward, in accordance with the overall requirements of playing a bridgehead role in the national "the Belt and Road" construction, Shanghai has made comprehensive efforts in infrastructure connectivity, functional platform creation and improvement, scientific and technological innovation and cooperation, cultural exchanges and other aspects. On the basis of in-depth understanding of the

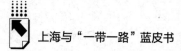

上海与"一带一路"蓝皮书

requirements of Shanghai's service for the construction of "the Belt and Road", combined with the achievements of Shanghai's opening up to the outside world, and taking representativeness, integrity, and innovation as the criteria, this paper selects enterprises, universities, and institutions in key areas, which vividly demonstrates the positive effects of Shanghai's service for the construction of "the Belt and Road", which for other sister provinces and cities in China.

Keywords: Infrastructure; Public Service Platform; Technological Innovation; Cultural Exchange

社会科学文献出版社

皮书

智库成果出版与传播平台

❖ 皮书定义 ❖

皮书是对中国与世界发展状况和热点问题进行年度监测，以专业的角度、专家的视野和实证研究方法，针对某一领域或区域现状与发展态势展开分析和预测，具备前沿性、原创性、实证性、连续性、时效性等特点的公开出版物，由一系列权威研究报告组成。

❖ 皮书作者 ❖

皮书系列报告作者以国内外一流研究机构、知名高校等重点智库的研究人员为主，多为相关领域一流专家学者，他们的观点代表了当下学界对中国与世界的现实和未来最高水平的解读与分析。

❖ 皮书荣誉 ❖

皮书作为中国社会科学院基础理论研究与应用对策研究融合发展的代表性成果，不仅是哲学社会科学工作者服务中国特色社会主义现代化建设的重要成果，更是助力中国特色新型智库建设、构建中国特色哲学社会科学"三大体系"的重要平台。皮书系列先后被列入"十二五""十三五""十四五"时期国家重点出版物出版专项规划项目；自2013年起，重点皮书被列入中国社会科学院国家哲学社会科学创新工程项目。

皮书网

（网址：www.pishu.cn）

发布皮书研创资讯，传播皮书精彩内容
引领皮书出版潮流，打造皮书服务平台

栏目设置

◆ **关于皮书**
何谓皮书、皮书分类、皮书大事记、
皮书荣誉、皮书出版第一人、皮书编辑部

◆ **最新资讯**
通知公告、新闻动态、媒体聚焦、
网站专题、视频直播、下载专区

◆ **皮书研创**
皮书规范、皮书出版、
皮书研究、研创团队

◆ **皮书评奖评价**
指标体系、皮书评价、皮书评奖

所获荣誉

◆ 2008年、2011年、2014年，皮书网均
在全国新闻出版业网站荣誉评选中获得
"最具商业价值网站"称号；
◆ 2012年，获得"出版业网站百强"称号。

网库合一

2014年，皮书网与皮书数据库端口合
一，实现资源共享，搭建智库成果融合创
新平台。

皮书网

"皮书说"
微信公众号

权威报告·连续出版·独家资源

皮书数据库
ANNUAL REPORT(YEARBOOK)
DATABASE

分析解读当下中国发展变迁的高端智库平台

所获荣誉

- 2022年，入选技术赋能"新闻+"推荐案例
- 2020年，入选全国新闻出版深度融合发展创新案例
- 2019年，入选国家新闻出版署数字出版精品遴选推荐计划
- 2016年，入选"十三五"国家重点电子出版物出版规划骨干工程
- 2013年，荣获"中国出版政府奖·网络出版物奖"提名奖

皮书数据库

"社科数托邦"
微信公众号

成为用户

　　登录网址www.pishu.com.cn访问皮书数据库网站或下载皮书数据库APP，通过手机号码验证或邮箱验证即可成为皮书数据库用户。

用户福利

- 已注册用户购书后可免费获赠100元皮书数据库充值卡。刮开充值卡涂层获取充值密码，登录并进入"会员中心"—"在线充值"—"充值卡充值"，充值成功即可购买和查看数据库内容。
- 用户福利最终解释权归社会科学文献出版社所有。

数据库服务热线：010-59367265
数据库服务QQ：2475522410
数据库服务邮箱：database@ssap.cn
图书销售热线：010-59367070/7028
图书服务QQ：1265056568
图书服务邮箱：duzhe@ssap.cn

社会科学文献出版社 皮书系列
SOCIAL SCIENCES ACADEMIC PRESS (CHINA)

卡号：518937147671
密码：

S 基本子库
SUB DATABASE

中国社会发展数据库（下设 12 个专题子库）

紧扣人口、政治、外交、法律、教育、医疗卫生、资源环境等 12 个社会发展领域的前沿和热点，全面整合专业著作、智库报告、学术资讯、调研数据等类型资源，帮助用户追踪中国社会发展动态、研究社会发展战略与政策、了解社会热点问题、分析社会发展趋势。

中国经济发展数据库（下设 12 专题子库）

内容涵盖宏观经济、产业经济、工业经济、农业经济、财政金融、房地产经济、城市经济、商业贸易等 12 个重点经济领域，为把握经济运行态势、洞察经济发展规律、研判经济发展趋势、进行经济调控决策提供参考和依据。

中国行业发展数据库（下设 17 个专题子库）

以中国国民经济行业分类为依据，覆盖金融业、旅游业、交通运输业、能源矿产业、制造业等 100 多个行业，跟踪分析国民经济相关行业市场运行状况和政策导向，汇集行业发展前沿资讯，为投资、从业及各种经济决策提供理论支撑和实践指导。

中国区域发展数据库（下设 4 个专题子库）

对中国特定区域内的经济、社会、文化等领域现状与发展情况进行深度分析和预测，涉及省级行政区、城市群、城市、农村等不同维度，研究层级至县及县以下行政区，为学者研究地方经济社会宏观态势、经验模式、发展案例提供支撑，为地方政府决策提供参考。

中国文化传媒数据库（下设 18 个专题子库）

内容覆盖文化产业、新闻传播、电影娱乐、文学艺术、群众文化、图书情报等 18 个重点研究领域，聚焦文化传媒领域发展前沿、热点话题、行业实践，服务用户的教学科研、文化投资、企业规划等需要。

世界经济与国际关系数据库（下设 6 个专题子库）

整合世界经济、国际政治、世界文化与科技、全球性问题、国际组织与国际法、区域研究 6 大领域研究成果，对世界经济形势、国际形势进行连续性深度分析，对年度热点问题进行专题解读，为研判全球发展趋势提供事实和数据支持。

法律声明